今注本二十四史

南史

唐 李延壽 撰

趙凱 汪福寶 周群 主持校注

九

傳〔六〕

中國社會科學出版社

南史　卷三六

列傳第二十六

羊欣　羊玄保 子戎 兄子希
沈演之 子勃 兄孫顗 演之從子憲 憲孫浚
江夷 子湛 曾孫敩 玄孫蒨 禄 五世孫紓 六世孫總 夷弟子智深
江秉之 子謐[1]

[1]子謐：大德本、汲古閣本同，殿本作“孫謐”。應作“孫
謐”。

羊欣字敬元，泰山南城人也。[1]曾祖忱，晋徐州刺
史。[2]祖權，黄門郎。[3]父不疑，桂陽太守。[4]

[1]泰山：郡名。治奉高縣，在今山東泰安市東北。　南城：
縣名。治所在今山東平邑縣南。
[2]徐州：州名。原治彭城縣，在今江蘇徐州市。東晋時移治
京口城，在今江蘇鎮江市。
[3]黄門郎：官名。黄門侍郎的簡稱。門下省次官，與侍中俱
掌門下衆事。侍從皇帝，顧問應對，出行陪乘。晋五品。
[4]桂陽：郡名。治郴縣，在今湖南郴州市。

欣少靖默，[1] 無競於人，美言笑，善容止。泛覽經籍，尤長隸書。父不疑爲烏程令，[2] 欣年十二。時王獻之爲吳興太守，[3] 甚知愛之。欣嘗夏月著新絹裙晝寢，[4] 獻之入縣見之，書裙數幅而去。欣書本工，因此彌善。

[1]靖默：沉靜不多言。靖，同"静"。

[2]烏程：縣名。治所在今浙江湖州市。

[3]王獻之：字子敬，琅邪臨沂（今山東臨沂市）人。書法家，與其父王羲之共稱"二王"。《晋書》卷八〇有附傳。　吳興：郡名。治烏程縣，在今浙江湖州市。

[4]夏月：夏天。　晝寢：白天睡覺。

起家輔國參軍，[1] 府解還家。隆安中，[2] 朝廷漸亂，欣優游私門，[3] 不復進仕。會稽王世子元顯每使書扇，[4] 常不奉命。元顯怒，乃以爲其後軍府舍人。[5] 此職本用寒人，[6] 欣意貌恬然，[7] 不以高卑見色，論者稱焉。嘗詣領軍謝混，[8] 混拂席改服然後見之。[9] 時混族子靈運在坐，[10] 退告族兄瞻曰："望蔡見羊欣，遂改席易衣。"[11] 欣由此益知名。

[1]起家：入仕後第一次授予官職。　輔國參軍：官名。即輔國將軍府參軍事。掌參謀府中軍務。

[2]隆安：東晋安帝司馬德宗年號（397—401）。

[3]優游：閑暇自得的樣子。　私門：家門，私人家宅。

[4]會稽王：王爵名。此指司馬道子。晋簡文帝子。《晋書》卷六四有傳。會稽，郡名。治山陰縣，在今浙江紹興市。　世子：王公侯伯的嫡長子，或其諸子中被確定爲繼承爵位的人。　元顯：

司馬元顯。司馬道子的嫡長子。爲與王恭争權，發東土諸郡免奴爲客者當兵，引起孫恩起事反晉，後爲桓玄所誅。《晉書》卷六四有附傳。

[5]後軍府舍人：官名。後將軍府屬官。掌府中文檄之事。

[6]寒人：門第低微、寒門出身的人，與門閥士族相對而言。

[7]恬然：安然，怡然自得的樣子。

[8]領軍：官名。即領軍將軍。禁軍統帥，掌管禁衛軍和京都諸軍。宋三品。　謝混：字叔源，小字益壽，陳郡陽夏（今河南太康縣）人，謝安孫，謝琰子。襲父爵望蔡公，歷官中書令、中領軍、尚書左僕射，以黨劉毅被誅。《晉書》卷七九有附傳。

[9]拂席：拂拭坐席，以示尊重。《戰國策·燕策三》："太子跪而逢迎，却行爲道，跪而拂席。"

[10]靈運：陳郡陽夏（今河南太康縣）人，謝玄孫。晉時襲爵康樂公。喜游山水，工詩文，有文集傳世。本書卷一九、《宋書》卷六七有傳。

[11]改席：改換坐席。對客人表示尊重的舉動。

　　桓玄輔政,[1]以欣爲平西主簿,[2]參豫機要。欣欲自疏，時漏密事。玄覺其此意，愈更重之，以爲楚臺殿中郎。[3]謂曰："尚書政事之本，殿中禮樂所出。卿昔處股肱，方此爲輕。"欣就職少日，稱病自免，屏居里巷十餘年。[4]

[1]桓玄：字敬道，譙國龍亢（今安徽懷遠縣）人，桓温子。晉安帝元興元年（402）以討司馬元顯爲名，攻占建康，次年稱帝，國號楚。三年，爲劉裕等所討伐，西逃益州，被殺。《晉書》卷九九有傳。

[2]平西主簿：官名。即平西將軍府主簿。掌領府内文書簿籍。

[3]楚臺：此指桓玄封楚王時所建立的楚國政府機構。 殿中郎：官名。即尚書殿中郎。尚書省殿中曹長官。掌擬詔，多用文學之士。

[4]屏居：退隱，隱居。《史記》卷一〇七《魏其武安侯列傳》：“魏其謝病，屏居藍田南山之下數月，諸賓客辯士説之，莫能來。”

義熙中，[1]弟徽被知於武帝，[2]帝謂諮議參軍鄭鮮之曰：[3]“羊徽一時美器，世論猶在兄後。”即拔欣補右軍劉蕃司馬。[4]

[1]義熙：東晉安帝司馬德宗年號（405—418）。

[2]武帝：南朝宋武帝劉裕。字德輿，小字寄奴。本書卷一、《宋書》卷一至卷三有紀。

[3]諮議參軍：官名。即諮議參軍事。丞相府、公府、位從公府及州、軍府僚屬，位在列曹參軍上。 鄭鮮之：字道子，滎陽開封（今河南開封市）人。本書卷三三、《宋書》卷六四有傳。

[4]拔：大德本、汲古閣本、殿本作“板”，《宋書》卷六二《羊欣傳》亦作“板”。按，作“板”是，底本誤，此應據諸本改。板，官制術語。指不由吏部正式任命，而由地方軍政長官自行選用官員。板官不給印綬，但可食禄。 右軍：《宋書·羊欣傳》作“右將軍”。 劉蕃：劉毅弟。因討桓玄、盧循功，官至益州刺史、右將軍，後與劉毅共反劉裕，被殺。大德本、汲古閣本同，殿本作“劉藩”。 司馬：官名。即右將軍府司馬。掌府中武職，參贊軍務，地位次於長史。

後爲新安太守，[1]在郡四年，簡惠著稱。除臨川王義慶輔國長史，[2]盧陵王義真車騎諮議參軍，[3]並不就。

文帝重以爲新安太守。[4]在郡十三年，樂其山水，嘗謂子弟曰：[5]“人生仕宦至二千石，[6]斯可矣。”及是便懷止足。[7]轉義興太守，[8]非其好也。頃之，稱病篤免歸。除中散大夫。[9]

[1]新安：郡名。治始新縣，在今浙江淳安縣西北。

[2]臨川王義慶：劉義慶。劉道憐子，劉道規嗣子，襲爵臨川王。本書卷一三、《宋書》卷五一有附傳。臨川王，封爵名。即臨川郡王。臨川，郡名。治臨汝縣，在今江西撫州市臨川區西。　輔國長史：官名。即輔國將軍府長史。爲軍府幕僚長，掌府中衆務。

[3]廬陵王義真：劉義真。宋武帝次子。初封桂陽縣公，武帝永初元年（420）封廬陵王。少帝時廢爲庶人，後被殺。文帝時復舊封。本書卷一三、《宋書》卷六一有傳。廬陵王，封爵名。即廬陵郡王。廬陵，郡名。治石陽縣，在今江西吉水縣東北。　車騎諮議參軍：官名。即車騎將軍府諮議參軍。

[4]文帝重以爲新安太守：馬宗霍《南史校證》云：“按‘重’字下《宋書》本傳有‘之’字，原爲兩句，《南史》刪去，則‘重’讀平聲，義猶復也，蓋上文欣先嘗爲新安太守，此是再授，故延壽刪去‘之’字而合爲一句，然‘重以爲’三字連文，造語似拙。依《宋書》‘重’讀去聲，重之者，文帝因欣除輔國長史、車騎參軍並不就，重其爲人，再授新安者，遂其本懷耳。”（湖南教育出版社2008年版，第603頁）

[5]謂：殿本同，大德本、汲古閣本作“爲”。按，底本不誤。

[6]二千石：官秩等級。因所得俸禄以米穀爲準，故以“石”名之。漢制，郡守俸禄爲二千石，故此爲羊欣言自己官至郡守，足矣。

[7]止足：凡事知止知足。不貪心，安分守己。語本《老子》：“知足不辱，知止不殆，可以長久。”

[8]義興：郡名。治陽羨縣，在今江蘇宜興市。

[9]中散大夫：官名。掌顧問應對，多養老疾，無職事。

　　素好黄、老，[1]常手自書章。有病不服藥，飲符水而已。[2]兼善醫術，撰《藥方》數十卷。[3]欣以不堪拜伏，[4]辭不朝覲，自非尋省近親，不妄行詣。[5]行必由城外，未嘗入六門。[6]武帝、文帝並恨不識之。[7]元嘉十九年卒。[8]

　　[1]黄、老：指黄帝、老子，這裏代指黄老學説。

　　[2]符水：道士把符籙焚化於水中，或向水中畫符誦咒。迷信者認爲服用這種水可以治病。《後漢書》卷七一《皇甫嵩傳》：“初，鉅鹿張角自稱‘大賢良師’，奉事黄老道，畜養弟子，跪拜首過，符水呪説以療病，病者頗愈，百姓信向之。”

　　[3]撰《藥方》數十卷：《宋書》卷六二《羊欣傳》作“撰《藥方》十卷”，《隋書·經籍志三》著録《羊中散藥方》三十卷，《太平御覽》卷七二二作“三十卷”。

　　[4]拜伏：跪拜俯伏。古代表示恭敬的一種禮節。

　　[5]行詣：拜謁。

　　[6]六門：此指臺城之六門，即大司馬門、東華門、西華門、萬春門、太陽門、承明門。見《資治通鑑》卷一二七《宋紀九》文帝元嘉三十年胡三省注。《宋書·羊欣傳》作“六關”。

　　[7]文帝：南朝宋文帝劉義隆。小字車兒，宋武帝第三子。本書卷二、《宋書》卷五有紀。

　　[8]元嘉十九年卒：馬宗霍《南史校證》云：“按‘十九年’《宋書》本傳作‘九年’，卒時年七十三。但上文言王獻之爲吳興太守時羊欣年十二，考獻之卒於晉孝武帝太元十三年，其爲吳興，約在太元十年以前，從彼時欣年下推至卒歲，則《南史》作元嘉十

九年是也。"（第 604 頁）按，《建康實録》卷一二記爲"（元嘉）十九年春正月乙未，中散大夫羊欣卒"，故應以"元嘉十九年"爲是。元嘉，南朝宋文帝劉義隆年號（424—453）。

弟徽字敬猷，時譽多欣，位河東太守，[1]卒。

[1]河東：郡名。僑寄松滋縣，在今湖北松滋市西北。《宋書》卷六二《羊欣傳》言其仕宦經歷爲："高祖鎮京口，以爲記室參軍掌事。八年，遷中書郎，直西省，後爲太祖西中郎長史、河東太守。"

羊玄保，太山南城人也。[1]祖揩，[2]晋尚書都官郎。[3]父綏，[4]中書侍郎。[5]

[1]太山：即泰山。

[2]揩：大德本、汲古閣本同，殿本作"楷"，《宋書》卷五四《羊玄保傳》亦作"楷"。按，應作"楷"。楷，即羊楷，《世説新語·方正》注引《羊氏譜》曰："羊楷字道茂，祖繇，車騎掾。父忱，侍中，楷仕至尚書郎，娶諸葛恢次女。"

[3]尚書都官郎：官名。尚書省都官曹長官。職掌刑事，亦佐督軍旅。晋六品。

[4]綏：羊綏。《世説新語·方正》注引《羊氏譜》曰："綏字仲彦，太山人。父楷，尚書郎。綏仕至中書侍郎。"

[5]中書侍郎：官名。中書省次官。自擬詔、出令之權歸中書舍人後，侍郎遂成爲職閑官清之職，爲諸王起家官。如中書監、令缺，可主持中書省工作。宋五品。

　　玄保初爲宋武帝鎮軍參軍,[1]少帝景平中,[2]累遷司徒右長史。[3]府公王弘甚知重之,[4]謂左長史庾登之、吏部尚書王淮之曰:[5]"卿二賢明美朗詣, 會悟多通, 然弘懿之望, 故當共推羊也。"頃之, 入爲黃門侍郎。

　　[1]鎮軍參軍:官名。即鎮軍將軍府參軍事。爲府內諸曹長官。

　　[2]少帝:南朝宋少帝劉義符。小字車兵, 宋武帝長子。在位期間居喪無禮、游戲無度, 廢爲營陽王。後被殺。本書卷一、《宋書》卷四有紀。　景平:南朝宋少帝劉義符年號(423—424)。

　　[3]司徒右長史:官名。司徒府僚屬之長, 佐司徒總管府內諸曹, 或亦參預政務。三國魏以後分置左、右長史, 共爲司徒府僚屬之長, 右長史佐司徒總管府內諸曹, 位次左長史。宋六品。

　　[4]府公:對司徒王弘的尊稱。　王弘:字休元, 琅邪臨沂(今山東臨沂市)人, 王導曾孫。助劉裕代晋, 宋文帝時官至司徒。本書卷二一、《宋書》卷四二有傳。

　　[5]左長史:官名。即司徒左長史。位在右長史之上, 職掌品級與右長史同。　庾登之:字元龍, 潁川鄢陵(今河南鄢陵縣)人, 庾悦族弟。本書卷三五有附傳,《宋書》卷五三有傳。　吏部尚書:官名。尚書省吏部曹長官。位居列曹尚書之上, 掌官吏銓選考課, 職任隆重。宋三品。　王淮之:《宋書》卷五四《羊玄保傳》據卷六〇《王淮之傳》改作"准之"。按"准之"是, 應據改。王准之, 字元曾, 琅邪臨沂(今山東臨沂市)人。本書卷二四、《宋書》卷六〇有傳。

　　善弈棋, 品第三。文帝亦好弈, 與賭郡, 玄保戲勝, 以補宣城太守。[1]先是劉式之爲宣城立吏人亡叛制,[2]一人不禽, 符伍里吏送州作部;[3]能禽者賞位二階。玄保以爲非宜，陳之曰："臣伏尋亡叛之由，皆出於窮逼。今立殊制，於事爲苦。又尋此制施一邦而已，若其是邪，則應與天下爲一；若其非邪，亦不宜獨行一郡。"由此停制。[4]

[1]宣城：郡名。治宛陵縣，在今安徽宣城市宣州區。

[2]劉式之：字延叔，東莞莒（今山東莒縣）人，劉穆之子。曾任宣城太守，在任期間貪贓受賄，聲名狼藉。本書卷一五、《宋書》卷四二有附傳。

[3]符伍：南朝宋政權基層組織，即里伍制度。時士人、庶人同居里伍之中，而"士人在伍，謂之押符"（本書卷四二《王弘傳》），故里伍又稱符伍。士人押符，即免除士人傳送符書（公文）的義務。詳朱紹侯《劉宋的釐定符伍制度》文（載朱紹侯《魏晉南北朝土地制度與階級關係》，中州古籍出版社 1988 年版）。

送州作部：即服勞役。州作部，州的製造兵器部門。

[4]由此停制：大德本、汲古閣本、殿本作"由此制停"。《宋書》卷五四《羊玄保傳》作"由此此制得停"。

歷丹楊尹，[1]會稽太守，[2]太常，吳郡太守。[3]文帝以玄保廉素寡欲，故頻授名郡。爲政雖無殊績，而去後常必見思。不營財利，產業儉薄。文帝嘗曰："人仕宦非唯須才，亦須運命。每有好官缺，我未嘗不先憶羊玄保。"元凶弒立，[4]以爲吏部尚書，領國子祭酒。[5]及孝武入伐，[6]朝士多南奔，劭集群僚，橫刀怒曰："卿等便可去矣。"衆並懼莫敢言。玄保容色不異，徐曰："臣其以死奉朝。"劭爲解。

[1]丹楊尹：官名。京師所在丹陽郡長官，掌京城行政諸務並詔獄，地位頗重。宋三品。丹陽，郡名。治建康縣，在今江蘇南京市。楊，大德本同，汲古閣本、殿本作"陽"。本卷下同，不再出注。

[2]會稽：郡名。治山陰縣，在今浙江紹興市。

[3]太常，吳郡太守：《宋書》卷五四《羊玄保傳》作"又徙吳郡太守"，馬宗霍《南史校證》認爲《宋書》是，"太常"誤（第604頁）。説是，可從。吳郡，郡名。治吳縣，在今江蘇蘇州市。

[4]元凶：劉劭。宋文帝長子。弒文帝自立，兵敗被殺。本書卷一四、《宋書》卷九九有傳。

[5]國子祭酒：官名。國子學長官，掌教授生徒儒學，主管國子學。宋三品。

[6]孝武：宋孝武帝劉駿。字休龍，小字道民，宋文帝第三子。本書卷二、《宋書》卷六有紀。

　　孝武即位，爲金紫光禄大夫，[1]以謹敬見知。大明五年，[2]加散騎常侍、特進。[3]玄保自少至老，謹於祭奠，四時珍新未得祠薦者，[4]口不妄嘗。卒，[5]謚曰定子。

[1]金紫光禄大夫：官名。光禄大夫爲銀章青綬，如加賜金章紫綬則爲金紫光禄大夫。禄賜、班位、冠幘、佩玉，置吏卒羽林及卒，諸所賜給與特進同。以爲加官者，唯假章綬、禄賜、班位，不別給車服、吏卒。宋二品。

[2]大明：南朝宋孝武帝劉駿年號（457—464）。

[3]散騎常侍：官名。散騎省（集書省）長官。掌侍從皇帝左右，獻納得失，主掌圖書文翰、文章、撰述、諫諍拾遺，收納轉呈

文書奏事。宋三品。　　特進：官名。加官名號。漢朝優待貴戚勳臣，朝會時特許班次進至三公之下，稱特進。南朝用以安置閑退大臣，加特進者唯加班位，不享受本官之外的吏卒車服等待遇。宋二品。

[4]祠薦：以祭品祀神靈祖先。

[5]卒：《宋書》卷五四《羊玄保傳》載"（大明）八年，卒，時年九十四"。

　　子戎少有才氣，而輕薄少行檢，語好爲雙聲。[1]江夏王義恭嘗設齋，[2]使戎布牀，須臾王出，以牀狹，乃自開牀。戎曰："官家恨狹，更廣八分。"[3]王笑曰："卿豈唯善雙聲，乃辯士也。"文帝好與玄保棋，嘗中使至，[4]玄保曰："今日上何召我邪？"戎曰："金溝清泚，銅池搖颺，既佳光景，當得劇棋。"玄保常嫌其輕脱，云"此兒必亡我家"。位通直郎，[5]坐與王僧達謗時政賜死。[6]死後，孝武帝引見玄保，玄保謝曰："臣無日磾之明，[7]以此上負。"上美其言。戎二弟，文帝並賜名曰咸、曰粲，謂玄保曰："欲令卿二子有林下正始餘風。"[8]

[1]雙聲：聲母相同的兩個字，如彷彿、琵琶。錢大昕《十駕齋養新録》卷一六《雙聲》："六朝人重雙聲，雖婦人女子皆能辨之。"

[2]江夏王義恭：劉義恭。宋武帝第五子。太子劉劭殺文帝，義恭投武陵王劉駿，擁其即位，進太傅。後與柳元景謀廢前廢帝，事敗被殺。本書卷一三、《宋書》卷六一有傳。江夏王，封爵名。即江夏郡王。江夏，郡名。治夏口城，在今湖北武漢市武昌區。

[3]官家恨狹，更廣八分：錢大昕《廿二史考異》卷三六云：

“‘八’屬重脣，‘分’屬輕脣，而配爲雙聲。下文‘銅池搖揚’句，‘銅’屬舌頭，‘池’屬舌上，而亦配爲雙聲。今人所謂類隔也。凡雙聲必依其類，今所傳字母者，聲之類也。字母三十六字，唐以後始有之，然六朝人精於雙聲，當時必自有譜。”

[4]嘗：大德本、殿本同，汲古閣本作“常”。

[5]通直郎：官名。東晉元帝時使員外散騎侍郎二人與散騎侍郎通員當值，故謂之通直散騎侍郎，簡稱通直郎。南朝屬集書省，掌文學侍從，諫諍糾劾，收納章奏，宋以後地位較輕，常授衰老之士，多爲加官。宋五品。

[6]王僧達：琅邪臨沂（今山東臨沂市）人，王弘子。宋孝武帝時官至中書令。後因坐謀反事，於獄賜死。本書卷二一有附傳，《宋書》卷七五有傳。

[7]日（mì）磾（dī）：金日磾。西漢時匈奴休屠王太子，入漢賜姓金。其子二人爲漢武帝弄兒，曾與宮人戲，日磾見而殺之，以媚武帝。《漢書》卷六八有傳。

[8]欲令卿二子有林下正始餘風：宋文帝替羊玄保二子起名咸、粲，即指阮咸、王粲爲名，乃竹林七賢及建安七子中人物，意欲使羊咸、羊粲能談玄説易，恢復正始時期的名士風流。正始，三國魏齊王曹芳年號（240—249）。正始時期談玄盛行，稱爲正始之風或正始之音。

　　玄保既善棋，而何尚之亦雅好其事。[1]吴郡褚胤年七歲便入高品，及長，冠絶當時。胤父榮期與臧質同逆，[2]胤應從誅。何尚之固請曰：“胤弈棋之妙，冠古絶今。[3]魏犨犯令，以材獲免，[4]父戮子宥，其例甚多。特乞與其微命，使異術不絶。”不許，時人痛惜之。

　　[1]何尚之：字彦德，廬江灊（今安徽霍山縣）人。宋文帝元

嘉年間曾任丹陽尹，於城南講學，招聚生徒，時稱“南學”。本書卷三〇、《宋書》卷六六有傳。

[2]臧質：字含文，東莞莒（今山東莒縣）人。初爲中軍行參軍，後以功遷雍州刺史。隨南郡王劉義宣起兵，兵敗被殺。本書卷一八有附傳，《宋書》卷七四有傳。

[3]冠古絶今：大德本、汲古閣本、殿本作“超古冠今”。《宋書》卷五四《羊玄保傳》亦作“超古冠今”。

[4]魏犨犯令，以材獲免：典出《左傳》僖公二十八年。晋文公伐曹，入曹後下令不許進入曹賢大夫僖負羈之宫。魏犨、顛頡違令火燒僖負羈之宫。晋文公欲殺魏犨，愛其才，免其死，獨殺顛頡。

玄保兄子希字泰聞，少有才氣，爲尚書左丞。[1]時楊州刺史西陽王子尚上書：[2]“山湖之禁，雖有舊科，人俗相因，[3]替而不奉，燎山封水，[4]保爲家利。自頃以來，頹弛日甚，富彊者兼嶺而占，貧弱者薪蘇無託，至漁採之地亦又如兹。斯寔害人之深弊，爲政所宜去絶。損益舊條，更申恒制。”有司檢壬辰詔書：[5]“占山護宅，[6]强盜律論。贓一丈以上皆棄市。”希以“壬辰之制，其禁嚴刻，事既難遵，理與時弛。而占山封水，漸染復滋，更相因仍，便成先業。一朝頓去，易致嗟怨。今更刊革，立制五條：凡是山澤先恒燎燬，養種竹木雜果爲林苃，[7]及陂湖江海魚梁鰌䱥場，[8]恒加功脩作者，聽不追奪。官品第一第二，聽占山三頃；第三第四品，二頃五十畝；第五第六品，二頃；第七第八品，一頃五十畝；第九品及百姓，一頃。皆依定格，條上貲簿。[9]若先已占山，不得更占；先占闕少，依限占足。若非前條舊業，一不得禁。有犯者，水土一尺以上，並計贓，依常盜律論。停除咸康二年壬辰之科”。[10]從之。

[1]尚書左丞：官名。尚書省屬官。與尚書右丞分掌尚書都省事務，糾駁諸司文案，監察百官，分管禮制、官吏選授等。宋六品。

[2]西陽王子尚：劉子尚。字孝師，宋孝武帝第二子。初封西陽王，後改封豫章王。孝武帝大明三年（459），分浙江西立王畿，以浙江東爲揚州，以子尚爲刺史，加都督。本書卷一四、《宋書》卷八〇有傳。西陽王，封爵名。即西陽郡王。西陽，郡名。治西陽縣，在今湖北黄岡市黄州區東。　上書：大德本、汲古閣本、殿本作“上言”。《宋書》卷五四《羊希傳》亦作“上言”。

[3]人俗相因：《宋書·羊希傳》作“民俗相因”，本書避唐太宗李世民諱改。

[4]爐（xì）山封水：燒山開荒，封水霸占水源。爐山，燒山。

[5]壬辰詔書：東晉成帝司馬衍咸康二年（336）壬辰日（四月一日）頒布的限制臣民占有山澤數量的詔書。

[6]占山護宅：《宋書·羊希傳》作“占山護澤”。

[7]養種竹木雜果爲林芿：《通典·食貨典》“雜果”作“薪果”。芿，意即草不剪，謂陳根草不芟，新草又生，前後相因即仍。《列子·黄帝》：“藉芿燔林。”

[8]鰤：同“鰍”。　鮆：刀魚。《史記》卷一二九《貨殖列傳》：“鮐鮆千斤。”司馬貞索隱：“鮆魚，飲而不食，刀魚也。”

[9]訾簿：賬簿。

[10]咸康：東晉成帝司馬衍年號（335—342）。

　　時益州刺史劉瑀先爲右衛將軍，[1]與府司馬何季穆共事不平，[2]季穆爲尚書令建平王宏所親待，[3]屢毀瑀於宏。會瑀出爲益州，奪土人妻爲妾，[4]宏使希舉察之，瑀坐免官。瑀恨希切齒，有門生謝元伯往來希間，[5]瑀密令訪訊被免之由，希曰：“此奏非我意。”瑀即日到宏門奉牋陳謝，[6]云：“聞之羊希。”希坐漏泄免官。

[1]益州：州名。治成都縣，在今四川成都市。　劉瑀：字茂琳，東莞莒（今山東莒縣）人，劉穆之孫。本書卷一五、《宋書》卷四二有附傳。　右衛將軍：官名。與左衛將軍同掌宮禁宿衛。宋四品。

[2]何季穆：廬江（今安徽舒城縣）人。事見《宋書》卷七二《建平宣簡王宏傳》。

[3]尚書令：官名。尚書省長官。綜理全國政務，爲高級政務長官，參議大政，實權如宰相。如錄尚書缺，則兼有宰相之名義。宋三品。　建平王宏：劉宏。字休度，宋文帝第七子。劉劭弑文帝後，歸順孝武帝，深受重用。本書卷一四、《宋書》卷七二有傳。建平王，封爵名。即建平郡王。建平，郡名。治巫縣，在今重慶巫山縣。

[4]土：大德本同，汲古閣本、殿本作“士”。

[5]門生：依附於官僚士族門下供役使的人，經座主推薦可以進入仕途。

[6]奉牋：上書給長官。

泰始三年，[1]爲寧朔將軍、廣州刺史。[2]四年，希以沛郡劉思道行晉康太守，[3]領軍伐俚。[4]思道違節失利，希遣收之。思道不受命，率所領襲州，希踰城走，思道獲而殺之。

［1］泰始：南朝宋明帝劉彧年號（465—471）。

［2］寧朔將軍：官名。原爲幽州地區軍事長官，後改管廣州軍務。宋四品。　　廣州：州名。治番禺縣，在今廣東廣州市。

［3］沛郡：郡名。治相縣，在今安徽濉溪縣西北。　　晋康：郡名。治端溪縣，在今廣東德慶縣。

［4］俚：族名。古代居住在今廣東的少數民族，是黎族的祖先。

　　希子崇字伯遠，尚書主客郎，[1]丁母憂，哀毀過禮。及聞廣州亂，即日便徒跣出新亭，[2]不能步涉，頓伏江渚。門義以小船致之，[3]父葬畢，乃不勝哀而卒。

　　［1］尚書主客郎：官名。尚書省主客曹長官。掌少數民族蕃國朝聘接待之事。宋六品。

　　［2］新亭：地名。在今江蘇南京市西南，地近江濱，依山建城壘，爲當時軍事和交通重地。

　　［3］門義：門生及義從的合稱。南北朝時士族、官僚的依附人口，地位高於僮奴。經座主推薦可以進入仕途。

　　沈演之字臺真，吳興武康人也。[1]高祖充，[2]晋車騎將軍、吳國内史。[3]曾祖勁，[4]冠軍陳祐長史，[5]戍金墉，[6]爲燕將慕容恪所陷，[7]不屈見殺，贈東陽太守。[8]祖赤黔，廷尉卿。[9]父叔任，少有幹質，[10]朱齡石伐蜀，[11]爲齡石建威府司馬，[12]平蜀之功，亞於元帥，以功封寧新縣男。[13]後拜益州刺史，卒。[14]

　　［1］武康：縣名。治所在今浙江德清縣西。

　　［2］充：沈充。字士居。與錢鳳同爲王敦謀士，助王敦起兵反

叛，後兵敗被殺。《晋書》卷九八有附傳。

[3]車騎將軍：官名。位次驃騎將軍，在諸名號大將軍上，又作爲軍府名號加授重臣及州郡長官。晋二品。　吳國：郡國名。治吳縣，在今江蘇蘇州市。

[4]勁：沈勁。字世堅。《晋書》卷八九有傳。

[5]冠軍：官名。即冠軍將軍。晋三品。　陳祐：東晋哀帝時洛陽守將，後因城陷出奔。事見《晋書》卷九八《桓温傳》。

[6]金墉：城名。在今河南洛陽市東北漢魏故城遺址内。《資治通鑑》卷七九《晋紀一》武帝泰始元年胡三省注云：“金墉城在洛陽城西北角。”

[7]燕：前燕。十六國時期由鮮卑族貴族慕容皝建立的政權。　慕容恪：字玄恭，慕容皝子。十六國前燕名將。《晋書》卷一一一有載記。

[8]東陽：郡名。治長山縣，在今浙江金華市。

[9]廷尉卿：官名。對廷尉的尊稱。中央最高司法審判機構長官，主管詔獄。晋三品。

[10]幹質：幹練的資質。指辦事才能、素質。

[11]朱齡石伐蜀：事在晋安帝義熙八年（412）。朱齡石，字伯兒，沛郡沛（今江蘇沛縣）人。隨劉裕起兵，平桓玄，征盧循，累有戰功。本書卷一六、《宋書》卷四八有傳。

[12]建威府司馬：官名。即建威將軍府司馬。

[13]寧新縣男：封爵名。寧新，縣名。治所在今廣西蒼梧縣東南。縣男，食邑爲縣。宋五品。

[14]卒：《宋書》卷六三《沈演之傳》載“義熙十四年，卒，時年五十”。

演之年十一，尚書僕射劉柳見而知之，[1]曰：“此童終爲令器。”[2]沈氏家世爲將，而演之折節好學，[3]讀

《老子》百徧，以義理業尚知名。襲父別爵吉陽縣五等侯。[4]舉秀才，爲嘉興令，[5]有能名。

[1]尚書僕射：官名。尚書省次官。或單置，或並置左右，輔助尚書令執行政務，參議大政，諫諍得失，監察糾彈百官，可封還詔旨，常受命主管官吏選舉。晋三品。　劉柳：字叔惠，南陽涅陽（今河南鄧州市）人。《晋書》卷六一有附傳。

[2]令器：優秀人才。令，善，美好。《晋書》卷三三《石苞傳》："儁字彦倫，少有名譽，議者稱爲令器。"

[3]折節：改變原有的志趣。

[4]吉陽縣五等侯：封爵名。吉陽，縣名。治所在今湖北竹溪縣西。五等侯，侯爵之一，用以封賞有功將領，不食封。

[5]嘉興：縣名。治所在今浙江嘉興市。

元嘉中，累遷尚書吏部郎。[1]先是劉湛、劉斌等結黨，[2]欲排廢尚書僕射殷景仁。[3]演之雅杖正義，[4]與景仁素善，盡心朝廷。文帝甚嘉之。及彭城王義康出蕃，[5]誅劉湛等，以演之爲右衛將軍。景仁尋卒，乃以後軍長史范曄爲左衛將軍，[6]與演之對掌禁旅，同參機密。尋加侍中，[7]文帝謂之曰："侍中領衛，望實優顯，此蓋宰相便坐，卿其勉之。"

[1]尚書吏部郎：官名。尚書省吏部曹長官，屬吏部尚書。掌官吏銓選、任免事宜。位在諸曹郎之上。宋六品。

[2]劉湛：字弘仁，南陽涅陽（今河南鄧州市）人。本書卷三五、《宋書》卷六九有傳。　劉斌：南陽涅陽人。與劉湛同宗，曾在劉義康屬下任司徒左長史。其聯結朋黨，欲在宋文帝死後推劉義

康爲帝，被宋文帝誅殺。事見本書卷一三、《宋書》卷六八《彭城王義康傳》。

［3］殷景仁：陳郡長平（今河南西華縣）人。宋少帝時任黄門郎，後深爲文帝所信任，官至揚州刺史。本書卷二七、《宋書》卷六三有傳。

［4］杖：《宋書》卷六三《沈演之傳》作“仗”。

［5］彭城王義康：劉義康。宋武帝第四子。官至大將軍、司徒，權傾天下，爲文帝所忌，出爲江州刺史。後以范曄謀反事，被貶爲庶人。本書卷一三、《宋書》卷六八有傳。彭城王，封爵名。即彭城郡王。彭城，郡名。治彭城縣，在今江蘇徐州市。

［6］范曄：字蔚宗，順陽（今河南淅川縣）人，范泰子。因參與孔熙先謀立劉義康事而被殺。本書卷三三有附傳，《宋書》卷六九有傳。　左衛將軍：官名。爲禁衛軍主要統帥之一，權任很重，多由皇帝親信擔任。領宿衛營兵，侍直殿内。宋四品。

［7］侍中：官名。門下省長官。可出入殿省，入宫議政，兼統宫廷内侍諸署。掌侍從皇帝，出納王命，諫諍得失。宋三品。

　　上欲伐林邑，[1]朝臣多不同；唯廣州刺史陸徽與演之贊成上意。[2]及林邑平，賜群臣黄金、生口、銅器等物，演之所得偏多。上謂曰：“廟堂之謀，卿參其力，平此遠夷，未足多建茅土。廓清舊都，[3]鳴鸞東岱，[4]不憂河山之不開也。”[5]

［1］林邑：南海古國名。都城在今越南廣南省維川縣南茶橋。

［2］陸徽：字休猷，吴郡吴（今江蘇蘇州市）人。本書卷四八有附傳，《宋書》卷九二有傳。

［3］廓清舊都：中華本據《册府元龜》卷四六一補“俟”字，作“俟廓清京都”。廓清，肅清。此引申爲收復。舊都，即洛陽。

[4]鳴鸞：繫在馬勒上的鸞鈴。此指天子出行。　東岱：地區名。指東嶽泰山所在今山東地區。

[5]河山：大德本、汲古閣本同，殿本作"山河"。

　　二十一年，詔以演之爲中領軍。[1]太子詹事范曄懷逆謀，[2]演之覺其有異，言之文帝，曄尋伏誅。歷位吏部尚書，領太子右衛率。[3]素有心氣，寢病歷年。上使臥疾理事。性好舉才，申濟屈滯，而謙約自持，上賜女伎，不受。暴卒。[4]文帝痛惜，贈金紫光禄大夫，諡曰貞。

　　[1]中領軍：官名。掌京師諸軍及禁軍。職與領軍同，資重者爲領軍，資輕者爲中領軍。宋三品。

　　[2]太子詹事：官名。東宮屬官。總理東宮官署、庶務，職位顯重。宋三品。

　　[3]太子右衛率：官名。掌宿衛東宮，亦任征伐，位在左衛率下。宋五品。

　　[4]暴卒：《宋書》卷六三《沈演之傳》載"時年五十三"。

　　子睦，位黃門侍郎，與弟西陽王文學勃忿鬩，[1]坐徙始興郡。[2]

　　[1]文學：官名。南朝宋、齊王國置。宋六品。　鬩（xì）：爭吵。

　　[2]始興：郡名。治曲江縣，在今廣東韶關市東南。

　　勃輕薄好利，位太子右衛率，加給事中，[1]坐贓賄

徙梁州。[2]後還，結事阮佃夫、王道隆等，[3]位司徒左長
史，爲後廢帝所誅。[4]

[1]給事中：官名。集書省屬官。南朝時地位漸低，侍從皇帝
左右，獻納得失。宋五品。

[2]梁州：州名。治南鄭縣，在今陝西漢中市東。

[3]結：殿本同，大德本、汲古閣本作“給”。《宋書》卷六三
《沈演之傳》作“結”。　阮佃夫：會稽諸暨（今浙江諸暨市）人。
本書卷七七、《宋書》卷九四有傳。　王道隆：吳興烏程（今浙江
湖州市）人。本書卷七七有附傳，《宋書》卷九四有傳。

[4]後廢帝：南朝宋後廢帝劉昱。字德融，宋明帝長子。本書
卷三、《宋書》卷九有紀。

演之兄子坦之，仕齊位都官郎。[1]坦之子顗。

[1]都官郎：官名。即尚書都官郎。齊品秩不詳。

顗字處默，幼清靜有至行，慕黃叔度、徐孺子之爲
人，[1]讀書不爲章句，[2]著述不尚浮華。常獨處一室，人
罕見其面。從叔勃貴顯，每還吳興，賓客填咽，[3]顗不
至其門。勃就之，顗送迎不越閾。[4]勃歎曰：“吾乃今知
貴不如賤也。”[5]

[1]黃叔度、徐孺子：黃憲，字叔度，汝南慎陽（今河南正陽
縣）人。徐穉，字孺子，豫章南昌（今江西南昌市）人。二人皆
東漢高士，有名於時。《後漢書》卷五三並有傳。

[2]章句：剖章析句，分析文字的章節與句讀。

[3]填咽：形容車馬擁擠，熱鬧嘈雜。

[4]閫（kǔn）：門檻。

[5]貴不如賤：《後漢書》卷八三《向長傳》：“（向長）潛隱於家，讀《易》至《損》《益》卦，喟然歎曰：‘吾已知富不如貧，貴不如賤，但未知死何如生耳。’”

顗内行甚脩，[1]事母兄孝友。兄昂一名顯，亦退素，[2]以家貧仕爲始安令。[3]兄弟不能分離，相隨之任。

[1]内行：平日居家的操行。

[2]退素：謙退淡泊，不謀仕進。

[3]始安：郡名。治始安縣，在今廣西桂林市。

齊永明年中，徵拜著作郎、太子舍人、通直郎，並不起。[1]文惠太子嘗擬古詩云：[2]“磊磊落落玉山崩。”顗聞之曰：“此讖言也。”[3]既而太子薨，至秋，武帝崩，[4]鬱林、海陵相次黜辱。[5]

[1]“齊永明年中”至“並不起”：《梁書》卷五一《沈顗傳》作“永明三年，徵著作郎；建武二年，徵太子舍人，俱不赴。永元二年，又徵通直郎，亦不赴”。馬宗霍《南史校證》云：“時歷三帝，而《南史》統系之永明年中，非也。”（第607頁）永明，南朝齊武帝蕭賾年號（483—493）。著作郎，官名。秘書省屬官，又稱大著作。掌國史，集注起居，爲清簡之職。太子舍人，官名。東宮屬官，掌文章書記等事。起，大德本、汲古閣本同，殿本作“赴”。《梁書·沈顗傳》作“赴”。按，作“赴”是，底本誤，應據殿本及《梁書》改。

[2]文惠太子：蕭長懋。字雲喬，齊武帝長子。初封南郡王，中軍將軍，置府，鎮石頭戍，尋轉征北將軍。武帝即位，長懋爲太子，未繼皇位而早卒。本書卷四四、《南齊書》卷二一有傳。

[3]讖言：古代巫師、方士用讖術所作的預言，作爲吉凶的徵兆。《漢書》卷四八《賈誼傳》："異物來崪，私怪其故，發書占之，讖言其度。"顏師古注："讖，驗也，有徵驗之書也。"

[4]武帝：南朝齊武帝蕭賾。字宣遠。廟號世祖。本書卷四、《南齊書》卷三有紀。

[5]鬱林：齊鬱林王蕭昭業。字元尚，小字法身，齊文惠太子長子。因文惠太子早逝，故其由太孫繼位，後被廢，改稱鬱林王。本書卷五、《南齊書》卷四有紀。　海陵：齊海陵王蕭昭文。字季尚，文惠太子次子。蕭鸞廢鬱林王，立蕭昭文，後被廢爲海陵王。本書卷五、《南齊書》卷四有紀。

顗素不事家産，及昂卒，逢齊末兵荒，與家人并日而食。或有饋其粱肉者，閉門不受，唯採蓴荇根供食，[1]以樵採自資，怡怡然恒不改其樂。[2]

[1]蓴（chún）：同"蒓"。即蒓菜，一名水葵，多年生水草。荇：荇菜。多年生水草。莖可以吃，全草可入藥。《詩·周南·關雎》："參差荇菜，左右流之。"

[2]不改其樂：語出《論語·雍也》："子曰：'賢哉，回也！一簞食，一瓢飲，在陋巷，人不堪其憂，回也不改其樂。賢哉，回也！'"

梁天監四年，[1]大舉北侵，南陽樂藏爲武康令，[2]以顗從役到建鄴，[3]楊州別駕陸任以書與吳興太守柳惲，[4]

責之不能甄善別賢。憚大憝，即表停之。卒于家，所著文章數十篇。

[1]天監：南朝梁武帝蕭衍年號（502—519）。

[2]南陽：郡名。治宛縣，在今河南南陽市。

[3]建鄴：東晋、南朝都城，又稱建業、建康，在今江蘇南京市。東漢獻帝建安十六年（211），孫權徙治丹陽郡秣陵縣，次年改名建業。吳大帝黃龍元年（229），正式定都於建業。西晋滅吳，恢復秣陵舊名。晋武帝太康三年（282），以秦淮水爲界兩分秣陵縣境，以南爲秣陵，以北爲建業，並改名建鄴。建興元年（313）因避愍帝司馬鄴諱，改名建康。其後宋、齊、梁、陳沿用爲都城，故稱六朝古都。《太平寰宇記》卷九〇《江南東道二·昇州》引《金陵記》云："梁都之時，城中二十八萬餘户。西至石頭城，東至倪塘，南至石子岡，北過蔣山，東西南北各四十里。"城市西界至石頭城，位於今江蘇南京市水西門以北至清凉山；東界爲倪塘，在今南京市江寧區上坊街道泥塘社區附近；南界石子岡，是包含今雨花臺在内的城南東西走向的一系列岡阜；北界逾過蔣山，也就是鍾山，今稱紫金山（參見張學鋒《南朝建康的都城空間與葬地》，《中華文史論叢》2019年第3期）。

[4]楊州別駕：官名。即揚州別駕從事史。州府佐吏，因從刺史行部，別乘傳車，故稱。主吏員選舉。梁十班。　陸任：吳郡（今江蘇蘇州市）人，陸慧曉子。仕梁，官至御史中丞。事見本書卷四八《陸慧曉傳》。　柳憚：字文暢，河東解（今山西臨猗縣）人，柳世隆子。本書卷三八有附傳，《梁書》卷二一有傳。

憲字彥璋，[1]演之從祖弟子也。祖説道，巴西、梓潼二郡太守。[2]父璞之，北中郎行參軍。[3]

[1]璋：汲古閣本同，大德本、殿本作“章”。

[2]巴西：郡名。晋僑置，與梓潼郡同治涪縣，在今四川綿陽市東。

[3]北中郎行參軍：官名。即北中郎將府行參軍。掌參議軍事。

憲少有幹局，[1]爲駕部郎。[2]宋明帝與憲棋，[3]謂曰：“卿廣州刺史材也。”補烏程令，甚著政績，太守褚彦回歎美，[4]以爲方圓可施。[5]少府管掌煩冗，材幹者並更其職，憲以吏能，累遷少府卿。[6]

[1]幹局：謂才幹和氣魄。

[2]駕部郎：官名。即尚書駕部郎。尚書駕部曹長官。掌車駕、畜牧之政。宋六品。

[3]宋明帝：劉彧。字休炳，小字榮期，宋文帝第十一子。初封淮陽王，後改封湘東王。前廢帝死後，自立爲帝。本書卷三、《宋書》卷八有紀。

[4]褚彦回：褚淵。字彦回，本書避唐高祖李淵諱以字行，河南陽翟（今河南禹州市）人。尚宋文帝女南郡獻公主，拜駙馬都尉，除著作佐郎。受明帝遺命與尚書令袁粲輔佐蒼梧王。後助蕭道成代宋建齊，封南康郡公，官至尚書令、司空。本書卷二八有附傳，《南齊書》卷二三有傳。

[5]方圓可施：指靈活機警，在不同情況下均可施展才能。

[6]少府卿：官名。爲少府尊稱，南朝梁始定爲官名。掌宮廷手工業及冶鑄、磚木、庫藏等事務。宋三品。

武陵王曄爲會稽，[1]以憲爲左軍司馬。[2]齊高帝以山陰户衆，[3]欲分爲兩縣。武帝啓曰：[4]“卿豈不可御，[5]

但用不得人耳。”乃以憲帶山陰令,^[6]政聲大著。孔珪請假東歸,^[7]謂人曰:“沈令料事特有天才。”

[1]武陵王曄:蕭曄。字宣照,齊高帝第五子。高帝建元元年(479)六月封。本書卷四三、《南齊書》卷三五有傳。

[2]左軍司馬:官名。即左軍將軍府司馬。

[3]齊高帝:蕭道成。字紹伯,小字鬥將,南蘭陵(今江蘇常州市武進區)人。南朝齊開國君主,廟號太祖。本書卷四,《南齊書》卷一、卷二有紀。　山陰:縣名。治所在今浙江紹興市。

[4]武帝:南朝齊武帝蕭賾。

[5]卿:大德本、汲古閣本、殿本作“縣”,《南齊書》卷五三《沈憲傳》亦作“縣”。按,底本誤,應據諸本改。

[6]帶:官制術語。帶其官號、俸祿而不理其事。南北朝時一些中央官員兼任地方郡守、縣令,但不理事,主要是爲取得其祿秩,是皇帝的一種恩賜。

[7]孔珪:《南齊書・沈憲傳》作“孔稚珪”,此爲本書避唐高宗李治諱嫌名,删“稚”字。孔稚珪,字德璋,會稽山陰(今浙江紹興市)人。本書卷四九、《南齊書》卷四八有傳。

後爲晉安王後軍長史、廣陵太守。^[1]西陽王子明代爲南兗州,^[2]憲仍留爲冠軍長史,^[3]太守如故。永明八年,子明典籤劉道濟贓私百萬,^[4]爲有司所奏,賜死。憲坐不糾,免官。後除散騎常侍,未拜,卒。當時稱爲良吏。

[1]晉安王:封爵名。即晉安郡王蕭子懋。字雲昌,齊武帝第七子。曾任後軍將軍、南兗州刺史。本書卷四四、《南齊書》卷四〇

有傳。　後軍長史：官名。即後軍將軍府長史。　廣陵：郡名。治廣陵縣，在今江蘇揚州市西北蜀岡上。

[2]西陽王子明：蕭子明。字雲光，齊武帝第十子，原封武昌王，後改封西陽王。曾爲冠軍將軍、南兗州刺史。本書卷四四、《南齊書》卷四〇有傳。　南兗州：州名。東晉僑立兗州，宋時改爲南兗州，初治京口，在今江蘇鎮江市。宋文帝元嘉八年（431）移治廣陵縣，在今江蘇揚州市西北蜀岡上。

[3]冠軍長史：官名。即冠軍將軍府長史。

[4]典籤：官名。南北朝置，亦稱典籤帥或籤帥、主帥。本爲州、府掌管文書的佐史，因南朝宋時多以年幼的皇子出鎮，皇帝委派親信擔任此職協助處理政事，故品階雖不高，但有實權。出任者多爲寒人，每州、府員數人，一歲中輪番還都，匯報當地情況，成爲皇帝升黜地方長官的主要依據。歷宋末以至齊，其權益重。齊時凡王府、諸王出鎮州郡，均置典籤。齊明帝之害諸王，均假典籤之手。梁中葉以後，典籤權勢逐漸衰微。參見清趙翼《廿二史劄記》卷一二《齊制典籤之權太重》。

憲同郡丘仲起先是爲晋平郡，[1]清廉自立。褚彦回歎曰：“目見可欲，心能不亂，此楊公所以遺子孫也。”[2]仲起字子震，位至廷尉，卒。

[1]晋平：郡名。南朝宋改晋安郡置。治候官縣，在今福建福州市。

[2]楊公：楊震。字伯起，弘農華陰（今陝西華陰市）人。性公廉。任荆州刺史，時有人夜贈金十斤，謂“暮夜無知者”，震拒之曰：“天知，神知，我知，子知，何謂無知！”親友勸其置產業，震曰：“使後世稱爲清白吏子孫，以此遺之，不亦厚乎！”《後漢書》卷五四有傳。按，此以楊伯起比況丘仲起。

憲叔浚字叔源，[1]少涉學有才幹，仕梁歷山陰、吳、建康三縣，[2]並有能名。

[1]叔：大德本、汲古閣本、殿本作“孫”。《梁書》卷四三《沈浚傳》亦言沈浚爲沈憲孫。

[2]建康：縣名。治所在今江蘇南京市。

太清二年，[1]累遷御史中丞。[2]時臺城爲侯景所圍，[3]外援並至，景表請和，求解圍還江北。詔許之。遣右衛將軍柳津對景盟歃。[4]景知城內疾疫，稍無守備，因緩去期。城內知其背盟，復舉烽鼓譟。[5]後數日，景復進表請和，簡文使浚往景所。[6]景曰：“即日向熱，非復行時，政欲立效求停，君可見爲申聞。”浚曰：“大將軍此意，意在得城。下風所聞，[7]久已乏食，城內雖困，尚有兵糧。朝廷恐和好乖貳，已密敕外軍：若臺城傾覆，勿以三宮爲念，[8]當以死雪恥。若不能決戰，當深壁自守。大將軍十萬之衆，將欲何資?”景橫刀於膝，瞋目叱之。浚乃正色責景曰：“河南王人臣，而舉兵向闕。[9]今朝廷已赦王罪結盟，口血未乾，而復翻背。沈浚六十之年，[10]且天子使也，奉命而行，何用見脅。”徑去不顧。景歎曰：“是真司直也。”[11]然密銜之。[12]又勸張嵊立義，[13]後得殺之。

[1]太清：南朝梁武帝蕭衍年號（547—549）。

[2]御史中丞：官名。御史臺長官。掌督察百官，糾彈不法。南朝亦稱南司，其職雖重，世族名士多不樂爲之。梁十一班。

[3]臺城：宫城名。即建康宫，又名顯陽宫。位於今江蘇南京市雞籠山南、乾河沿北。本三國吴後苑城，東晉成帝時改建，咸和七年（332）新宫成，名曰建康宫，爲東晉、南朝臺省（中央政府）和宫殿所在地，故又名“臺城”。　　侯景：字萬景。原爲東魏大將，後叛至南朝梁，在梁發動叛亂，史稱“侯景之亂”。本書卷八〇、《梁書》卷五六有傳。

[4]右衛將軍：官名。禁衛軍統帥之一。與左衛將軍合稱二衛將軍，掌宫廷宿衛營兵，多由近臣擔任。梁十二班。　　柳津：字元舉，河東解（今山西臨猗縣）人，柳慶遠子。本書卷三八有附傳。

[5]舉烽：點燃烽火以示警報。　　鼓譟：古代出戰時擂鼓吶喊，以壯聲勢。

[6]簡文：梁簡文帝蕭綱。字世纘，小字六通，梁武帝第三子。本書卷八、《梁書》卷四有紀。

[7]下風：喻處於不利的地位。此爲自謙之詞。

[8]三宫：大德本、汲古閣本、殿本作“二宫”。按，作“二宫”是。二宫，皇帝與太子。

[9]闕：指朝廷。

[10]六十之年：《資治通鑑》卷一六二《梁紀十八》武帝太清三年作“五十之年”。

[11]司直：官名。原爲丞相屬官，佐丞相舉不法，有監察職能。此處代指御史中丞。

[12]銜：恨。

[13]張嵊：字四山，吴郡（今江蘇蘇州市）人。侯景之亂時任吴興太守，建康城陷後，據守吴興，兵敗被殺。本書卷三一有附傳，《梁書》卷四三有傳。

　　江夷字茂遠，濟陽考城人也。[1]祖晉護軍將軍。[2]父敳，[3]驃騎諮議參軍。[4]

[1]濟陽：郡名。治濟陽縣，在今河南蘭考縣東北。　考城：縣名。治所在今河南民權縣東北。

[2]護軍將軍：官名。東漢時曹操改丞相府護軍爲中護軍，資重者可遷護軍將軍，典武官選舉，與中領軍同掌禁軍。西晉時不典選舉，不隸領軍，自領禁衛營兵。

[3]敳：江敳。曾任琅邪内史、驃騎諮議。

[4]驃騎諮議參軍：官名。即驃騎將軍府諮議參軍。

夷少自藻厲，[1]爲後進之美。宋武帝板爲鎮軍行參軍，[2]豫討桓玄功，封南郡州陵縣五等侯。[3]累遷大司馬，[4]武帝命大司馬府、琅邪國事，一以委焉。[5]

[1]藻厲：修飾砥礪。

[2]鎮軍行參軍：官名。即鎮軍將軍府行參軍。晉初制度，中央除拜者爲參軍，諸府自辟者爲行參軍。晉末以後，行參軍中央亦可除拜，唯品階低於參軍。無固定職掌。

[3]州陵縣：縣名。治所在今湖北洪湖市東北。

[4]累遷大司馬：《宋書》卷五三《江夷傳》中華本校勘記云："當是爲大司馬之僚佐長史或司馬之屬，史此處有缺文。時琅邪王爲大司馬。"馬宗霍《南史校證》云："《宋書》本傳先稱'高祖板夷爲鎮軍行參軍，尋行大司馬琅邪王軍事'，於封南郡州陵縣五等侯之後，又稱'尋轉太尉諮議參軍，領録事，遷長史，入爲侍中'其下接云'大司馬從府公北伐，拜洛陽園陵'，此之'大司馬'，乃晉琅邪王司馬德文，此之'府公'，即宋武帝。據《武帝本紀》：'義熙十二年四月，公欲以義聲懷遠，奉琅邪王北伐。'正此所云大司馬從府公北辟之事也（辟與闢通，北辟即北伐開闢疆土之意）。休文叙江夷事，突入大司馬云云，雖行文稍欠分晰，不無可議。但延壽大加删節，於封五等侯之下，徑云'累遷大司馬'，竟以大司

馬爲江夷之遷官。斯則不唯誤讀《宋書》，其不諳當時官制，亦已甚矣。”（第608—609頁）

[5]武帝命大司馬府、琅邪國事，一以委焉：《宋書·江夷傳》云：“還領寧遠將軍、琅邪内史、本州大中正。高祖命大司馬府、琅邪國事，一以委焉。”本書僅言委江夷琅邪國事，而不言其爲琅邪内史，意不明。

武帝受命，歷位吏部尚書，吳郡太守。營陽王於吳縣見害，[1]夷臨哭盡禮。以兄疾去官，後爲右僕射。[2]

[1]營陽王：王爵名。即宋少帝劉義符。小字車兵，宋武帝長子。即帝位二年被廢黜爲營陽王，旋被殺。本書卷一、《宋書》卷四有紀。　吳縣：縣名。治所在今江蘇蘇州市。

[2]右僕射：官名。即尚書右僕射。尚書省次官，或單置，或並置左、右。南朝尚書令爲宰相之任，位尊權重，不親庶務，尚書省事務由僕射主持，諸曹奏事由左、右僕射審議聯署。右僕射與祠部尚書通職，位左僕射下。宋三品。

夷美風儀，善舉止，歷任以和簡著稱。出爲湘州刺史，[1]加散騎常侍，未之職，卒。[2]遺令薄斂疏奠，務存儉約。子湛。

[1]湘州：州名。治臨湘縣，在今湖南長沙市。
[2]卒：《宋書》卷五三《江夷傳》載“時年四十八”。

湛字徽深，[1]居喪以孝聞。愛文義，善彈棋鼓琴，兼明算術。爲彭城王義康司徒主簿、太子中舍人。[2]司空檀道濟爲子求娶湛妹，[3]不許。義康有命，又不從。時人重其立志。義康之盛，人競求自暱，[4]唯湛自疏，固求外出，乃以爲武陵内史。[5]隨王誕爲北中郎將、南徐州刺史，[6]以湛爲長史、南東海太守，[7]委以政事。

[1]徽深：《宋書》卷七一《江湛傳》作"徽淵"，本書避唐高祖李淵諱改。

[2]太子中舍人：官名。東宮屬官，選舍人中品學兼優者充任。與太子中庶子共掌東宮文翰，侍從規諫太子，糾正違闕。宋六品。

[3]司空：官名。三公之一。名譽宰相，多爲大臣加官，無實際職掌。宋一品。　檀道濟：高平金鄉（今山東嘉祥縣）人。隨劉裕征伐，以功封永修縣公。宋武帝臨終，與徐羨之、謝晦受顧命，後謀廢少帝，立文帝。官至司空。本書卷一五、《宋書》卷四三有傳。

[4]暱：親近。

[5]武陵：郡名。治臨沅縣，在今湖南常德市。

[6]隨王誕：劉誕。字休文，宋文帝第六子。初封廣陵王，改封隨郡王，復改封竟陵王。本書卷一四、《宋書》卷七九有傳。北中郎將：官名。四中郎將之一。掌率師征伐，鎮守地方，多以宗室出任。宋四品。　南徐州：州名。治京口城，在今江蘇鎮江市。

[7]南東海：郡名。寄治京口城，在今江蘇鎮江市。

元嘉二十五年，徵爲侍中，任以機密。遷左衛將軍。時改選學職，以太尉江夏王義恭領國子祭酒，[1]湛領博士。

[1]太尉：官名。與司徒、司空並稱三公。無實際職掌，爲名

譽宰相。宋一品。

　　轉吏部尚書。家甚貧，不營財利，餉饋盈門，[1]一無所受。無兼衣餘食，[2]嘗爲上所召，遇澣衣，[3]稱疾經日，衣成然後起。牛餓，御人求草，湛良久曰："可與飲。"在選職頗有刻覈之譏，[4]而公平無私，不受請謁，論者以此稱焉。

　　[1]餉饋：饋贈。
　　[2]兼衣：多重衣服，厚衣服。
　　[3]澣：同"浣"。
　　[4]選職：指吏部尚書。

　　初，上大舉北侵，舉朝謂爲不可，唯湛贊成之。及魏太武至瓜步，[1]以湛兼領軍，軍事處分，一以委焉。魏遣使求昏，[2]上召太子劭以下集議。[3]衆並謂宜許，湛謂許之無益。劭怒謂湛曰："今三王在阨，[4]詎宜苟執異議。"聲色甚厲。坐散俱出，劭使班劍及左右推排之，[5]殆於傾倒。劭後宴集，未嘗命湛，上乃爲劭長子偉之娉湛第三女，[6]欲以和之。上將廢劭，使湛具詔草。劭之入弑，湛直上省，[7]聞叫乃匿傍小室。[8]劭遣求之，舍吏紿云"不在此"。兵即殺舍吏，乃得見湛。湛據窓受害，意色不撓。五子恁、恕、憼、愻、法壽皆見殺。初，湛家數見怪異，未敗少日，所眠牀忽有數斗血。孝武即位，追贈左光祿大夫、開府儀同三司，[9]諡曰忠簡公。恁位著作佐郎。恁子斅。

[1]魏太武：北魏太武帝拓跋燾。字佛狸。《魏書》卷四、《北史》卷二有紀。　瓜步：亦稱瓜埠。在今江蘇南京市六合區，東臨長江。

[2]昏：通"婚"。

[3]太子劭：劉劭。宋文帝長子。弑文帝自立，兵敗被殺。本書卷一四、《宋書》卷九九有傳。

[4]三王在阨：指三位諸侯王在危難之中。三王，指江夏王義恭、武陵王駿、南平王鑠。時各督方面之軍與北魏相拒。

[5]班劍：漢制朝服帶劍，晉朝代之以木，謂之班劍。因其爲虎賁所持，故晉以後成爲隨從侍衛之代稱，且成爲皇帝對功臣的恩賜，可隨身進入宮殿。所賜人數自百二十人至十人不等。

[6]偉之：劉偉之。劉劭長子。事見本書卷一四、《宋書》卷九九《元凶劭傳》。

[7]直上省：在尚書省值班。直，通"值"。上省，即尚書省。

[8]室：大德本、汲古閣本、殿本作"屋"，《宋書》卷七一《江湛傳》作"屋"。

[9]左光禄大夫：官名。作爲在朝顯職的加官，以示優崇。或授予年老有病者爲致仕之官，亦常用爲卒後贈官，無職掌。其禮遇與特進同。以爲加官者，唯授章綬、禄賜、班位而已，不別給車服、吏卒。宋二品。　開府儀同三司：官名。意即與司徒、司空、司馬禮制待遇相同，允許開設府署，自辟僚佐。

　　敳字叔文，母宋文帝女淮陽長公主。[1]幼以戚屬召見，[2]孝武謂謝莊曰：[3]"此小兒方當爲名器。"少有美譽，尚孝武女臨汝公主，拜駙馬都尉，[4]爲尹陽丞。[5]時袁粲爲尹，[6]見敳歎曰："風流不墜，政在江郎。"數與宴賞，留連日夜。

［1］淮陽長公主：《南齊書》卷四三《江斅傳》作“淮陽公主”。

［2］戚屬：親屬。

［3］謝莊：字希逸，陳郡陽夏（今河南太康縣）人。宋孝武帝時曾任吏部尚書，上書反對以門第選才。本書卷二〇有附傳，《宋書》卷八五有傳。

［4］駙馬都尉：官名。集書省屬官，尚公主者多加此號。宋六品。

［5］尹陽丞：大德本、汲古閣本、殿本“尹”作“丹”，《南齊書·江斅傳》亦作“丹”。按，底本誤，應據諸本改。

［6］袁粲爲尹：指袁粲爲丹陽郡長官。袁粲，字景倩，陳郡陽夏（今河南太康縣）人。本書卷二六有附傳，《宋書》卷八九有傳。

遷中書郎。[1]斅庶祖左母王氏老疾，[2]斅視膳嘗藥，七十餘日不解衣。及累居内官，[3]每以侍養陳請，朝廷優其朝直。[4]初，湛娶褚秀之女，[5]大義不終。褚彦回爲衛軍，[6]重斅爲人，先通意，引爲長史。隨府轉司空長史，[7]領臨淮太守。[8]轉齊高帝太尉從事中郎。[9]齊臺建，[10]爲吏部郎。高帝即位，斅以祖母久疾，啓求自解。

［1］中書郎：官名。南朝時爲中書通事郎或中書侍郎的省稱。隸中書省。

［2］左：大德本、汲古閣本、殿本無，《南齊書》卷四三《江斅傳》亦無。按，此底本誤，應據諸本刪“左”字。

［3］内官：指侍衛近臣。

［4］朝直：指朝臣夜宿於内廷省閣值班。

［5］褚秀之：字長倩，河南陽翟（今河南禹州市）人。本書卷二八、《宋書》卷五二有附傳。

［6］衛軍：官名。即衛軍將軍。褚淵在宋順帝時，曾加衛軍將軍。

［7］隨府轉司空長史：此指隨褚淵由衛軍將軍府遷轉至司空府。隨府轉，即隨着府主不同時期官職的變化而任不同名義的府屬。

［8］臨淮：郡名。治盱眙縣，在今江蘇盱眙縣東北。

［9］太尉從事中郎：官名。即太尉府從事中郎。齊高帝蕭道成輔宋順帝，進太尉、驃騎大將軍、錄尚書。江敩由司空府轉至太尉府任職。

［10］齊臺：指齊國。宋順帝昇明三年（479），詔封相國蕭道成爲齊公，復進爲齊王，建齊國，建制與天子同。

初，宋明帝敕敩出繼其叔愻爲從祖淳後，於是僕射王儉啓：[1]“禮無後小宗之文，[2]近代緣情，皆由父祖之命，未有既孤之後，出繼宗族也。雖復臣子一揆，[3]而義非天屬。[4]江忠簡胤嗣所寄，[5]唯敩一人，傍無茅屬，敩宜還本。若不欲江愻絶後，可以敩小兒繼愻爲孫。”尚書參議，謂“間世立後，[6]禮無其文。荀顗無子立孫，[7]墜禮之始。何琦又立此論，[8]義無所據”。於是敩還本家，詔使自量立後者。

［1］僕射：官名。即尚書僕射。 王儉：字仲寶，琅邪臨沂（今山東臨沂市）人。尚宋明帝陽羨公主，入齊封南昌縣公，長於禮學，參與齊初制度、禮儀制定，官至中書監，卒贈太尉。本書卷二二有附傳，《南齊書》卷二三有傳。

［2］後小宗：繼承小宗。中國古代宗法制度規定，嫡長子一系

爲大宗，其餘子孫爲小宗。

[3]臣子一揆：指爲臣和爲子是同樣的道理。一揆，語出《孟子·離婁下》：“先聖後聖，其揆一也。”

[4]天屬：天性相連。多稱父子、兄弟、姐妹等有血緣關係的親屬爲天屬。

[5]江忠簡：江斆父江湉的謚號。

[6]間世：隔代。

[7]荀顗：字景倩，潁川（今河南許昌市）人，荀彧子。官至侍中、太尉。荀顗無子，以從孫徽嗣。《晋書》卷三九有傳。

[8]何琦：字萬倫，廬江灊（今安徽霍山縣）人。以養性、述作爲事。《晋書》卷八八有傳。

豈爲豫章内史，[1]還除太子中庶子，[2]未拜，門客通贓利，[3]武帝遣信檢覆，[4]斆藏此客而躬自引咎。上甚有怪色，王儉從容啓上曰：“江斆若能臨郡，此便是具美耳。”上意乃釋。

[1]豈：大德本、汲古閣本、殿本作“出”。《南齊書》卷四三《江斆傳》亦作“出”。按，底本誤，應據諸本改。　豫章：郡名。治南昌縣，在今江西南昌市。

[2]太子中庶子：官名。東宮屬官。侍從太子，掌奏事、諫議，與太子中舍人共掌文翰。宋五品。

[3]通贓利：指由貪贓犯法所獲之利。

[4]遣信：派遣親信。大德本同，汲古閣本、殿本作“遣使”，《南齊書·江斆傳》作“遣信”。　檢覆：檢查覈實。

永明中，爲竟陵王司馬。[1]斆好文辭，圍棋第五品，爲朝貴中最。遷侍中，歷五兵尚書,[2]東陽、吳二郡太守,[3]復爲侍中，轉都官尚書,[4]領驍騎將軍。[5]王晏啓武帝曰:[6]"江斆今重登禮閣,[7]兼掌六軍,[8]慈渥所覃,[9]寔有優忝；但語其事任，殆同閒輩。[10]天旨既欲升其名位,[11]愚謂以侍中領驍騎，望實清顯,[12]有殊納言。"上曰:"斆常啓吾，爲其鼻中惡。[13]今既以何胤、王瑩還門下,[14]故有此回換耳。"[15]

[1]竟陵王司馬:《南齊書》卷四三《江斆傳》作"竟陵王司徒司馬"。竟陵王，封爵名。此即竟陵郡王蕭子良。齊武帝次子。本書卷四四、《南齊書》卷四〇有傳。竟陵，郡名。治萇壽縣，在今湖北鍾祥市。

[2]五兵尚書:官名。三國魏始置，掌中兵、外兵、騎兵、別兵、都兵五曹，故稱五兵尚書。南朝宋、齊時祇領中兵、外兵兩曹。

[3]東陽:《南齊書·江斆傳》載"明年，出爲輔國將軍、東海太守，加秩中二千石，行南徐州事"。按，南朝齊時東陽郡屬揚州，南東海郡屬南徐州，則此似應作"東海"。

[4]都官尚書:官名。尚書省都官曹長官。掌管都官、水部、庫部、功論四曹。職掌刑獄徒隸、水利庫藏等。

[5]驍騎將軍:官名。皇帝侍衛武官，是護衛宮廷的親軍六軍之一。

[6]王晏:字士彥，琅邪臨沂（今山東臨沂市）人。本書卷二四有附傳，《南齊書》卷四二有傳。

[7]禮閣:指尚書省。《南齊書》卷四六《蕭惠基傳》:"尚書令王儉朝宗貴望，惠基同在禮閣。"

[8]六軍:即領軍、護軍、左右二衛、驍騎、游擊六軍。《南齊書·百官志》:"領軍將軍、中領軍、護軍將軍、中護軍……左右二

衛將軍、驍騎將軍、游擊將軍。晋世以來，謂領、護至驍、游爲
六軍。”

[9]慈渥（wò）所覃（tán）：指皇帝恩澤所施及。慈渥，恩
澤。覃，延及。

[10]殆同閑輩：指江敩所領之官，祇給其名，而不給實權。

[11]天旨：皇帝的旨意。

[12]清顯：清要顯達的官職。

[13]鼻中惡：指鼻中有疾，吐氣腐臭。

[14]何胤：字子季，廬江灊（今安徽霍山縣）人。齊時官歷
國子祭酒、中書令。入梁隱居不仕，於東山聚徒講學。本書卷三〇
有附傳，《南齊書》卷五四有傳。　王瑩：字奉光，琅邪臨沂（今
山東臨沂市）人。尚宋臨淮公主，拜駙馬都尉。入齊，官至侍中、
中領軍。入梁，封建城縣公。本書卷二三有附傳，《梁書》卷一六
有傳。　門下：官署名。指門下省。官員掌奏事，直侍左右。

[15]回換：指將江敩由内官調出爲地方官。

先是中書舍人紀僧真幸於武帝，[1]稍歷軍校，[2]容表
有士風。謂帝曰：“臣小人，出自本縣武吏，慅逢聖
時，[3]階榮至此。爲兒昏，得荀昭光女，即時無復所須，
唯就陛下乞作士大夫。”帝曰：“由江敩、謝瀹，[4]我不得
措此意，可自詣之。”僧真承旨詣敩，登榻坐定，敩便
命左右曰：“移我牀讓客。”[5]僧真喪氣而退，告武帝曰：
“士大夫故非天子所命。”時人重敩風格，不爲權倖
降意。[6]

[1]中書舍人：官名。中書通事舍人的簡稱。掌收納，呈轉文
書奏章，後漸奪中書侍郎草擬詔令之任，爲皇帝親信。品低而權

重。　紀僧真：丹陽建康（今江蘇南京市）人。少時即事蕭道成，蕭道成令其模仿自己的筆迹，來往書信奏答一並交其處理，極受信任。蕭道成稱帝後，封新陽縣男。本書卷七七、《南齊書》卷五六有傳。

[2]軍校：任輔助之職的軍官。此指紀僧真曾在軍中任職。

[3]憿（jiāo）：大德本、汲古閣本、殿本作"邀"。《資治通鑑》卷一三六《齊紀二》武帝永明七年作"邀"，胡三省注："《説文》曰：幸也。《集韻》：憿、僥、徼通，音堅堯翻。"

[4]謝瀹：字義潔，陳郡陽夏（今河南太康縣）人。本書卷二〇有附傳，《南齊書》卷四三有傳。

[5]我：大德本、汲古閣本、殿本作"吾"。

[6]降意：屈意。

隆昌元年，[1]爲侍中，領國子祭酒。鬱林廢，[2]朝臣皆被召入宮。敳至雲龍門，[3]方知廢立，託散動，醉吐車中而去。[4]

[1]隆昌：南朝齊鬱林王蕭昭業年號（494）。

[2]鬱林廢：此指齊明帝蕭鸞廢鬱林王，立其弟昭文爲帝，旋又廢帝自立。

[3]雲龍門：宮門名。建康宮城内城門。宋周應合《景定建康志》卷二〇《城闕志一·門闕》引《宮苑記》："建康宮城内有兩重宮牆……東面正中曰雲龍門。"

[4]託散動，醉吐車中而去：《南齊書》卷四三《江敳傳》作"託藥醉吐車中而去"。散，即藥。

明帝即位，[1]改領秘書監，[2]又改領晋安王師。[3]卒，[4]遺令不受賻贈。[5]詔賻錢三萬，布四百匹。[6]子蒨啓遵敦命不受，詔嘉美之，從其所請。贈散騎常侍、太常卿，謚曰敬子。[7]子蒨。

[1]明帝：南朝齊明帝蕭鸞。字景栖，小字玄度，始安貞王蕭道生子。本書卷五、《南齊書》卷六有紀。

[2]秘書監：官名。秘書省長官。掌圖書經籍。

[3]師：官名。諸王府屬官。掌教導諸王。

[4]卒：《南齊書》卷四三《江斅傳》載“建武二年，卒，年四十四”。

[5]賵（fù）贈：贈送的喪禮財物。

[6]布四百匹：大德本、汲古閣本、殿本作“布百匹”。《南齊書·江斅傳》亦作“布百匹”。

[7]謚曰敬子：六朝時文臣死後無封爵而得謚號者稱“子”。錢大昕《十駕齋養新錄》卷二〇《沈恭子》：“予按《南史》，‘沈炯，字初明……以疾卒於吳中，贈侍中，謚恭子’。六朝文臣無封爵而得謚者，例稱‘子’。如任昉稱敬子、周宏正稱簡子之類，不一而足。”

蒨字彥標，幼聰警，讀書過口便誦。選爲國子生，[1]舉高第，起家秘書郎，[2]累遷廬陵王主簿。[3]居父憂以孝聞，廬于墓側，明帝敕遣齋仗二十人防之墓所。[4]服闋，[5]累遷建安内史。[6]梁武帝起兵，[7]遣寧朔將軍劉諗之爲郡，[8]蒨拒之。及建鄴平，蒨坐禁錮，俄被原。

[1]國子生：國子監學生。國子學（監），國立儒學最高學府。晉武帝咸寧二年（276）始設。咸寧四年，置國子祭酒、博士各一

人，助教十五人，以教生徒。從此國子學與太學並立。南北朝時，或設國子學，或設太學，或兩者同設。南朝齊高帝建元四年（482）置國子學，尋廢，武帝永明三年（485）復立，設國子祭酒一人，博士二人，助教十人。

　　[2]秘書郎：官名。秘書監、丞屬官。兩晉南北朝沿置，多爲貴族子弟起家之官。

　　[3]廬陵王：封爵名。蕭寶源封爵爲廬陵郡王。蕭寶源，字智淵，齊明帝第五子。本書卷四四、《南齊書》卷五〇有傳。

　　[4]齋仗：帝王齋宫的儀仗、守衛武士。

　　[5]服闋：喪服期滿。

　　[6]建安：郡名。治建安縣，在今福建建甌市。

　　[7]梁武帝：大德本、汲古閣本同，殿本作“明帝”。此應爲梁武帝，底本不誤。

　　[8]寧朔將軍：官名。南朝時多爲加官。

　　歷太尉臨川王長史、尚書吏部郎，[1]領右軍。[2]方雅有風格，僕射徐勉權重，[3]唯蒨及王規與抗禮，[4]不爲之屈。勉因蒨門客翟景爲子綜求昏於蒨女，不答。景再言之，乃杖景四十，由此與勉忤。勉又爲子求蒨弟葺及王泰女，[5]二人並拒之。葺爲吏部郎，坐杖曹中幹免官，泰以疾假出宅，乃遷散騎常侍，皆勉意也。初，天監六年，詔以侍中、常侍並侍帷幄，[6]分門下二局入集書，[7]其官品視侍中，[8]而非華胄所悦，[9]故勉斥泰爲之。

　　[1]臨川王：封爵名。蕭宏封爵爲臨川郡王。蕭宏，字宣達，梁武帝蕭衍之弟。本書卷五一、《梁書》卷二二有傳。臨川，郡名。治南城縣，在今江西南城縣東南。

[2]領右軍:《梁書》卷二一《江蒨傳》作"右將軍"。

[3]徐勉:字脩仁,東海郯(今山東郯城縣)人。本書卷六〇、《梁書》卷二五有傳。

[4]王規:字威明,琅邪臨沂(今山東臨沂市)人。本書卷二二有附傳,《梁書》卷四一有傳。

[5]王泰:字仲通,琅邪臨沂(今山東臨沂市)人,王慈子。梁時官至吏部尚書。本書卷二二有附傳,《梁書》卷二一有傳。

[6]帷幄:室內縣挂的帳幔。後亦指帝王住所,此即指宮廷。

[7]分門下二局入集書:《通典》卷二一《職官典三》:"(天監)六年,詔曰:在昔晋初,仰惟盛化,常侍、侍中,並參帷幄。員外常侍,特爲清顯。可分門下二局,委散騎常侍、侍中,並參帷幄,尚書案奏,分曹入集書。"

[8]視:官制術語。即將某個官職的品秩、待遇與另一個官職一樣看待。

[9]華胄:世家貴族的後代。

　　蒨尋遷司徒左長史。初王泰出閣,[1]武帝謂勉云:"江蒨資歷,應居選部。"[2]勉曰:"蒨有眼患,又不悉人物。"乃止。遷光禄大夫。[3]卒,[4]謚肅。

[1]閣:官署。此指尚書省。

[2]選部:即吏部。掌官吏任免考選之事。

[3]光禄大夫:官名。爲在朝顯職的加官,以示優待,或授予年老有病者爲致仕之官,亦常用作卒後贈官。無職掌。梁十六班。

[4]卒:《梁書》卷二一《江蒨傳》載"時年五十三"。

　　蒨好學,尤悉朝儀故事,[1]撰《江左遺典》三十卷,未就,卒。文集十五卷。

[1]故事：舊日的典章制度。

蒨弟曇字彦德，少學涉有器度，[1]位侍中、太子詹事，[2]承聖初卒。[3]曇弟禄。

[1]器度：才識風度。
[2]太子詹事：官名。東宫屬官。總理東宫庶務，職位顯重。梁十四班。
[3]承聖：南朝梁元帝蕭繹年號（552—555）。

禄字彦遜，幼篤學有文章，工書善琴。形貌短小，神明俊發。位太子洗馬、湘東王録事參軍，[1]以氣陵府王，王深憾焉。後盧陵威王續代爲荆州，[2]留爲驃騎諮議參軍。[3]獻書告别，王答書乃致恨。

[1]太子洗馬：官名。東宫屬官。“洗”亦作“先”。先馬，即前驅。掌賓贊受事，太子出行則爲前導。梁隸詹事所轄典經局，六班。　湘東王：梁元帝蕭繹。小字七符，梁武帝第七子。武帝天監十三年（514）封爲湘東王。本書卷八、《梁書》卷五有紀。
[2]後：大德本、汲古閣本、殿本無。　盧陵威王續：蕭續。字世訴，梁武帝第五子。武帝天監八年（509）封盧陵郡王。本書卷五三、《梁書》卷二九有傳。盧陵，郡名。治石陽縣，在今江西吉水縣東北。　荆州：州名。治江陵縣，在今湖北荆州市荆州區。
[3]驃騎諮議參軍：官名。即驃騎將軍府諮議參軍。

禄先爲武寧郡，[1]頗有資産，積錢於壁，壁爲之倒，连銅物皆鳴。人戲之曰：“所謂‘銅山西傾，洛鐘東應’

者也。"[2]湘東王恨之既深，以其名祿，改字曰榮財，以志其忿。後爲唐侯相，[3]卒。撰《列仙傳》十卷行於世，及《井絜皋木人賦》《敗船詠》，並以自喻。

[1]武寧：郡名。治樂鄉縣，在今湖北荊門市北。

[2]銅山西傾，洛鐘東應：《易·乾卦》："同聲相應，同氣相求。"孔穎達疏："陶甄之器，非唯同類相感，亦有異類相感者。若磁石引針，琥珀拾芥，蠶吐絲而商弦絶，銅山崩而洛鍾應，其類煩多，難一一言也。"

[3]唐侯相：中華本據《宋書·州郡志》改爲"作唐侯相"。

子徽亦有文采，而清狂不慧，[1]常以父爲戲。

[1]清狂：癡癲。

蕭子紆。

紆字含絜，幼有孝性，年十三，父蕭患眼，紆侍疾將朞月，衣不解帶。夜夢一僧云："患眼者飲慧眼水必差。"[1]及覺説之，莫能解者。紆第三叔禄與草堂寺智者法師善，[2]往訪之。智者曰："《無量壽經》云，[3]慧眼見真，[4]能度彼岸。"[5]蕭乃因智者啓捨同夏縣界牛屯里舍爲寺，[6]乞賜嘉名。敕答云："純臣孝子往往感應，晋時顔含遂見冥中送藥，[7]又近見智者以卿第二息夢云'飲慧眼水'。[8]慧眼則五眼之一號，可以慧眼爲名。"及就創造，泄故井，井水清洌，異於恒泉。依夢取水洗眼及煮藥，稍覺有瘳，[9]因此遂差。時人謂之孝感。

[1]差：通"瘥"。病愈。

[2]草堂寺：佛寺名。在今江蘇南京市鍾山。《續高僧傳》卷六《梁國師草堂寺智者釋慧約傳》："齊中書郎汝南周顒爲剡令，欽服道素，側席加禮，於鍾山雷次宗舊館造草堂寺。"　智者法師：釋慧約。字德素，姓婁，東陽烏場（今浙江義烏市）人。《續高僧傳》卷六有傳。

[3]《無量壽經》：佛經名。與《觀無量壽佛經》《阿彌陀經》合稱净土三經。

[4]慧眼：佛教用語。智慧之目，亦泛指能照見實相的智慧。佛教五眼（肉眼、天眼、慧眼、法眼、佛眼）之一。

[5]彼岸：佛教用語。佛教以有生有死的境界爲此岸，超脱生死的涅槃境界爲彼岸。

[6]同夏：縣名。治所在今江蘇南京市東。宋孝武帝大明八年（464）梁武帝生於秣陵縣同夏里三橋宅，及即位，分同夏里爲同夏縣。

[7]顔含：字弘都。少有操行，以孝聞。次嫂因疾失明，醫生所開藥方應須蚺蛇膽。顔含尋求備至，無由得之。嘗晝獨坐，忽有一青衣童子持一青囊授蛇膽。得膽，藥成，嫂病即愈。《晉書》卷八八有傳。

[8]息：兒子。

[9]瘳（chōu）：病情好轉。

　　南康王爲徐州，[1]召爲迎主簿。紓性沈静，[2]好莊、老玄言，[3]尤善佛義，不樂進仕。及父卒，紓廬于墓，終日號慟不絶聲，月餘乃卒。子總。

[1]南康王：封爵名。此指南康郡王蕭績。字世謹，梁武帝第四子。本書卷五三、《梁書》卷二九有傳。南康，郡名。治贛縣，

在今江西赣州市西南。 徐州：《梁書》卷四七《江紑傳》作"南徐州"，本書卷五三《南康簡王績傳》亦言"南徐州刺史"，故此徐州應指南徐州。

[2]沈：同"沉"。

[3]莊、老玄言：此指魏晉南朝時崇尚老莊玄理的言論。

總字總持，七歲而孤，依于外氏。幼聰敏，有至性。元舅吴平侯蕭勱名重當世，[1]特所鍾愛，謂曰："爾神采英拔，後之知名，當出吾右。"

[1]吴平侯蕭勱：字文約，襲父吴平侯景爵，爲吴平侯。本書卷五一有附傳。吴平，縣名。治所在今江西樟樹市西。

及長，篤學有文辭。仕梁爲尚書殿中郎。[1]武帝撰《正言》始畢，製《述懷詩》，總預同此作。帝覽總詩，深見嗟賞。轉侍郎。[2]尚書僕射范陽張纘、度支尚書琅邪王筠、都官尚書南陽劉之遴並高才碩學，[3]總時年少有名，纘等雅相推重，爲忘年友會。之遴嘗酬總詩，深相欽挹。[4]

[1]尚書殿中郎：官名。尚書省諸曹郎之一，屬尚書左僕射。掌擬詔書，多用文學之士。梁侍郎六班，郎中五班。

[2]轉：遷職。

[3]尚書僕射：官名。尚書令副佐，並與尚書分領諸曹。不常置，若左右僕射並缺，則置以總左右事。梁十五班。 范陽：郡名。治涿縣，在今河北涿州市。 張纘：字伯緒。梁武帝大同年間官任尚書僕射，博聞多識。本書卷五六、《梁書》卷三四有附傳。

度支尚書：官名。尚書省列曹尚書之一。掌財賦統計、支調。梁十三班。　琅邪：郡名。治開陽縣，在今山東臨沂市北。　王筠：字元禮，一字德柔。梁武帝大同年間官任度支尚書，博學通經，著述甚多。本書卷二二有附傳，《梁書》卷三三有傳。　都官尚書：官名。尚書省列曹尚書之一。掌法律刑獄及水利、庫藏等。梁十三班。　劉之遴：字思貞。梁武帝大同年間官任都官尚書，博學善文，明曉朝儀。本書卷五〇有附傳，《梁書》卷四〇有傳。

[4]欽挹：欽佩推崇。

累遷太子中舍人。[1]侯景寇建鄴，詔以總權兼太常卿，[2]守小廟。[3]臺城陷，避難會稽郡，憩於龍華寺，乃製《脩心賦》。總第九舅蕭勃先據廣州，[4]又自會稽往依焉。及元帝平侯景，徵爲始興内史。會魏剋江陵，[5]不行，自此流寓嶺南積歲。[6]

[1]太子中舍人：官名。東宮屬官。與太子中庶子掌侍從及文翰，侍從規諫太子，綜典奏事文書等。梁八班。

[2]太常卿：官名。南朝梁十二卿之一。掌禮樂、郊廟、社稷等事。梁十四班。

[3]小廟：古代帝王死後，升祀太廟，始祖稱"大廟"，高祖以下稱"小廟"。

[4]蕭勃：梁武帝之侄。封曲江鄉侯，簡文帝大寶初年任廣州刺史。本書卷五一有附傳。

[5]江陵：縣名。治所在今湖北荆州市荆州區。

[6]嶺南：地區名。一作嶺外、嶺表。泛指五嶺以南地區，相當於今廣東、廣西兩省及越南北部一帶。

陳天嘉四年，[1]以中書侍郎徵還。[2]累遷左戸尚
書，[3]轉太子詹事。[4]總性寬和温裕，尤工五言七言，溺
於浮靡。及爲宮端，[5]與太子爲長夜之飲，[6]養良娣陳氏
爲女，[7]太子亟微行遊總家，宣帝怒免之。[8]後又歷侍
中、左戸尚書。[9]

[1]天嘉：南朝陳文帝陳蒨年號（560—566）。

[2]中書侍郎：官名。陳四品，秩千石。

[3]左戸尚書：官名。即左民尚書，本書避唐太宗李世民諱改。
尚書左民曹長官，掌戸籍與工官之事。陳三品，秩中二千石。

[4]太子詹事：官名。陳三品，秩中二千石。

[5]宮端：太子詹事的別稱。因其居東宮官之首，故稱。

[6]太子：即陳後主陳叔寶。字元秀，陳宣帝嫡長子。宣帝太
建元年（569）立爲皇太子，十四年即皇帝位。禎明三年（589）
春，爲隋軍所獲，入於長安。隋文帝仁壽四年（604），崩於洛陽。
謚曰煬。本書卷一〇、《陳書》卷六有紀。

[7]良娣：内官名。皇太子妾，位次於妃。

[8]宣帝：南朝陳宣帝陳頊。陳武帝兄陳道談子，陳文帝弟。
本書卷一〇、《陳書》卷五有紀。

[9]侍中：官名。陳三品，秩中二千石。

後主即位，[1]歷吏部，[2]尚書僕射，[3]尚書令，[4]加
扶。[5]既當權任宰，不持政務，但日與後主遊宴後庭，
多爲艷詩，好事者相傳諷翫，于今不絶。唯與陳暄、孔
範、王瑳等十餘人，[6]當時謂之狎客。[7]由是國政日頹，
綱紀不立，有言之者，輕以罪斥之，[8]狎臣昏亂，[9]以至
于滅。

　[1]後主：陳後主陳叔寶。

　[2]吏部：此指吏部尚書。陳三品，秩中二千石。

　[3]尚書僕射：官名。陳二品，秩中二千石。

　[4]尚書令：官名。尚書省長官，陳時政令機要在中書、門下，尚書令但聽命受事而已。陳一品，秩中二千石。

　[5]加扶：給予扶掖的人，是對權臣的一種特殊優待。

　[6]陳暄：義興國山（今江蘇宜興市）人，陳慶之子。有文才，嗜酒。爲陳後主寵信。本書卷六一有附傳。　孔範：字法言，會稽山陰（今浙江紹興市）人。陳後主時拜都官尚書，與江總等並爲後主狎客，深受寵信。後降隋，被隋文帝流之遠裔。本書卷七七有傳。　王瑳：陳後主時爲通直散騎常侍，後降隋，被隋文帝流之遠裔。本書卷七七有附傳。

　[7]狎客：陪伴權貴游樂的人。

　[8]輕：大德本、汲古閣本同，殿本作“輙”。《陳書》卷二七《江總傳》作“輙”。

　[9]狎：大德本同，汲古閣本、殿本作“君”。《陳書·江總傳》作“君”。

　　禎明三年，[1]陳亡入隋，拜上開府。[2]開皇十四年，[3]卒於江都，[4]年七十六。其爲自序云：“太建之時，[5]權移群小，諂嫉作威，屢被摧黜，奈何命也。”識者譏其言迹之乖。有文集三十卷。[6]

　[1]禎明：南朝陳後主陳叔寶年號（587—589）。

　[2]上開府：官名。上開府儀同三司的簡稱。隋文帝因改北周之制，置十一等散實官，以酬勤勞，上開府爲第五等。從三品。

　[3]開皇：隋文帝楊堅年號（581—600）。

　[4]江都：郡名。隋煬帝大業初以揚州改置。治江陽縣，在今

江蘇揚州市。

　　[5]太建：南朝陳宣帝陳頊年號（569—582）。

　　[6]文集三十卷：《隋書・經籍志四》著録《江總集》三十卷，《江總後集》二卷。《舊唐書・經籍志下》《新唐書・藝文志四》著録《江總集》二十卷，《宋史・藝文志七》著録《江總集》七卷。

　　長子溢，頗有文辭，性慠誕驕物，雖近屬故友，不免詆欺。[1]歷中書、黃門侍郎，[2]太子中庶子。[3]入隋，爲秦王文學，[4]卒。

　　[1]詆欺：毀謗醜化。
　　[2]中書、黃門侍郎：中書侍郎、黃門侍郎的並稱。
　　[3]太子中庶子：官名。陳四品，秩二千石。
　　[4]秦王：隋文帝第三子楊俊。文帝開皇元年（581）立爲秦王。《隋書》卷四五、《北史》卷七一有傳。　文學：官名。隋諸公王府置文學二人，掌校讎典籍，侍從文章。親王府文學爲從六品上。

　　江智深，[1]夷之弟子也。父僧安，宋太子中庶子。夷有盛名，夷子湛又有清譽，父子並貴達。智深父少無名問，湛禮敬甚簡，智深常以爲恨，自非節歲不入湛門。及爲隨王誕後軍參軍，[2]在襄陽，[3]誕待之甚厚。時諸議參軍謝莊、主簿沈懷文與智深友善，[4]懷文每稱曰：“人所應有盡有、所應無盡無者，其江智深乎。”

　　[1]江智深：《宋書》卷五九《江智淵傳》作“淵”，本書避唐高祖李淵諱改。

[2]後軍參軍：官名。即後軍將軍府參軍事。

[3]襄陽：縣名。治所在今湖北襄陽市。

[4]謝莊：字希逸，陳郡陽夏（今河南太康縣）人。本書卷二〇有附傳，《宋書》卷八五有傳。　沈懷文：字思明，吳興武康（今浙江德清縣）人。本書卷三四、《宋書》卷八二有傳。

　　元嘉末，除尚書庫部郎。[1]時高流官序不爲臺郎，[2]智深門孤援寡，獨有此選，意甚不悦，固辭不拜。後爲竟陵王誕司空主簿、記室參軍，[3]領南濮陽太守，[4]遷從事中郎。[5]誕將爲逆，智深悟其機，請假先反。誕事發，即除中書侍郎。

　　[1]尚書庫部郎：官名。尚書省庫部曹長官，掌兵仗器用事務。宋六品。

　　[2]高流官序：名流的官級次序。按，九品中正制，上三品爲門閥名流所把持，任官必任地位顯要、職務清閑的官職。尚書庫部郎官輕事繁，故江智淵“意甚不悦”。高流，即名流。《三國志》卷二一《魏書·傅嘏傳》裴松之注：“傅嘏識量名輩，寔當時高流。”

　　[3]竟陵王誕：即隨王劉誕。

　　[4]南濮陽：郡名。僑今江蘇鎮江、無錫二市間。

　　[5]從事中郎：官名。公府、將軍府屬官。其職因時因府而異，或主吏，或分掌諸曹，或掌機密，或參謀議。宋六品。

　　智深愛好文雅，辭采清贍，孝武深相知待，恩禮冠朝。上宴私甚數，多命群臣五三人遊集，智深常爲其首。同侶未及前，輒獨蒙引進，每以越衆爲懟，未嘗有

喜色。每從遊幸，與群僚相隨，見傳詔馳來，知常呼
己，聳動愧恧，[1]形於容貌，論者以此多之。

[1]聳動：恐懼震驚。聳，通"悚"。　愧恧（nǜ）：慚愧。

遷驍騎將軍、尚書吏部郎。上每酣宴，輒詆群臣，
并使自相嘲訐，以爲歡咲。智深素方退，漸不會旨。上
嘗使以王僧朗戲其子景文，[1]智深正色曰："恐不宜有此
戲。"上怒曰："江僧安癡人，癡人自相惜。"智深伏席
流涕，由此恩寵大衰。

[1]王僧朗：琅邪臨沂（今山東臨沂市）人，王景文父。其女
王貞風爲宋明帝皇后，故進位特進、左光禄大夫，加侍中，卒於
官。事見本書卷二三、《宋書》卷八五《王彧傳》。　景文：王景
文。名彧，因與宋明帝同名，以字行。其妹爲宋明帝皇后，明帝
立，封江安縣侯。明帝病重，擔心其以帝舅之重而有異心，遂賜
死。本書卷二三、《宋書》卷八五有傳。

出爲新安王子鸞北中郎長史、南東海太守，[1]行南
徐州事。初，上寵姬宣貴妃殷氏卒，[2]使群臣議諡，智
深上議曰"懷"。上以不盡嘉號，甚銜之。[3]後車駕幸南
山，乘馬至殷氏墓，群臣皆騎從，上以馬鞭指墓石柱謂
智深曰"此柱上不容有'懷'字"，智深益惶懼，以
憂卒。[4]

[1]新安王子鸞：劉子鸞。字孝羽，宋孝武帝第八子。本書卷

一四、《宋書》卷八〇有傳。　北中郎長史：官名。即北中郎將府長史。　南東海：郡名。寄治京口城，在今江蘇鎮江市。

[2]宣貴妃殷氏：南郡王劉義宣女，義宣敗，孝武帝密取入宮，改姓殷氏，寵冠後宮。卒後謚曰宣貴妃。本書卷一一有傳。貴妃，女官名號。後宮嬪妃，位比相國。

[3]銜：恨。

[4]以憂卒：《宋書》卷五九《江智淵傳》載“時年四十六”。

子筡，[1]太子洗馬，早卒。後廢帝皇后，[2]筡之女也。廢帝即位，以后父追贈金紫光禄大夫，筡妻王平望鄉君。[3]

[1]子筡：《宋書》卷五九《江智淵傳》作“子季筡”。

[2]後廢帝皇后：江簡珪。江智淵孫女，江筡女。本書卷一一、《宋書》卷四一有傳。

[3]平望鄉君：命婦封號。多封予后妃之母、鄉侯之妻，地位低於縣君。

智深兄子櫟早孤，智深養之如子。櫟歷黃門、吏部郎、侍中，武陵王贊北中郎長史。[1]

[1]武陵王贊：劉贊。宋明帝第九子。明帝既誅孝武諸子，詔以贊奉孝武爲子，封武陵郡王，加前軍將軍、領郢州刺史。本書卷一四、《宋書》卷八〇有傳。

江秉之字玄叔，濟陽考城人也。[1]祖逌，[2]晉太常。[3]父纂，給事中。[4]

[1]濟陽：郡名。治濟陽縣，在今河南蘭考縣東北。　考城：縣名。治所在今河南民權縣東北。

[2]逌：江逌。字道載，陳留圉（今河南杞縣）人。《晋書》卷八三有傳。

[3]太常：官名。掌宗廟禮儀，位尊職閑。晋三品。

[4]給事中：官名。集書省屬官。南朝時地位漸低，侍從皇帝左右，獻納得失。宋五品。

秉之少孤，弟妹七人並幼，撫育姻娶，盡其心力。宋少帝時，爲永世、烏程令，[1]以善政著名東土。徵爲建康令，爲政嚴察，部下肅然。[2]後爲山陰令，人户三萬，政事繁擾，訟訴殷積，階庭常數百人。秉之御繁以簡，常得無事。宋世唯顧覬之亦以省務著績，[3]其餘雖復刑政脩理，而未能簡事。以在縣有能，出補新安太守。元嘉十二年，轉在臨海，[4]並以簡約見稱，卒於官所。得秩悉散之親故，妻子常飢寒。人有勸其營田，秉之正色答曰：“食禄之家，豈可與農人競利。”在郡作書案一枚，去官留以付庫。

[1]永世：縣名。治所在今江蘇溧陽市南。
[2]部下肅然：《宋書》卷九二《江秉之傳》作“京邑肅然”。
[3]顧覬之：字偉仁，吳郡吳（今江蘇蘇州市）人。本書卷三五、《宋書》卷八一有傳。
[4]臨海：郡名。治章安縣，在今浙江台州市椒江區章安街道。

秉之宗人邃之字玄遠，[1]頗有文義，撰《文釋》傳於世，位司徒記室參軍。

[1]邃之：《宋書》卷六三《沈演之傳》作“邃”，無“之”字。《隋書·經籍志四》著録江邃撰《雜詩》七十九卷，《舊唐書·經籍志下》著録江邃撰《文釋》十卷，《新唐書·藝文志三》著録江邃撰《釋文》十卷，《新唐書·藝文志四》著録江邃撰《文釋》十卷，皆作“江邃”。

秉之子徽，尚書都官郎，吳令。元凶殺徐湛之，[1]子徽以黨與見誅。[2]子謐。

[1]徐湛之：字孝源，東海郯（今山東郯城縣）人。曾與宋文帝謀廢太子劉劭，後爲劉劭所殺。本書卷一五有附傳，《宋書》卷七一有傳。

[2]子徽以黨與見誅：《宋書》卷九二《江秉之傳》作“徽以黨與見誅”，無“子”字。馬宗霍《南史校證》云：“按上文云‘秉之子徽’，則‘徽’本單名。殿本《南史考證》謂‘此子字疑衍’，是也。”（第614頁）

謐字令和，父徽遇禍，謐繫尚方。[1]宋孝武平建鄴，乃得出爲于湖令，[2]强濟稱職。[3]宋明帝爲兗州，[4]謐傾身奉事，爲帝所待。即位，以爲驃騎參軍。弟蒙貌醜，帝常召見狎侮之。

[1]尚方：指尚方獄。南朝時有廷尉獄和尚方獄。尚方獄屬少府，爲犯人勞作服役之所。

[2]于湖：縣名。治所在今安徽當塗縣。

[3]强濟稱職：指能力很强，能很好地履行縣令職務。

[4]兗州：《南齊書》卷三一《江謐傳》作“南豫州”。《宋

書》卷八《明帝紀》載明帝大明八年（464）爲徐州刺史，前廢帝永光元年（465）爲南豫州刺史。則此作"南豫州"爲是。

謐再遷右丞，[1]兼比部郎。[2]太始四年，[3]江夏王義恭第十五女卒，年十九，未笄，[4]禮官議從成人服，[5]諸王服大功。[6]左丞孫復重奏：[7]"《禮記》'女子十五而笄'，[8]鄭玄云：'應年許嫁者也。其未許嫁者，則二十而笄。'射慈云：[9]'十九猶爲殤。'[10]禮官違越經典，於理無據。"太常以下結免贖論，[11]謐坐杖督五十，奪勞百日。[12]謐又奏復先不研辯，混同謬議，準以事例，亦宜及咎。復又結免贖論，詔可。

[1]右丞：官名。即尚書右丞。尚書省佐官，位次尚書，居尚書左丞下，與左丞共掌尚書省庶務。凡兵士百工名籍、内外庫藏穀帛、刑獄訴訟、軍械、田地、州郡租布、户籍等文書奏事皆屬之。宋六品。

[2]比部郎：官名。即尚書比部郎。尚書省比部曹長官。掌詔書律令勾檢（稽覈）等事。宋五品。

[3]太始：即泰始。南朝宋明帝劉彧年號（465—471）。

[4]未笄：指女子未成年。古代女子十五歲可盤髮插笄，即成年。

[5]成人服：指按成年人禮儀服喪服。《儀禮·喪服》："未嫁者，其成人而未嫁者也。"鄭玄注："成人，謂年二十已笄醴者也。"

[6]諸王：指皇室封王的叔伯兄弟。 大功：喪服五服之一，服期九月。其服用熟麻布做成，較齊衰稍細，較小功爲粗，故稱大功。

[7]左丞：官名。即尚書左丞。

[8]《禮記》女子十五而筓：語出《禮記·内則》"十有五年而筓"。

[9]射慈：《三國志》卷四八《吳書·三嗣主傳》："（孫休）年十三，從中書郎射慈、郎中盛冲受學。"又卷五九《孫奮傳》有"傅相謝慈等諫奮"語，裴松之注："慈字孝宗，彭城人，見《禮論》，撰《喪服圖》及《變除》行於世。"馬國翰認爲"射"就是"謝"姓之改。見《廣韻·四十禡》"射"字注。

[10]殤：未成年而死。《儀禮·喪服》："年十九至十六爲長殤，十五至十二爲中殤，十一至八歲爲下殤，不滿八歲以下皆爲無服之殤。"

[11]結免：判決，定罪。　贖論：用錢物贖免罪行。

[12]奪勞：剥奪勞績。漢代以來，以功、勞考覈官吏，決定升遷黜陟。功即功績，勞即累計的勞動日數，相當於工齡。如有犯罪或其他過錯，消除勞動日數，謂之"奪勞"。

　　出爲建平王景素官軍長史、長沙内史，[1]行湘州事。[2]政教苛刻，僧遵道又與讞情款，[3]隨讞莅郡，犯小事，餓繫郡獄。僧遵道裂三衣食之盡而死，爲有司奏，徵還。明帝崩，遇赦免。

[1]建平王景素：劉景素。宋文帝第七子劉宏之子，嗣其父爲建平王。本書卷一四、《宋書》卷七二有附傳。　官軍：大德本同，汲古閣本、殿本作"冠軍"。按，底本誤，應據諸本改。　長沙：郡名。治臨湘縣，在今湖南長沙市。

[2]行湘州事：代行湘州刺史職事。行事，南北朝職官制度，亦稱"行某州（或某府）事"。産生於東晋末年，指以他官代行某官職權。南朝多以較低官階代行較高官職，如以長史、司馬、太守代行刺史職權等。除"行府州事"之外，還有"行郡事""行國

事”等類型。南朝時期，在以將軍、刺史身份出鎮宗王普遍年幼的情況下，以其長史等爲行事，實際負責軍府和州府的軍政事務，故行事權力很大，對南朝出鎮幼王兼有輔佐和防範的職能（參見魯力《南朝“行事”考》，《武漢大學學報》2008 年第 6 期）。

[3] 僧遵道又與謐情款：《南齊書》卷三一《江謐傳》作“僧遵道人與謐情款”。

齊高帝領南兗州，謐爲鎮軍長史、廣陵太守。[1] 入爲游擊將軍。[2] 性疏俗，[3] 善趨時利。元徽末，[4] 朝野咸屬意建平王景素，[5] 謐深自委結。景素事敗，僅得免禍。蒼梧王廢後，[6] 物情尚懷疑貳，謐獨竭誠歸事齊高帝。昇明元年，[7] 爲黃門侍郎，[8] 領尚書左丞。沈攸之事起，[9] 議加高帝黃鉞，[10] 謐所建也。事寧，遷吏部郎。齊建元元年，[11] 位侍中。既而驃騎豫章王嶷領湘州，[12] 以謐爲長史，封永新縣伯。[13] 三年，爲左戶尚書。諸皇子出閣，[14] 用文武主帥，悉以委謐。尋敕選曰：“江謐寒士，誠當不得競等華僑，[15] 然甚有才幹，可遷掌吏部。”

[1] 廣陵：郡名。治廣陵縣，在今江蘇揚州市西北蜀岡上。

[2] 游擊將軍：官名。禁衛軍官，分掌宿衛營兵。宋四品。

[3] 性疏俗：《南齊書》卷三一《江謐傳》作“性流俗”。

[4] 元徽：南朝宋後廢帝劉昱年號（473—477）。

[5] 朝野咸屬意建平王景素：時宋後廢帝劉昱昏庸無道，而景素招集才義之士，在藩甚得人心，朝野屬意。景素信之，舉兵反，但爲臺軍所破，被斬。

[6] 蒼梧王廢：宋後廢帝元徽末，蕭道成威名日重，後廢帝深相猜忌，欲加害。道成密謀廢立，暗遣人夜弑後廢帝，貶帝爲蒼梧

王，立其弟劉準即位，是爲宋順帝，由道成輔政。

[7]昇明：南朝宋順帝劉準年號（477—479）。

[8]黃門侍郎：官名。門下省次官。與侍中俱掌門下衆事。侍從皇帝，顧問應對，出行陪乘。宋五品。

[9]沈攸之事起：荆州刺史沈攸之於宋順帝昇明元年（477）十月起兵反蕭道成，旋被討滅。

[10]議加高帝黃鉞：沈攸之事起，蕭道成頓閱武堂，馳結軍旅。經朝議，詔假黃鉞。黃鉞，飾以黃金的斧，爲帝王出行時的儀仗。魏晋南北朝時有時授予掌控國家軍政的權臣，以示尊寵。權臣假黃鉞出征，可誅殺持節鎮守一方的軍事長官，權力大於使持節。

[11]建元：南朝齊高帝蕭道成年號（479—482）。

[12]豫章王嶷：蕭嶷。字宣儼，齊高帝第二子。寬仁弘雅，官至大司馬。本書卷四二、《南齊書》卷二二有傳。豫章，郡名。治南昌縣，在今江西南昌市。

[13]永新：縣名。治所在今江西永新縣。　縣伯：封爵名。即開國縣伯，爲封爵中的第三等。

[14]出閤：指離開皇宮外出。

[15]江謐寒士，誠當不得競等華儕：意謂江謐出身於士族中衰微門第，論理他不能提升爲華貴高官。按，南朝重門閥，寒士不得居清要之官。周一良《〈南齊書·丘靈鞠傳〉試釋兼論南朝文武官位及清濁》："吏部尚書有'大尚書'之稱，'中興膏腴之族唯作吏部'。何尚之爲吏部郎，告休定省，傾朝送別。其父以爲送吏部郎，非關何彥德。是吏部郎之職既要且清也。"（載《魏晋南北朝史論集》，中華書局1963年版，第108頁）又唐長孺《讀史釋詞》分析道："按江謐亦濟陽考城江氏，本是江左高門，他的同族江斆堅持士庶區別，拒絕與當權的寒人紀僧真並坐，爲世所熟知。但江謐一房與江斆服屬已疏，謐父又因參與劉劭殺父（宋文帝）陰謀被誅，門户衰落，因此被認爲寒士。"（《魏晋南北朝史論拾遺》，中華書局1983年版，第255頁）

謐才長刀筆,[1]所在幹職。高帝崩,謐稱疾不入,衆頗疑其怨不預顧命。[2]武帝即位,謐又不遷官,以此怨望。時武帝不豫,[3]謐詣豫章王嶷,請問曰:"至尊非起疾,東宫又非才,公今欲何計?"武帝知之,出謐爲鎮北長史、南東海太守。[4]未發,憂甚,乃以弈棋占卦云:"有客南來,金椀玉杯。"上使御史中丞沈沖奏謐前後罪惡,[5]請收送廷尉。詔賜死,果以金罌盛藥鴆之。[6]

[1]刀筆:原指古代的書寫工具。後用以指奏議、制誥等公牘文書。

[2]不預顧命:意謂未參與齊高帝臨終前的囑託。顧命,語出《尚書·顧命》:"成王將崩,命召公、畢公率諸侯相康王,作《顧命》。"孔安國傳:"臨終之命曰顧命。"孔穎達疏:"顧是將去之意,言臨將死去回顧而爲言也。"

[3]不豫:天子病重的隱諱之辭。語出《尚書·金匱》:"王有疾,弗豫。"

[4]鎮北長史:官名。即鎮北將軍府長史。

[5]沈沖:字景綽,吳興武康(今浙江德清縣)人。歷仕宋、齊,與齊武帝有舊。及武帝即位,遷沖御史中丞。本書卷三四有附傳,《南齊書》卷三四有傳。

[6]金罌(yīng):即金罌。金質或金飾的器具。有時用以借指鴆酒。

子介,建武中爲吳令,政亦深苛。人門榜死人髑髏爲謐首,[1]介棄官而去。

[1]人門榜死人髑(dú)髏(lóu)爲謐首:指有人將死人頭

骨高挂，題曰江謐之首，用以嘲弄。《南齊書》卷三一《江謐傳》作"民閒榜死人髑髏爲謐首"。

論曰：敬元夷簡歸譽，玄保弘懿見推，其取重於世，豈虛名也。然玄保時隆帝念，雖命禀於玄天，迹其恩寵，蓋亦"猶賢"之助。沈氏世傳武節，而演之以業尚見知，[1]綢繆帷幄，遂參機務。[2]處默保閑篤素，叔源節見臨危，懿德高風，所謂世有人矣。茂遠自晉及陳，雅道相係，弈世載德，斯之謂焉。而總溺於寵狎，反以文雅爲敗，然則士之成名，所貴彬彬而已。玄叔清介著美，足以追縱古烈。[3]令和窺覦成性，終取躓於險塗，宜矣。

[1]業尚：學業，品德。
[2]機務：機要事務，多指機密的軍國要務。
[3]縱：大德本同，汲古閣本作"蹤"，殿本"踪"。

南史　卷三七

列傳第二十七

沈慶之 孫昭略 子文季 弟子文秀[1] 從子攸之[2] 攸之從孫僧昭
宗慤 從子夬

　　[1]弟子文秀：殿本同，汲古閣本作“弟文秀”。按，文秀爲
沈慶之弟子。
　　[2]從子攸之：汲古閣本同，殿本作“從父兄子攸之”。按，
攸之爲沈慶之從父兄子，此底本誤，應據殿本改。

　　沈慶之字弘先，吳興武康人也。[1]少有志力，晋末
孫恩作亂，[2]使其衆寇武康，慶之未冠，[3]隨鄉族擊之，
屢捷，由是以勇聞。荒擾之後，鄉邑流散，慶之躬耕壟
畝，勤苦自立，年四十未知名。[4]兄敞之爲趙倫之征虜
參軍，[5]監南陽郡，[6]擊蠻有功，遂即真。慶之往襄陽省
兄，[7]倫之見而賞之，命子竟陵太守伯符板爲寧遠中兵
參軍。[8]竟陵蠻屢爲寇，慶之爲設規略，每擊破之，伯
符由此致將帥之稱。

[1]吴興：郡名。治烏程縣，在今浙江湖州市。　武康：縣名。治所在今浙江德清縣西。

[2]孫恩：字靈秀，琅邪（今山東臨沂市）人。世奉五斗米道，於東晉末年發動民衆起兵反晉，擁衆數十萬。遭東晉政府鎮壓，戰敗投水自殺。《晉書》卷一○○有傳。

[3]未冠：男子年齡未滿二十歲。古代男子二十歲加冠，故未滿二十歲稱“未冠”。

[4]年四十未知名：《宋書》卷七七《沈慶之傳》作“年三十，未知名”。

[5]趙倫之：字幼成，下邳僮（今安徽泗縣）人。劉裕舅，後隨劉裕起兵，封霄城縣侯。本書卷一八、《宋書》卷四六有傳。征虜參軍：官名。即征虜將軍府參軍。掌參謀軍務。

[6]監：官名。魏晉後，除中書、秘書、廷尉等官署設爲主官、屬官外，還有以較高官員監理某地區諸軍事者以統兵，是地區軍事長官。或有稱監某州、郡、縣者，即行使州刺史、郡守、縣令的職權。　南陽：郡名。治宛縣，在今河南南陽市。

[7]襄陽：縣名。治所在今湖北襄陽市。

[8]竟陵：郡名。治萇壽縣，在今湖北鍾祥市。　伯符：趙伯符。字潤遠，趙倫之子。本書卷一八、《宋書》卷四六有附傳。板：官制術語。指不由吏部正式任命，而由地方軍政長官自行選用官員。板官不給印綬，但可食禄。　寧遠中兵參軍：官名。即寧遠將軍府中兵參軍。軍府僚屬之一，掌本府中兵曹事務，兼備參謀咨詢。

　　永初二年，[1]慶之除殿中員外將軍，[2]又隨伯符隸到彦之北侵。[3]伯符病歸，仍隸檀道濟。[4]道濟白文帝稱慶之忠謹曉兵，[5]上使領隊防東掖門，[6]稍得引接，出入禁省。領軍劉湛知之，[7]欲相引接，謂曰：“卿在省年月久遠，比當相論。"慶之正色曰："下官在省十年，自應得轉，不復以此仰累。"尋轉正員將軍。[8]及湛被收之夕，上開門召慶之，慶之戎服履韈縛袴入，[9]上見而驚曰："卿何意乃爾急裝？"[10]慶之曰："夜半喚隊主，[11]不容緩服。"遣收吳郡太守劉斌，[12]殺之。

[1]永初：南朝宋武帝劉裕年號（420—422）。

[2]殿中員外將軍：官名。即在正員之外增設的殿中將軍。侍衛武職，不領兵。宋六品。

[3]又隨伯符隸到彥之北侵：據本書卷二、《宋書》卷五《文帝紀》，到彥之北伐在宋文帝元嘉七年（430），非武帝永初二年，故此"又"字前應有元嘉七年。到彥之，字道豫，彭城武原（今江蘇邳州市）人。宋文帝時封建昌縣公，元嘉七年率軍北進至滑臺、虎牢、洛陽，後被北魏擊潰。本書卷二五有傳。

[4]檀道濟：高平金鄉（今山東嘉祥縣）人。隨劉裕征伐，以功封永修縣公。宋武帝臨終，與徐羨之、謝晦受顧命，後謀廢少帝，立文帝。官至司空。本書卷一五、《宋書》卷四三有傳。

[5]文帝：南朝宋文帝劉義隆。小字車兒，宋武帝第三子，宋少帝弟。本書卷二、《宋書》卷五有紀。

[6]東掖門：都城建康皇宮正門東邊的邊門。

[7]領軍：官名。即領軍將軍。禁軍統帥，掌管禁衛軍和京都諸軍。宋三品。 劉湛：字弘仁，南陽涅陽（今河南鄧州市）人。本書卷三五、《宋書》卷六九有傳。

[8]正員將軍：官名。此指正式編制內的殿中將軍。定員二十人，此外又添授若干殿中員外將軍。

[9]韈（wà）：同"韤"。襪子。 縛袴：謂扎緊套褲脚管，以便騎乘。亦指戎裝。袴，即褲。實際相當於後代的套褲。爲了便於行動，出征時在膝下用帶子繫結，成爲縛袴。

[10]急裝：全副戎裝。

[11]隊主：官名。其名始見於東晉，官品、職事無考。南北朝時爲軍隊基層組織隊的主官。下設隊副，上屬軍主。所統轄的兵力無定員，擔負征戰、守備或宿衛等事。南朝多以雜號將軍領之。

[12]吳郡：郡名。治吳縣，在今江蘇蘇州市。　劉斌：南陽涅陽（今河南鄧州市）人。與劉湛同宗，曾在劉義康屬下任司徒左長史。其聯結朋黨，欲在宋文帝死後推劉義康爲帝，被文帝誅殺。事見本書卷一三、《宋書》卷六八之《彭城王義康傳》。

　　元嘉十九年，[1]雍州刺史劉道産卒，[2]群蠻大動，征西司馬朱脩之討蠻失利，[3]以慶之爲建威將軍，[4]率衆助脩之。失律下獄，[5]慶之專軍進討，大破緣沔諸蠻。[6]

[1]元嘉：南朝宋文帝劉義隆年號（424—453）。

[2]雍州：州名。治襄陽縣，在今湖北襄陽市。　劉道産：彭城呂（今江蘇徐州市銅山區）人。本書卷一七有附傳，《宋書》卷六五有傳。

[3]征西司馬：官名。即征西將軍府司馬。掌參贊軍務，位在長史下。　朱脩之：字恭祖，義陽平氏（今河南桐柏縣）人。本書卷一六、《宋書》卷七六有傳。

[4]建威將軍：官名。五威將軍之一。宋四品。

[5]失律下獄：《宋書》卷七七《沈慶之傳》作“脩之失律下獄”。

[6]緣沔：沿著沔水的地方。沔，水名。即今漢江及其北源陝西留壩縣西沮水，流經今湖北西北部，在武漢市入長江。

　　後爲孝武撫軍中兵參軍。[1]孝武以本號爲雍州，隨府西上，征蠻寇屢有功。還都，復爲廣陵王誕北中郎中兵參軍，[2]加建威將軍、南濟陰太守。[3]雍州蠻又爲寇，慶之以將軍、太守復隨王誕入沔。[4]及至襄陽，率後軍中兵參軍柳元景、隨郡太守宗慤等伐沔北諸山蠻，[5]大破之。威震諸山，群蠻皆稽顙。[6]慶之患頭風，[7]好著狐皮帽，群蠻惡之，號曰蒼頭公。每見慶之軍，輒畏懼曰：“蒼頭公已復來矣。”

[1]孝武：宋孝武帝劉駿。字休龍，小字道民，宋文帝第三子。本書卷二、《宋書》卷六有紀。　撫軍中兵參軍：官名。即撫軍將軍府中兵參軍事。中兵曹的主官，掌本府中兵曹事務，兼備咨詢。

[2]廣陵王誕：劉誕。字休文，宋文帝第六子。初封廣陵王，改封隨郡王，復改封竟陵王。本書卷一四、《宋書》卷七九有傳。廣陵，郡名。治廣陵縣，在今江蘇揚州市西北蜀岡上。　北中郎中兵參軍：官名。即北中郎將府中兵參軍事。

[3]南濟陰：郡名。治竹邑城，在今安徽宿州市。

[4]隨王誕：即前廣陵王劉誕。

[5]後軍中兵參軍：官名。即後軍將軍府中兵參軍。　柳元景：字孝仁，河東解（今山西臨猗縣）人。宋孝武帝時封巴東郡公，後受詔輔佐幼主，前廢帝殺戴法興，元景憂懼，遂與顏師伯謀廢前廢帝，事泄被殺。本書卷三八、《宋書》卷七七有傳。　隨郡：郡名。治隨縣，在今湖北隨州市。

[6]稽顙：古代一種跪拜禮。屈膝下拜，以額觸地，表示恭敬虔誠。

[7]頭風：中醫病症名。是一種慢性陣發性頭痛，經久不愈、時作時止。

慶之引軍出，前後破降甚衆，又討犬羊諸山蠻，[1]

緣險築重城，[2]施門櫓甚峻。[3]慶之連營山下，營中開門相通。又令諸軍各穿池於營內，朝夕不外汲。兼以防蠻之火。頃之風甚，蠻夜下山，人提一炬燒營。火至，輒以池水灌滅之。蠻被圍守日久，並飢乏，自後稍出歸降。慶之前後所獲蠻，並移都下，[4]以爲營戶。[5]

[1]犬羊諸山蠻：南方少數民族，以崇敬物犬和羊爲族之標識圖騰。《資治通鑑》卷一二五《宋紀七》文帝元嘉二十七年作“大羊蠻”。

[2]重城：外城之中又築內城，層層防禦。

[3]門櫓：城門上的望樓。

[4]都下：京都、京城。時南朝宋都城建康，在今江蘇南京市。

[5]營戶：魏晉南北朝時，統治者將所虜之民配置各地，歸軍隊管轄，另編戶籍，稱爲營戶。其身份地位低下，世代在軍中服役，不能隨意遷徙或改變身份。

二十七年，遷太子步兵校尉。[1]其年，文帝將北侵，慶之諫曰：“道濟再行無功，[2]彥之失利而反，[3]今料王玄謨等未踰兩將，[4]恐重辱王師。”上曰：“王師再屈，別有所由。[5]道濟養寇自資，彥之中塗疾動。虜所恃唯馬，夏水浩大，泛舟濟河，碻磝必走，[6]滑臺小戍，[7]易可覆拔。剋此二戍，館穀弔人，[8]虎牢洛陽，[9]自然不固。”慶之固陳不可，時丹楊尹徐湛之、吏部尚書江湛並在坐，[10]上使湛之等難慶之。慶之曰：“爲國譬如家，[11]耕當問奴，織當訪婢。陛下今欲伐國，而與白面書生輩謀之，[12]事何由濟？”上大笑。

[1]太子步兵校尉：官名。亦稱東宮步兵校尉。東宮侍從武官，太子三校之一。掌步兵。

[2]道濟再行無功：東晉末安帝義熙十二年（416）和宋初文帝元嘉八年（431）檀道濟曾兩度率軍北伐，最後都未能達到原定目標。

[3]彥之失利而返：宋文帝元嘉七年到彥之率軍北伐，奪取滑臺、虎牢等地，但在北魏軍反攻之下復失。再加上本人患眼疾，敗退。

[4]王玄謨：字彥德，太原祁（今山西祁縣）人。本書卷一六、《宋書》卷七六有傳。

[5]別有所由：《宋書》卷七七《沈慶之傳》作“自別有以”。

[6]碻磝：黃河渡口名。在今山東聊城市荏平區西南古黃河上，南岸有碻磝城，東晉、南北朝時爲軍事要地。《資治通鑑》卷九九《晉紀二十一》穆帝永和八年胡三省注：“碻磝城，即漢東郡荏平縣故城，其西南即河津，謂之碻磝津。”

[7]滑臺：城名。在今河南滑縣東，北臨古黃河，東晉、南北朝時爲軍事要地。《水經注·河水》：“每河北有變，滑臺常爲重鎮，蓋其地控據河津，險固可恃。自大河南徙，故城已淪河中。即今滑縣治。”

[8]館穀弔人：駐軍就食，撫慰百姓。館穀，打敗敵人後居其館、食其穀。《左傳》僖公二十八年：“晉師三日館穀。”杜預注：“館，舍也。食楚軍穀三日。”弔，哀悼死者，慰問喪家或遭遇不幸者。

[9]虎牢：關隘名。在今河南滎陽市西北。形勢險要，歷代爲兵爭之地。　洛陽：古都名。在今河南洛陽市東漢魏故城。時爲中原重鎮，不久後北魏孝文帝遷都於此。

[10]丹楊尹：官名。京師所在丹陽郡長官，掌京城行政諸務並詔獄，地位頗重。宋三品。丹陽，治建康縣，在今江蘇南京市。徐湛之：字孝源，東海郯（今山東郯城縣）人。曾與宋文帝謀廢太

子劉劭，後爲劉劭所殺。本書卷一五有附傳，《宋書》卷七一有傳。

吏部尚書：官名。尚書省吏部曹長官，位居列曹尚書之上，掌官吏銓選考課，職任隆重。宋三品。　江湛：字徽淵，本書避唐高祖李淵諱作“徽深”，濟陽考城（今河南民權縣）人。歷任左衛將軍、吏部尚書，爲劉劭所殺。本書卷三六有附傳，《宋書》卷七一有傳。

[11]爲國譬如家：《宋書·沈慶之傳》作“治國譬如治家”，本書避唐高宗李治諱改。

[12]白面書生：年輕俊秀，缺乏經驗閱歷的讀書人。

及軍行，慶之副玄謨。玄謨進圍滑臺，慶之與蕭斌留守碻磝，[1]仍領斌輔國司馬。[2]玄謨攻滑臺，積旬不拔，[3]魏太武大軍南向，[4]斌遣慶之將五千人救玄謨。慶之曰：“少軍輕往，必無益也。”會玄謨退還，斌將斬之，慶之諫乃止。

[1]蕭斌：南蘭陵（今江蘇常州市武進區）人，蕭思話族弟。《宋書》卷七八有附傳。

[2]輔國司馬：官名。即輔國將軍府司馬。掌管府中武職。

[3]積旬：連續多日。

[4]魏太武：北魏太武帝拓跋燾。字佛狸。《魏書》卷四、《北史》卷二有紀。

蕭斌以前驅敗績，欲絕死固碻磝，慶之以爲不可。會制使至，不許退，諸將並宜留。斌復問計於慶之，慶之曰：“閫外之事，[1]將所得專，制從遠來，[2]事勢已異。節下有一范曾而不能用，[3]空議何施？”斌及坐者並笑曰："沈公乃更學問。" 慶之厲聲曰："衆人雖見古今，不如下官耳學也。"[4] 玄謨自以退敗，求戍碻磝。斌乃還歷城。[5] 申坦、垣護之共據清口，[6] 慶之奔驛馳歸。

[1]闔外：此指國境之外。

[2]制從遠來：《宋書》卷七七《沈慶之傳》作"詔從遠來"。

[3]范曾：項羽謀士。善計謀，屢出奇策，但不爲項羽所用，憤而離去，病死於途中。事見《史記》卷七《項羽本紀》。此處沈慶之用以自喻。汲古閣本同，殿本作"范增"。

[4]耳學：指僅憑聽聞所得的學問。《文子·道德》："故上學以神聽，中學以心聽，下學以耳聽。"

[5]歷城：縣名。治所在今山東濟南市歷城區。

[6]申坦：魏郡魏（今河北大名縣）人。本書卷七〇、《宋書》卷六五有附傳。　垣護之：字彥宗，略陽桓道（今甘肅隴西縣）人。本書卷二五、《宋書》卷五〇有傳。　清口：地名。在今山東梁山縣東南，即古汶水入濟水之口，此以下濟水即通稱清水。

　　二十九年，師復行，[1] 慶之固諫不從。以立議不同，不使北出。是時亡命司馬黑石、廬江叛吏夏侯方進在西陽五水謹動群蠻，[2] 自淮汝間至江沔，[3] 咸離其患，乃遣慶之督諸將討之，制江、豫、荆、雍並遣軍受慶之節度。[4]

[1]師復行：《宋書》卷七七《沈慶之傳》作"復更北伐"。

[2]亡命：謂削除户籍而逃亡在外的人。此特指鋌而走險不顧性命的逃亡者。《史記》卷八九《張耳陳餘列傳》："張耳嘗亡命。"司馬貞索隱："晋灼曰：'命者，名也。謂脱名籍而逃。'崔浩曰：

'亡，無也。命，名也。逃匿則削除名籍，故以逃爲亡命。'" 司馬黑石：曾在西陽蠻中，與智、安陽、續之三人結爲徒黨，共爲寇盜。後被蠻人縛送王玄謨處，斬之。事見本書卷七九、《宋書》卷九七《豫州蠻傳》。　廬江：郡名。治舒縣，在今安徽舒城縣。夏侯方進：被司馬黑石推爲首領，改名李弘，後被王玄謨斬殺。事見本書卷七六《王玄謨傳》。　西陽五水：本書《豫州蠻傳》："西陽有巴水、蘄水、希水、赤亭水、西歸水，謂之五水蠻。"

[3]自淮汝間至江沔：從淮水、汝水到江漢流域。汝，古水名。上游即今河南北汝河，後會潕水（今洪河）、瀙水（今沙河），此下即今南汝河及新蔡以下洪河，最後入淮水。江沔，《後漢書》卷三八《法雄傳》："郡濱帶江沔。"李賢注："《水經》曰：'沔水出武都沮縣東狼谷中，至江夏沙羨縣北，南入于江。'"

[4]江：州名。治柴桑縣，在今江西九江市西南。　豫：州名。治壽陽縣，在今安徽壽縣。　荆：州名。治江陵縣，在今湖北荆州市荆州區。

　　三十年，孝武出次五洲，[1]總統群帥。慶之從巴水出至五洲諮受軍略。[2]會孝武典籤董元嗣自建鄴還，[3]陳元凶殺逆，[4]孝武遣慶之引諸軍。慶之謂腹心曰："蕭斌婦人不足數，[5]其餘將帥並易與耳。今輔順討逆，[6]不憂不濟也。"時元凶密與慶之書，令殺孝武。慶之入求見，孝武稱疾不敢見。慶之突前，以元凶手書呈簡，孝武泣求入內與母辭。慶之曰："下官受先帝厚恩，常願報德，今日之事，唯力是視，殿下是何疑之深。"[7]帝起再拜曰："家國安危，在於將軍。"慶之即勒內外處分。

　　[1]五洲：地名。在今湖北浠水縣西南浠水口與巴河口之間的

長江中。

[2]巴水：水名。即今湖北東部長江支流巴水。

[3]典籤：官名。南北朝置，亦稱典籤帥或籤帥、主帥。本爲州、府掌管文書的佐吏，因南朝宋時多以年幼的皇子出鎮，皇帝委派親信擔任此職協助處理政事，故品階雖不高，但有實權。出任者多爲寒人，每州、府員數人，一歲中輪番還都，匯報當地情況，成爲皇帝升黜地方長官的主要依據。歷宋末以至齊，其權益重。齊時凡王府、諸王出鎮州郡，均置典籤。齊明帝之害諸王，均假典籤之手。梁中葉以後，典籤權勢逐漸衰微。　董元嗣：曾任武陵王劉駿南中郎典籤，宋文帝元嘉三十年（453）奉使建康，後爲劉劭所殺。本書卷七七、《宋書》卷九四有附傳。　建鄴：即建康。西晉滅吳後，先將吳都建業更名爲秣陵，又於武帝太康三年（282）將秣陵以秦淮河爲界分爲建鄴和秣陵。後爲避晉愍帝司馬鄴諱，改建鄴爲建康。

[4]元凶：劉劭。宋文帝劉義隆長子。弒文帝自立，兵敗被殺。本書卷一四、《宋書》卷九九有傳。

[5]蕭斌婦人不足數：蕭斌像個婦人一樣不值一提。

[6]順：指武陵王。　逆：指劉劭。

[7]是何疑之深：汲古閣本、殿本同，百衲本作“何是疑之深”。

府主簿顏峻聞慶之至，[1]馳入見帝曰：“今四方尚未知義師之舉，而劭據有天府，[2]首尾不相應赴，[3]此危道也。宜待諸鎮脣齒，然後舉事。”慶之厲聲曰：“今方興大事，而黃頭小兒皆參預，此禍至矣，宜斬以徇衆。”帝曰：“竣何不拜謝。”竣起再拜。慶之曰：“君但當知筆札之事。”[4]於是處分，旬日内外整辦，[5]時皆謂神兵。百姓欣悅。

[1]主簿：官名。主管所屬府内文書簿籍，經辦事務。品秩隨府主地位高低而不同。　顔峻：汲古閣本同，殿本作“顔竣”，下文亦作“竣”。按，據本書卷三四、《宋書》卷七五《顔竣傳》，應作“竣”，此底本誤。顔竣，字士遜，琅邪臨沂（今山東臨沂市）人，顔延之長子。深受宋孝武帝信用，官至侍中、驍騎將軍、丹陽尹，權重一時。後受竟陵王劉誕謀反事牽連，下獄賜死。本書卷三四有附傳，《宋書》卷七五有傳。

[2]天府：此指都城建康。

[3]首尾不相應赴：《資治通鑑》卷一二七《宋紀九》文帝元嘉三十年胡三省注：“首，謂武陵已倡義於九江；尾，謂諸方征鎮。”

[4]筆札：此指公文、文章。

[5]旬日：十天。亦指較短的時間。

眾軍既集，假慶之爲武昌内史，[1]領府司馬。孝武至尋陽，[2]慶之及柳元景等並勸即大位，不許。賊劭遣慶之門生錢無忌齎書説慶之解甲，[3]慶之執無忌白之。孝武踐祚，[4]以慶之爲領軍將軍，尋出爲南兗州刺史，加都督，[5]鎮盱台，[6]封南昌縣公。[7]

[1]假：官制術語。代理、兼攝。　武昌：郡名。治武昌縣，在今湖北鄂州市。時宋文帝第十子劉渾爲武昌王。　内史：官名。西晉改諸王國相爲内史，掌民政，如郡太守。宋五品。

[2]尋陽：郡名。治柴桑縣，在今江西九江市西南。

[3]門生：依附於官僚士族門下供役使的人，經座主推薦可以進入仕途。

[4]踐祚：皇帝登基，天子即位。

[5]尋出爲南兗州刺史，加都督：《宋書》卷七七《沈慶之傳》作“尋出爲使持節、督南兗豫徐兗四州諸軍事、鎮軍將軍、南兗州

刺史"。

[6]盱台：縣名。治所在今江蘇盱眙縣東北。《宋書·沈慶之傳》作"盱眙"。

[7]南昌：縣名。治所在今江西南昌市。

孝建元年，[1]魯爽反，[2]遣慶之與薛安都等往討之。[3]安都臨陣斬爽，進慶之號鎮北大將軍。[4]尋與柳元景俱開府儀同三司，[5]固辭，改封始興郡公。[6]慶之以年滿七十，固請辭事，以爲侍中、左光禄大夫、開府儀同三司。[7]固讓，乃至稽顙自陳，言輒泣涕。上不能奪，聽以郡公罷就第，月給錢十萬，米百斛，二衛史五十人。[8]

[1]孝建：南朝宋孝武帝劉駿年號（454—456）。

[2]魯爽：小名女生，扶風郿（今陝西眉縣）人。初仕北魏，後降宋。宋孝武帝孝建元年與南譙王劉義宣起兵謀反，兵敗被殺。本書卷四〇、《宋書》卷七四有傳。

[3]薛安都：字休達，河東汾陰（今山西萬榮縣）人。初仕北魏，宋文帝元嘉二十三年（446）降宋。孝武帝時，累官徐州刺史。明帝即位，舉兵應晉安王劉子勛，兵敗後又降魏。本書卷四〇、《宋書》卷八八、《魏書》卷六一、《北史》卷三九有傳。

[4]鎮北大將軍：官名。職掌同鎮北將軍，唯資歷深者得任此職。宋二品。

[5]開府儀同三司：官名。意即與司徒、司空、司馬禮制待遇相同，允許開設府署，自辟僚佐。

[6]始興：郡名。治曲江縣，在今廣東韶關市東南。

[7]侍中：官名。門下省長官。可出入殿省，入宮議政，兼統

宫廷内侍諸署。掌侍從皇帝，出納王命，諫諍得失。宋三品。　左光禄大夫：官名。作爲在朝顯職的加官，以示優崇。或授予年老有病者爲致仕之官，亦常用爲卒後贈官，無職掌。宋二品。

[8]二衛史五十人：《宋書》卷七七《沈慶之傳》作“衛史五十人”。

大明三年，[1]司空竟陵王誕據廣陵反，[2]復以慶之爲車騎大將軍、開府儀同三司，[3]固讓南兖州刺史，加都督，率衆討之。誕遣客沈道愍齎書説慶之，餉以玉環刀。慶之遣道愍反，數以罪惡。慶之至城下，誕登樓謂曰：“沈公，君白首之年，何爲來此？”慶之曰：“朝廷以君狂愚，不足勞少壯，故使僕來耳。”慶之塞壍，[4]造攻道，[5]立行樓土山并諸攻具。[6]時夏雨不得攻城，上使御史中丞庾徽之奏免慶之官以激之，[7]制無所問。誕餉慶之食，提挈者百餘人，慶之不開，[8]悉焚之。誕於城上投函表，[9]令慶之爲送。慶之曰：“我奉制討賊，不得爲汝送表。”每攻城，慶之輒身先士卒。上戒之曰：“卿爲統任，當令處分有方，何須身受矢石邪？”[10]自四月至七月，乃屠城斬誕。進慶之司空，又固讓爵。於是與柳元景並依晋密陵侯鄭袤故事，[11]朝會慶之位次司空，元景在從公之上，[12]給郎吏五十人，[13]門施行馬。[14]

[1]大明：南朝宋孝武帝劉駿年號（457—464）。

[2]司空：官名。與太尉、司徒並稱三公。無實際職掌，爲名譽宰相。宋一品。　竟陵王誕：即前廣陵王劉誕。

[3]車騎大將軍：官名。與驃騎將軍、車騎將軍、衛將軍皆爲

重號將軍，高於諸名號將軍，多加於元老功臣。宋一品。

[4]塞壍：填平溝壕。

[5]攻道：進攻的通道。

[6]行樓：又名轒轀車。可以移動的樓車。人躲在有皮甲圍護的車廂中，到城下後，再竪起車頂的雲梯，可攀梯攻城，也可在下面掘城墻、挖地道。《資治通鑑》卷一二九《宋紀十一》孝文帝大明三年胡三省注：“爲樓車推進以攻城，故曰行樓。”

[7]御史中丞：官名。御史臺長官。掌督察百官，糾彈不法。領治書侍御史、侍御史，常受命領兵，出督軍旅。宋四品。　庾徽之：字景猷，潁川鄢陵（今河南鄢陵縣）人。事見《宋書》卷八四《孔覬傳》。

[8]不開：《宋書》卷七七《沈慶之傳》作“不問”，《資治通鑑·宋紀十一》孝武帝大明三年作“不開視”。

[9]函表：臣下給皇帝的奏章。

[10]矢石：箭和礧石，均爲古代守城時使用的武器。

[11]晋密陵侯鄭袤：字林叔，滎陽開封（今河南開封市）人。曹魏時官至光禄大夫。入晋拜司空，前後辭讓十數次。《晋書》卷四四《鄭袤傳》：“遣五官中郎將國坦就第拜授。袤前後辭讓，遣息稱上送印綬，至于十數。謂坦曰：‘魏以徐景山爲司空，吾時爲侍中，受詔譬旨。徐公語吾曰：“三公當上應天心，苟非其人，實傷和氣，不敢以垂死之年，累辱朝廷也。”終於不就。遵大雅君子之迹，可不務乎！’固辭，久之見許。”

[12]從公：品秩與公同。《資治通鑑·宋紀十一》孝武帝大明五年胡三省注：“晋制：文官光禄三大夫，武官驃騎、車騎、衛將軍及諸大將軍開府者，位從公。”

[13]邸吏：皇帝賜給功臣的吏員。

[14]行馬：攔阻人馬通行的木架。一木橫中，兩木互穿以成四角，施之於官署或貴族門前，以爲路障。是當時一種榮崇的待遇。程大昌《演繁露》：“晋魏以後，官至貴品，其門得施行馬。行馬

者，一木横中，兩木互穿以成，四角施之於門，以爲約禁也。《周禮》謂之陛桓，今官府前叉子是也。"

初，慶之嘗夢引鹵簿入厠中，[1]慶之甚惡入厠之鄙。時有善占夢者爲解之，曰："君必大富貴，然未在旦夕。"問其故，答云："鹵簿固是富貴容，厠中所謂後帝也。知君富貴不在今主。"及中興之功，自五校至是而登三事。[2]

[1]鹵簿：帝王、大臣出行時扈從的儀仗。本用於帝王，漢蔡邕《獨斷》卷下："天子出，車駕次第謂之鹵簿。"自漢以後亦用於后妃、太子、王公大臣。

[2]三事：即三公。《漢書》卷七三《韋賢傳》："天子我監，登我三事。"顏師古注："三事，三公之位，謂丞相也。"

四年，西陽五水蠻復爲寇，慶之以郡公統諸軍討平之。

慶之居清明門外，[1]有宅四所，室宇甚麗。又有園舍在婁湖，[2]慶之一夜攜子孫徙居之，以宅還官，悉移親戚中表於婁湖，[3]列門同閈焉。[4]廣開田園之業，每指地語人曰："錢盡在此。"中興身享大國，家素富厚，産業累萬金，奴僮千計。再獻錢千萬，穀萬斛，以始興封優近，求改封南海郡，[5]不許。妓妾十數人，並美容工藝。慶之優游無事，盡意歡愉，自非朝賀不出門。每從游幸及校獵，據鞍陵厲，不異少壯。太子妃上孝武金鏤匕箸及杆杓，[6]上以賜慶之曰："觴酌之賜，[7]宜以大夫爲先也。"

[1]清明門：爲建康外城門之一。《建康實録》卷一四作"西明門"。按，漢晉之例，清明門爲東面中間城門，西明門則爲西面中間城門。從形勢看，以"清明門"爲是。

[2]婁湖：湖名。在今江蘇南京市東南。三國吳婁侯張昭主持開浚，故名。周圍十里，溉田數十頃。

[3]中表：古代稱父親的姐妹的兒子爲外兄弟，稱母親的兄弟姐妹的兒子爲内兄弟。外爲表，内爲中，合稱"中表"。後以此稱同姑母、舅父、姨母的子女之間的親戚關係。

[4]閈（hàn）：里巷的大門，此指里巷。

[5]南海：郡名。治番禺縣，在今廣東廣州市。

[6]匕：勺、匙類取食用具，曲柄淺斗。　筯：同"箸"。筷子。　杅杓：即杓子。盛湯漿的器物。杅，盛湯器皿。

[7]觴酌：酒器。

上嘗歡飲，普令群臣賦詩，慶之粗有口辯，手不知書，每將署事，[1]輒恨眼不識字。上逼令作詩，慶之曰："臣不知書，請口授師伯。"[2]上即令顏師伯執筆。慶之口授之曰："微生遇多幸，得逢時運昌。朽老筋力盡，徒步還南岡。辭榮此聖世，何愧張子房。"[3]上甚悦，衆坐並稱其辭意之美。

[1]署：殿本同，汲古閣本作"罷"。

[2]師伯：顏師伯。字長淵，本書避唐高祖李淵諱作"長深"，琅邪臨沂（今山東臨沂市）人。本書卷三四有附傳，《宋書》卷七七有傳。

　　[3]張子房：張良。字子房，城父（今安徽亳州市）人。本爲韓貴族。後輔佐漢高祖劉邦建立漢朝，並設法穩定漢初形勢，爲劉邦最重要謀士。《史記》卷五五有《留侯世家》，《漢書》卷四〇有傳。

　　孝武晏駕，[1]慶之與柳元景等並受顧命。遺制"若有大軍旅及征討，悉委慶之"。前廢帝即位，[2]加慶之几杖，[3]給三望車一乘。[4]慶之每朝賀，常乘猪鼻無憶車，[5]左右從者不過三五騎。履行園田，每農桑劇月，無人從行，[6]遇之者不知三公也。及加三望車，謂人曰："我每游履田園，有人時與馬成三，無人則與馬成二。今乘此車，安所之乎？"及賜几杖，並固讓。柳元景、顏師伯嘗詣慶之，會其游田，元景等鳴笳列卒滿道，[7]慶之獨與左右一人在田，見之悄然改容曰："夫貧賤不可居，富貴亦難守。吾與諸公並出貧賤，因時際會，榮貴至此，唯當共思損挹之事。[8]老子八十之年，目見成敗者已多，諸君炫此車服，欲何爲乎！"於是插杖而耘，不爲之顧。元景等徹侍褰裳從之，[9]慶之乃與相對爲歡。

　　[1]晏駕：皇帝駕崩。
　　[2]前廢帝：南朝宋前廢帝劉子業。繼宋孝武帝即帝位，性凶殘。本書卷二、《宋書》卷七有紀。
　　[3]几杖：坐几和手杖。皆老者所用器具，古代常爲敬老的象徵。
　　[4]三望車：兩晋、南朝時王公大臣所乘之車，有窗可望，分四望、三望、夾望等等級。三望即三面可望。
　　[5]猪鼻無憶車：古代車名。轂如猪鼻，分出六輻，車上無帷

幔。幨，車上的帷幔。

[6]履行園田，每農桑劇月，無人從行：《宋書》卷七七《沈慶之傳》作"騎馬履行園田，政一人視馬而已。每農桑劇月，或時無人"，馬宗霍《南史校證》云："延壽加以刪節，與下文'有人時與馬成三，無人則與馬成二'不相應。"（湖南教育出版社 2008 年版，第 618 頁）劇月，農忙的月份。

[7]鳴笳：吹奏笳笛。古代官員出行，前有鳴笳啓路。笳，胡笳。《三國志》卷二一《魏書·吳質傳》："從者鳴笳以啓路，文學託乘於後車。"

[8]損挹：謙虛退讓。

[9]褰裳：撩起下裳。

慶之既通貴，[1]鄉里老舊素輕慶之者，後見皆膝行而前。慶之歎曰："故是昔時沈公。"視諸沈爲劫首者數十人，士悉患之。慶之詭爲置酒大會，一時殺之，於是合境肅清，人皆喜悦。[2]

[1]通貴：通達顯貴。

[2]"視諸沈爲劫首者數十人"至"人皆喜悦"：錢大昕《廿二史考異》卷三六："慶之雖預顧命，未領揚州刺史，又不還鎮鄉郡，所謂合境者，果何指乎？此事《宋書》所無，難以深信。"士悉患之，中華本據《通志》補作"士民悉患之"。

廢帝狂悖無道，衆勸之廢立，及柳元景等連謀，以告慶之，慶之與江夏王義恭不厚，[1]發其事。帝誅義恭、元景等，以慶之爲侍中、太尉。[2]及義陽王昶反，[3]慶之從帝度江，[4]總統衆軍。

　　[1]江夏王義恭：劉義恭。宋武帝第五子。太子劉劭殺文帝，義恭投武陵王劉駿，擁其即位，進太傅。後與柳元景謀廢前廢帝，事敗被殺。本書卷一三、《宋書》卷六一有傳。江夏，郡名。治夏口城，在今湖北武漢市武昌區。

　　[2]太尉：官名。與司徒、司空並稱三公。無實際職掌，爲名譽宰相。宋一品。

　　[3]義陽王昶：劉昶。宋文帝第九子。初封義陽王，北魏文成帝和平六年（465）因懼禍奔魏，任侍中，封丹陽王。本書卷一四、《宋書》卷七二、《魏書》卷五九、《北史》卷二九有傳。義陽，郡名。治平陽縣，在今河南信陽市。

　　[4]度：殿本同，汲古閣本作“渡”。

　　帝凶暴日甚，慶之猶盡言諫争，帝意稍不悦。及誅何邁，[1]慮慶之不同，量其必至，乃開清溪諸橋以絶之。[2]慶之果往，不得度而還。帝又忌之，乃遣其從子攸之齎藥賜死，時年八十。是歲旦，[3]慶之夢有人以兩疋絹與之，謂曰：“此絹足度。”寤而謂人曰：“老子今年不免矣。兩疋，八十尺也，足度，無盈餘矣。”及死，贈賻甚厚，[4]遺贈侍中、太尉如故，[5]給鸞輅輼輬車，[6]前後羽葆、鼓吹，[7]謚曰忠武公。未及葬，帝敗。明帝即位，[8]追贈侍中、司空，謚曰襄公。太始七年，[9]改封蒼梧郡公。[10]慶之群從姻戚，由慶之在列位者數十人。

　　[1]何邁：廬江灊（今安徽霍山縣）人。父何瑀爲宋武帝女婿，姐何令婉爲前廢帝皇后。何邁娶宋文帝第十女新蔡公主。廢帝與公主淫亂，懷疑何邁不滿。何邁亦欲殺廢帝，事泄，被誅。本書卷一一、《宋書》卷四一有附傳。

　　[2]清溪諸橋：建康城東有青溪，發源於鍾山西南，屈曲穿達市區流入秦淮河。《建康實録》卷二："青溪上亦有七橋：最北樂遊苑東門橋。次南有尹橋……次南有雞鳴橋……次南有募士橋。次南有菰首橋，一名走馬橋……次南有青溪中橋……次南青溪大橋。"

　　[3]是歲旦：《宋書》卷七七《沈慶之傳》作"是年初"。

　　[4]贈賻（fù）：送人財物助其辦理喪事。

　　[5]遣：《宋書·沈慶之傳》作"追"。

　　[6]鸞輅（lù）：天子王侯所乘之車。以銅鑄鸞鳥在車衡，飾以金，故謂之鸞輅。　輼輬車：即安車。古代的卧車，亦用作喪車。《史記》卷八七《李斯列傳》："置始皇居輼輬車中。"裴駰集解引孟康曰："如衣車，有窗牖，閉之則温，開之則涼，故名之'輼輬車'也。"

　　[7]羽葆：以鳥羽爲飾的儀仗。南朝諸王大臣有殊功者，加羽葆。　鼓吹：本爲皇帝出行儀仗的組成部分，南朝時往往賜予皇親國戚或有功大臣，以示尊崇。高級儀仗分爲前部鼓吹、後部鼓吹，前部鼓吹在前開道，以鉦、鼓等大型樂器爲主，樂工步行演奏；後部鼓吹殿後，以簫、笳、罄等小型樂器爲主，樂工或步行，或在馬上演奏。

　　[8]明帝：南朝宋明帝劉彧。字休炳，小字榮期，宋文帝第十一子。初封淮陽王，後改封湘東王。前廢帝死後，自立爲帝。本書卷三、《宋書》卷八有紀。

　　[9]太始：即泰始。南朝宋明帝劉彧年號（465—471）。

　　[10]蒼梧：郡名。治廣信縣，在今廣西梧州市。

　　長子文叔位侍中，慶之之死也，不肯飲藥，攸之以被掩殺之，文叔密取藥藏録。或勸文叔逃避，文叔見帝斷截江夏王義恭支體，慮奔亡之日，帝怒，容致義恭之變，乃飲藥自殺。文叔子昭明位秘書郎，[1]聞父死，曰：

“何忍獨生。”亦自縊死。

[1]秘書郎：官名。秘書監、丞屬官。兩晉南北朝沿置，多爲貴族子弟起家之官。宋六品。

元徽元年，[1]還復先封，時改始興爲廣興。[2]昭明子曇亮襲廣興郡公，齊受禪，[3]國除。[4]昭明弟昭略。

[1]元徽：南朝宋後廢帝劉昱年號（473—477）。
[2]廣興：郡名。宋明帝泰豫元年（472）以始興郡改名，治所仍在今廣東韶關市東南。
[3]受禪：王朝更迭，新皇帝承受舊帝讓給的帝位。
[4]國除：取消封邑爵號。

昭略字茂隆，性狂儁，[1]不事公卿，使酒仗氣，無所推下。嘗醉，晚日負杖攜家賓子弟至婁湖苑，逢王景文子約，[2]張目視之曰：“汝是王約邪？何乃肥而癡。”約曰：“汝沈昭略邪？何乃瘦而狂。”昭略撫掌大笑曰：“瘦已勝肥，狂又勝癡，奈何王約，奈汝癡何！”

[1]狂儁：狂放穎異。
[2]王景文：王彧。字景文，因與宋明帝同名，以字行，琅邪臨沂（今山東臨沂市）人。其妹爲宋明帝皇后，明帝立，封江安縣侯。明帝病重，擔心其以帝舅之重而有異心，遂賜死。本書卷二三、《宋書》卷八五有傳。　約：王約。齊明帝世數年廢錮，梁武帝時爲太子中庶子、侍中、左民尚書。本書卷二三有附傳。

　　昇明末，[1]爲相國西曹掾。[2]齊高帝賞之，[3]及即位，謂王儉曰：[4]"南士中有沈昭略，何職處之？"儉以擬前軍將軍，[5]上不欲違，乃可其奏。尋爲中書郎，[6]累遷侍中。王晏嘗戲昭略曰："賢叔可謂吳興僕射。"昭略曰："家叔晚登僕射，猶賢於尊君以卿爲初蔭。"[7]

[1]昇明：南朝宋順帝劉準年號（477—479）。

[2]西曹掾：官名。公府屬吏。主府吏署用。

[3]齊高帝：蕭道成。字紹伯，小字鬥將，南蘭陵（今江蘇常州市武進區）人。南朝齊開國君主，廟號太祖。本書卷四，《南齊書》卷一、卷二有紀。

[4]王儉：字仲寶，琅邪臨沂（今山東臨沂市）人。尚宋明帝陽羨公主，入齊封南昌縣公，長於禮學，參與齊初制度、禮儀制定，官至中書監，卒贈太尉。本書卷二二有附傳，《南齊書》卷二三有傳。

[5]前軍將軍：官名。四軍將軍之一。東晉罷，南朝宋復置，掌宮禁宿衛。宋四品。

[6]中書郎：官名。南朝時爲中書通事郎或中書侍郎的省稱。隸中書省。

[7]"王晏嘗戲昭略曰"至"猶賢於尊君以卿爲初蔭"：錢大昕《廿二史考異》卷三六："賢叔謂文季也。上文未見文季事，則此語無根。且吳興僕射之嘲，亦見《文季傳》，而答語各異，若以此段并入《文季傳》，則詞不費而意亦顯矣。"王晏，字士彥，琅邪臨沂（今山東臨沂市）人，王弘之孫，王普曜子。本書卷二四有附傳，《南齊書》卷四二有傳。

　　永元中，[1]與叔父文季俱被召入華林省，[2]茹法珍等進藥酒，[3]昭略怒罵徐孝嗣曰：[4]"廢昏立明，古今令典，宰相無才，致有今日。"以甌投其面，[5]曰："使爲破面鬼。"死時言笑自若，了無懼容。徐孝嗣謂曰："見卿，使人想夏侯泰初。"[6]答曰："明府猶憶夏侯，[7]便是方寸不能都齊。下官見龍逢、比干，[8]欣然相對；霍光脫問明府今日之事，[9]何辭答之邪？"

[1]永元：南朝齊東昏侯蕭寶卷年號（499—501）。

[2]華林省：《資治通鑑》卷一四一《齊紀七》明帝建武四年胡三省注："省在華林園，因名。"華林園，在今江蘇南京市雞籠山南古臺城內。齊、梁諸帝常宴集於此。

[3]茹法珍：會稽（今浙江紹興市）人。備受齊東昏侯寵信，呼其爲"阿丈"。權過人主，佐成昏亂。梁武帝平建康，與諸佞幸同被殺。本書卷七七有傳。

[4]徐孝嗣：字始昌，小字遺奴，東海郯（今山東郯城縣）人，徐湛之孫。齊永元元年（499）爲東昏侯所害。和帝即位，追贈太尉。本書卷一五有附傳，《南齊書》卷四四有傳。

[5]甌：此應爲杯、碗類的飲器。

[6]夏侯泰初：夏侯玄。字泰初。與張緝等人共謀推翻司馬師，事泄，爲司馬師所殺，臨刑時舉動自若，顏色不變。《三國志》卷九有傳。

[7]明府：漢魏以後對郡守尹的尊稱。

[8]龍逢：即關龍逢。夏桀時期賢臣，因進諫爲夏桀所殺。比干：商貴族。紂王叔父，官少師。傳其屢次勸諫，被紂王剖心而死。

[9]霍光：字子孟，河東平陽（今山西臨汾市）人。西漢中期名臣。受漢武帝遺詔，輔佐漢昭帝，翦除桑弘羊、上官桀等政敵，獨攬朝政大權，穩定了時局。昭帝死，徵召昌邑王劉賀即位，又因

劉賀昏亂，果斷廢黜，另立漢宣帝。前後執政二十餘年。《漢書》
卷六八有傳。

　　昭略弟昭光聞收兵至，[1]家人勸逃去，昭光不忍捨
母，入執母手悲泣，遂見殺。時昭明子曇亮已得逃去，
聞昭光死，乃曰：“家門屠滅，獨用生何爲。” 又絕吭而
死。[2]時人歎其累世孝義。中興元年，[3]贈昭略太常，昭
光廷尉。[4]

　　[1]收兵：收捕的官吏。
　　[2]絕吭（háng）：亦作 “絕肮”，刎頸。《史記》卷八九《張
耳陳餘列傳》：“乃仰絕肮，遂死。” 裴駰集解：“韋昭曰：‘肮，咽
也。’”司馬貞索隱：“蘇林云：‘肮，頸大脉也，俗所謂胡脉。’”
　　[3]中興：南朝齊和帝蕭寶融年號（501—502）。
　　[4]廷尉：官名。爲中央最高司法審判機構長官，文武大臣有
罪，由其直接審理收獄。

　　文季字仲達，[1]文叔弟也。以寬雅正直見知，尤善
塞及彈碁，[2]在宋封山陽縣五等伯，[3]位中書郎。父慶之
遇害，諸子見收，文叔謂之曰：“我能死，爾能報。” 遂
自殺。文季揮刀馳馬去，收者不敢追，遂免。

　　[1]仲達：《南齊書》卷四四《沈文季傳》作 “伯達”，中華本
據《南史》及《册府元龜》改爲 “仲達”，馬宗霍《南史校證》
云：“下文《沈攸之傳》，攸之字仲達，則此似以 ‘伯達’ 爲是。”
（第620頁）存疑。
　　[2]塞（sài）：《南齊書·沈文季傳》作 “簺”。二字通。格五

戲，古代的一種博戲。《説文・竹部》："行棋相塞謂之簺。" 彈棋：古代棋類游戲。以棋相擊之戲。始於漢代，盛行於魏、唐，後世漸衰。《後漢書》卷三四《梁冀傳》："能挽滿、彈棋、格五、六博、蹴鞠、意錢之戲，又好臂鷹走狗。"李賢注："《藝經》曰：'彈棋，兩人對局，白黑棋各六枚，先列棋相當，更先彈也。其局以石爲之。'"碁，同"棋"。

[3]山陽：縣名。治所在今江蘇淮安市。 伯：爲爵位的第三等。這裏言"五等伯"，似爲伯爵又分等級。不明待考。

明帝立，爲黄門郎，[1]領長水校尉。[2]明帝宴會朝臣，以南臺御史賀咸爲柱下史，[3]糾不醉者，文季不肯飲，被驅下殿。晋平王休祐爲南徐州，[4]帝就褚彦回求幹事人爲上佐，[5]彦回舉文季，轉驃騎長史、南東海太守。[6]休祐被殺，雖用薨禮，[7]僚佐多不敢至，文季獨往墓展哀。元徽初，[8]自秘書監出爲吳興太守。文季飲酒至五斗，妻王氏飲亦至三斗，[9]嘗對飲竟日，而視事不廢。

[1]黄門郎：官名。黄門侍郎的簡稱。南朝宋、齊時爲門下省次官，與侍中俱掌門下衆事。侍從皇帝，顧問應對，出行陪乘。宋五品。

[2]長水校尉：官名。侍衛武官，不領兵。宋四品。

[3]南臺御史：官名。即御史中丞。御史臺官，因御史臺位於宫廷之南，故稱。掌奏劾不法。宋四品。 賀咸：《南齊書》卷四四《沈文季傳》作"賀臧"。 柱下史：一説即爲御史，因常在殿柱之下主四方文書，故名。這裏戲稱在一旁監視喝酒的官。

[4]晋平王休祐：劉休祐。宋文帝第十三子，初封山陽王，後

改封晋平王。宋明帝泰始六年（470）曾爲南徐州刺史。本書卷一
四、《宋書》卷七二有傳。　南徐州：州名。治京口城，在今江蘇
鎮江市。

[5]褚彦回：褚淵。字彦回，本書避唐高祖李淵諱而稱字。河
南陽翟（今河南禹州市）人。尚宋文帝女南郡獻公主，拜駙馬都
尉，除著作佐郎。受明帝遺命與尚書令袁粲輔佐蒼梧王。後助蕭道
成代宋建齊，封南康郡公，官至尚書令、司空。本書卷二八有附
傳，《南齊書》卷二三有傳。　幹事人：幹練而又善於辦事的人。

[6]驃騎長史：官名。即驃騎將軍府長史。

[7]殯禮：指祭奠亡者的喪禮。

[8]元徽：南朝宋後廢帝劉昱年號（473—477）。

[9]王氏：《南齊書·沈文季傳》言爲"王錫女"。王錫字寡
光，王弘之子。官至太子左衛率。本書卷二一、《宋書》卷四二有
附傳。

昇明元年，沈攸之反，齊高帝加文季冠軍將軍、督
吳興錢唐軍事。[1]初，慶之死也，攸之求行，至是文季
收攸之弟新安太守登之，[2]誅其宗族，以復舊怨，親黨
無吹火焉。君子以文季能報先恥。齊國建，爲侍中，領
秘書監。建元元年，[3]轉太子右衛率，[4]侍中如故。改封
西豐縣侯。[5]

[1]冠軍將軍：官名。高級武官之一，位在輔國將軍上。　錢
唐：縣名。治所在今浙江杭州市。

[2]新安：郡名。治始新縣，在今浙江淳安縣西北。

[3]建元：南朝齊高帝蕭道成年號（479—482）。

[4]太子右衛率：官名。掌宿衛東宮，亦任征伐，位在左衛率
下。齊官品不詳。

[5]西豐：縣名。治所在今江西撫州市臨川區西南。　縣侯：封爵名。即開國縣侯。食邑爲縣，位在開國縣公下，開國縣伯上。

　　文季風采稜岸，[1]善於進止，司徒褚彦回當時貴望，[2]頗以門户裁之。[3]文季不爲之屈。武帝在東宮，[4]於玄圃宴朝臣，[5]文季數舉酒勸彦回。彦回甚不平，啓武帝曰：“沈文季謂彦回經爲其郡，[6]依然猶有故情。”文季曰：“惟桑與梓，必恭敬止。[7]豈如明府亡國失土，不識枌榆。”[8]遂言及魏軍動事。彦回曰：“陳顯達、沈文季當今將略，[9]足委以邊事。”文季諱稱將門，[10]因是發怒，啓武帝曰：“褚彦回遂品藻人流，[11]臣未知其身死之日，何面目見宋明帝。”[12]武帝笑曰：“沈率醉也。”[13]中丞劉休舉其事，[14]見原。後豫章王北宅後堂集會，[15]文季與彦回並善琵琶，酒闌，彦回取樂器爲《明君曲》。[16]文季便下席大唱曰：“沈文季不能作伎兒。”豫章王嶷又解之曰：“此故當不損仲容之德。”[17]彦回顔色無異，終曲而止。

　　[1]稜岸：端方嚴正。
　　[2]司徒：官名。與太尉、司空並稱三公。爲名譽宰相，多爲大臣加官。
　　[3]門户：猶門第，指家庭的社會地位。　裁之：削減，抑制。
　　[4]武帝：南朝齊武帝蕭賾。字宣遠。廟號世祖。本書卷四、《南齊書》卷三有紀。
　　[5]玄圃：玄圃園。東宮北部園林。得名於昆崙山之第二級，取其上接天庭、僅次皇帝之意。南朝玄圃始建不晚於宋文帝元嘉年間，齊文惠太子蕭長懋曾大規模拓建，使其北界潮溝南岸。梁昭明

太子蕭統亦曾修築。其内風景優美，有宣猷堂、明月觀等建築，不僅是游宴之處，也是講學之所。約在今江蘇南京市珠江路河道以南桃園新村一帶（參見胡運宏、王浩《南朝玄圃園考》，《中國園林》2016 年第 3 期）。

[6]沈文季謂彦回經爲其郡：褚彦回宋時曾在沈文季家鄉吳興任太守，爲父母官。沈文季念此舊情，向彦回敬酒。

[7]惟桑與梓，必恭敬止：語出《詩·小雅·小弁》。朱熹集傳："桑、梓二木，古者五畝之宅，樹之墻下，以遺子孫給蠶食、具器用者也……桑、梓父母所植。" 後以桑梓指故鄉或故鄉父老，故必恭敬之。

[8]豈如明府亡國失土，不識枌榆：此句譏刺褚彦回忘本，背棄故舊。褚彦回在宋時曾封雩都伯，故文季説他 "亡國失土"。明府，此指曾任太守的褚彦回。枌榆，漢高祖故鄉里社名。高祖即位後，於秦故驪邑移置新豐縣枌榆社，後因以 "枌榆" 指故都或故鄉。

[9]陳顯達：南彭城彭城（今江蘇鎮江市）人。仕宋以軍功遷廣州刺史。入齊，以參與廢鬱林王之功，進位司空。明帝時，進太尉，封鄱陽郡公。因懼東昏侯，於尋陽起兵，至新亭兵敗被殺。本書卷四五、《南齊書》卷二六有傳。

[10]文季諱稱將門：南朝時文職優於武職。周一良《〈南齊書·丘靈鞠傳〉試釋兼論南朝文武官位及清濁》云："魏晉以來選舉司之吏部與中正，似文武無別。然起家仍自有異，涇渭固分也。大抵南朝甲族著姓起家文職，而 '兵户' '將家' 寒門子弟往往出身武位。但仕宦既進以後，又不論出身，文武官位可以更互爲之……出身武官而嘗得文職者，如宋之柳元景、沈慶之，齊之沈文季、吕安國、周盤龍等皆是。文官之中分清濁，若與武官較，則武官雖高位，亦遜文職也。" （載《魏晉南北朝史論集》，中華書局1963 年版，第 110 頁）

[11]遂品藻人流：《南齊書》卷四四《沈文季傳》作 "自謂是

忠臣"。

[12]何面目見宋明帝：褚彦回受宋明帝顧命，輔幼主。而其辜負明帝遺命，故文季有此語。

[13]沈率：此指沈文季。率，太子右衛率的省稱。

[14]中丞：官名。即御史中丞。　劉休：字弘明，沛郡相（今安徽濉溪縣）人。曾任御史中丞。本書卷四七、《南齊書》卷三四有傳。

[15]豫章王：蕭嶷。字宣儼，齊高帝第二子。寬仁弘雅，官至大司馬。本書卷四二、《南齊書》卷二二有傳。豫章，郡名。治南昌縣，在今江西南昌市。

[16]《明君曲》：指王昭君出塞的曲調。朱季海《南齊書校議》："此《杜詩》所謂千載琵琶作胡語者矣。"（中華書局 2013 年版，第 150 頁）

[17]仲容：阮咸。字仲容，阮籍兄子。竹林七賢之一。妙解音律，善彈琵琶。《晋書》卷四九有附傳。

　　永明中，[1]累遷領軍將軍。文季雖不學，發言必有辭采。武帝謂文季曰："南士無僕射，[2]多歷年所。" 文季對曰："南風不競，[3]非復一日。" 當世善其對。

[1]永明：南朝齊武帝蕭賾年號（483—493）。

[2]南士無僕射：意思是説南方士人没有擔任臺省長官的。僕射，尚書省長官。

[3]南風不競：語出《左傳》襄公十八年："晋人聞有楚師，師曠曰：'不害，吾驟歌北風，又歌南風，南風不競，多死聲，楚必無功。'" 杜預注："歌者吹律以詠八風，南風音微，故曰不競也。" 這裏用以比喻南方士人力量衰弱，士氣不振。按，周一良《〈南齊書・丘靈鞠傳〉試釋兼論南朝文武官位及清濁》云："或謂江左五

朝僑人當政，南士恒被排抑……一良細繹南齊史書……當時江南‘士子風流’之途轍實爲北人所妨害。”（《魏晋南北朝史論集》，第94頁）

明帝輔政，[1]欲以文季爲江州，遣左右單景儁宣旨。文季陳讓，稱老不願外出，因問右執法有人未，[2]景儁還具言之。延興元年，[3]以爲尚書右僕射。[4]明帝即位，加領太子詹事，[5]尚書令王晏嘗戲文季爲吳興僕射。[6]文季答曰：“琅邪執法，[7]似不出卿門。”

[1]明帝：南朝齊明帝蕭鸞。字景栖，小字玄度，始安貞王蕭道生之子。本書卷五、《南齊書》卷六有紀。

[2]右執法：掌糾察儀制的官員，這裏當指尚書右僕射。

[3]延興：南朝齊海陵王蕭昭文年號（494）。

[4]尚書右僕射：官名。尚書省次官，或單置，或並置左、右。南朝尚書令爲宰相之任，位尊權重，不親庶務，尚書省由僕射主持，諸曹奏事由左、右僕射審議聯署。右僕射與祠部尚書通職，位左僕射下。

[5]太子詹事：官名。東宮屬官。總理東宮庶務，職位顯重。

[6]尚書令：官名。尚書省長官。綜理全國政務，參議大政，位尊權重，實權如宰相，如加録尚書事頭銜，則兼有宰相名義。吳興僕射：沈文季爲吳興人，故王晏戲稱其“吳興僕射”。

[7]琅邪執法：王晏祖籍琅邪，故文季戲稱其“琅邪執法”。

建武二年，[1]魏軍南伐，明帝以爲憂，制文季鎮壽春。[2]文季入，城門嚴加備守。[3]魏軍尋退，百姓無所損。

[1]建武：南朝齊明帝蕭鸞年號（494—498）。

[2]壽春：縣名。治所在今安徽壽縣。

[3]文季入，城門嚴加備守：《南齊書》卷四四《沈文季傳》作"文季入城，止游兵不聽出，洞開城門，嚴加備守"。

永元元年，轉侍中、左僕射。[1]始安王遥光反，[2]其夜遣於宅掩取文季，欲以爲都督，而文季已還臺。明日，與尚書令徐孝嗣共坐南掖門上。[3]時東昏已行殺戮，[4]孝嗣深懷憂慮，欲與文季論時事，文季輒引以佗辭，終不得及。事寧，加鎮軍將軍，[5]署府史。[6]

[1]左僕射：官名。即尚書左僕射。尚書省次官，位在右僕射上，協助尚書令執行政務，參議大政，諫諍得失，監察糾彈百官，可封還詔旨，常受命主管選舉。

[2]始安王遥光：蕭遥光。字元暉，始安王蕭鳳長子，襲父爵。齊東昏侯永元元年（499）八月，與其弟荆州刺史遥欣起兵反。本書卷四一、《南齊書》卷四五有傳。

[3]南掖門：建康宮城（臺城）南門之一。宮城南面有二門，正門爲大司馬門，東側即南掖門。

[4]東昏：齊東昏侯蕭寶卷。字智藏，本名明賢。齊明帝次子。蕭衍起兵攻破建康後被殺。後又追封爲東昏侯。本書卷五、《南齊書》卷七有紀。

[5]鎮軍將軍：官名。與中軍將軍、撫軍將軍，位比四鎮將軍。主要爲中央軍職，亦可出任地方，並領刺史兼理民政。

[6]署府史：《南齊書》卷四四《沈文季傳》作"置府"。

文季以時方昏亂，託老疾不豫朝機。兄子昭略謂文季曰："阿父年六十爲員外僕射,[1]欲求免乎？" 文季笑而不答，未幾見害。先被召，便知敗，舉動如常。登車顧曰："此行恐往而不反。"[2]於華林省死，年五十八，朝野冤之。中興元年，贈司空，謚曰忠憲公。

[1]員外僕射：《資治通鑑》卷一四二《齊紀八》東昏侯永元元年，胡三省注："文季雖爲僕射而不預事，故昭略謂之員外僕射。"

[2]反：通"返"。汲古閣本同，殿本作"返"。

文秀字仲遠，慶之弟子也。父邵之,[1]南中郎行參軍。[2]文秀宋前廢帝時，累遷青州刺史,[3]將之鎮，部曲出次白下。[4]文秀説慶之以帝狂悖，禍在難測，欲因此衆力圖之。慶之不從。及行，慶之果見殺。又遣直閣江方興領兵誅文秀,[5]未至，而明帝已定亂。時晉安王子勛據尋陽,[6]文秀與徐州刺史薛安都並同子勛反。[7]尋陽平定，明帝遣其弟召之，便歸命請罪。即安本任。

[1]邵之：沈邵之。曾任廬陵王劉紹南中郎行參軍，參與討伐建安揭陽人暴動。《宋書》卷七七《沈慶之傳》、卷八八《沈文秀傳》作"劭之"。

[2]南中郎行參軍：官名。即南中郎將府行參軍。

[3]青州：州名。南朝宋與冀州僑置於鬱洲，在今江蘇連雲港市東雲臺山一帶。

[4]部曲：本爲軍隊編制之稱，東漢末演變爲私人武裝之稱。魏晉南北朝時，世族、豪族普遍擁有部曲，平時耕田從役，戰時隨主人作戰。父死子繼，地位低下。南北朝後期，地位稍有上升，或可經主人放免爲平民。　白下：地名。在今江蘇南京市金川門外，

幕府山南麓。時爲屯兵重地。

[5]江方興：濟陽考城（今河南民權縣）人。以戰功爲太子左衛率，卒後追封武當縣侯。事見《宋書》卷八四《鄧琬傳》。

[6]晋安王子勛：劉子勛。字孝德，宋孝武帝第三子。孝武帝死，何邁迎立子勛，前廢帝誅何邁。明帝泰始二年（466）鄧琬奉子勛稱帝，改元義嘉，兵敗被殺。本書卷一四、《宋書》卷八〇有傳。晋安王，封爵名。即晋安郡王。晋安，郡名。治候官縣，在今福建福州市。

[7]徐州：州名。治彭城縣，在今江蘇徐州市。

　　四年，封新城縣侯。[1]先是冀州刺史崔道固亦據歷城同反，[2]文秀遣信引魏，魏遣慕容白曜援之。[3]及至，而文秀已受朝命。文秀善於撫御，被魏圍三載無叛者。五年，爲魏所尅，終于北。

[1]新城縣侯：《宋書》卷八八《沈文秀傳》言“食邑五百户”。新城，縣名。治所在今浙江杭州市富陽區西南。

[2]冀州：州名。南朝宋文帝元嘉九年（432）僑置，治歷城縣，在今山東濟南市。宋明帝泰始六年（470）與青州合僑置於鬱洲，在今江蘇連雲港市東雲臺山一帶。　崔道固：清河（今河北清河縣）人。《宋書》卷八八有傳。

[3]慕容白曜：慕容元真玄孫。封濟南王，北魏獻文帝皇興四年（470）因乙渾案被殺。《魏書》卷五〇、《北史》卷二五有傳。

　　攸之字仲達，慶之從父兄子也。父叔仁爲宋衡陽王義季征西長史，[1]兼行參軍，領隊。[2]

[1]衡陽王義季：劉義季。宋武帝第七子。本書卷一三、《宋書》卷六一有傳。衡陽王，封爵名。即衡陽郡王。衡陽，郡名。治湘西縣，在今湖南株州市西南。

[2]領隊：兼領隊主。領，官制術語。即以較高官兼理較低官之職事。隊，軍事編制，兵力自數十人至數百人不等。此指隊主，爲隊的主將。

攸之少孤貧，元嘉二十七年，魏軍南攻，朝廷發三吴之衆，[1]攸之亦行。及至建鄴，詣領軍將軍劉遵考求補白丁隊主。[2]遵考以爲形陋不堪，攸之歎曰：“昔孟嘗君身長六尺爲齊相，今求士取肥大者哉。”因隨慶之征討。

[1]三吴之衆：《宋書》卷七四《沈攸之傳》作“三吴民丁”。三吴，地區名。具體所指，説法不一，共分三種：一説指吴興（今浙江湖州市）、吴郡（今江蘇蘇州市）、會稽（今浙江紹興市）三郡地區。一説吴興、吴郡、丹陽（今江蘇南京市）三郡地區。一説吴興、吴郡、義興（今江蘇宜興市）三郡地區。《資治通鑑》卷九四《晋紀十六》成帝咸和三年胡三省注云：“漢置吴郡；吴分吴郡置吴興郡；晋又分吴興、丹楊置義興郡：是爲三吴。酈道元曰：世謂吴郡、吴興、會稽爲三吴。杜佑曰：晋、宋之間，以吴郡、吴興、丹楊爲三吴。”錢大昕《廿二史考異》卷三六云：“是時興宗爲會稽太守。三吴謂吴郡、吴興、會稽也（本《水經注》）。《王鎮之傳》：‘時三吴饑荒，遣鎮之銜命賑恤，而會稽太守王愉不奉符旨。’會稽在三吴之中，明矣。”詳參王鳴盛《十七史商榷》卷四五《三吴》、卷五五《二吴》。

[2]劉遵考：宋武帝族弟。曾隨劉裕北伐，劉裕代晋後，封營浦侯，官至右光禄大夫。本書卷一三，《宋書》卷五一有傳。　白

丁：臨時徵集的壯丁。

二十九年，征西陽蠻，[1]始補隊主。巴口建義，授南中郎府板長兼行參軍。[2]新亭之戰，[3]身被重創，事寧，爲太尉行參軍，[4]封平洛縣五等侯。[5]隨府轉大司馬行參軍。[6]

[1]西陽蠻：古代巴人的一支。因居住在西陽五水邊，亦稱"五水蠻"。分布於今湖北黃岡市境及鄂、豫、皖三省的大別山區。

[2]授南中郎府板長兼行參軍：《宋書》卷七四《沈攸之傳》作"南中郎府板長史，兼行參軍"。馬宗霍《南史校證》："句中既有'板'字，則不當有'授'字，板亦授也，授由朝命，板則府主行之。'史'字疑《宋書》誤衍。"（第621頁）

[3]新亭：地名。在今江蘇南京市西南，地近江濱，依山建城壘，爲當時軍事和交通重地。

[4]太尉行參軍：官名。即太尉府行參軍。

[5]平洛：縣名。治所在今甘肅康縣平洛鎮。 五等侯：侯爵名。侯爵等級之一，不食封。

[6]隨府轉大司馬行參軍：此指隨府主由太尉府遷轉至大司馬府。隨府轉，即隨着府主不同時期官職的變化而任不同名義的屬官。

晋時都下二岸揚州舊置都部從事，[1]分掌二縣非違，[2]永初以後罷省。孝建三年，復置其職，攸之掌北岸，會稽孔璪掌南岸，[3]後又罷。攸之遷員外散騎侍郎，[4]又隨慶之征廣陵屢有功，[5]被箭破骨。孝武以其善戰，配以仇池步稍。[6]事平當加厚賞，爲慶之所抑。遷太子旅賁中郎，[7]攸之甚恨之。

[1]都部從事：官名。漢、魏、西晉司隸校尉屬下有都官從事，掌監察舉劾百官和京都治安。西晉置都部從事，職如都官從事。南朝罷司隸校尉，其職能被揚州刺史取代，亦置揚州都部從事，仍掌京都治安。

[2]二縣：應指建康、秣陵。本書卷二《宋孝武帝紀》：“（大明元年）九月，建康、秣陵二縣各置都官從事一人，司水、火、劫、盜。”

[3]會稽：郡名。治山陰縣，在今浙江紹興市。　孔璪：曾任都水使者。宋明帝時勸孔覬謀反，舉兵失敗後，轉投門生陸林夫，爲林夫所殺。事見《宋書》卷八四《孔覬傳》。

[4]員外散騎侍郎：官名。初爲正員外添差之散騎侍郎，無員數，後成爲正員官。多以公族、功臣子充任，爲閑散之職。

[5]隨慶之征廣陵：指宋孝武帝大明三年（459），竟陵王劉誕據廣陵反叛，沈慶之爲車騎大將軍，率軍平定。廣陵，縣名。治所在今江蘇揚州市西北蜀岡上。

[6]仇池：地名。在今甘肅成縣西，爲氐族世居之地。　矟：長矛。《釋名·釋兵》：“矛長丈八尺曰矟。”

[7]太子旅賁中郎：官名。即太子旅賁中郎將。南朝宋置，掌隨從迎送太子。

前廢帝景和元年，[1]除豫章王子尚車騎中兵參軍、直閣，[2]與宋越、譚金等並爲廢帝所寵。[3]誅戮群公，[4]攸之等皆爲之用命，封東興縣侯。[5]

[1]景和：南朝宋前廢帝劉子業年號（465）。

[2]豫章王子尚：劉子尚。字孝師，宋孝武帝第二子。初封西

陽王，後改封豫章王。孝武帝大明三年（459），分浙江西立王畿，以浙江東爲揚州，以子尚爲刺史，加都督。本書卷一四、《宋書》卷八〇有傳。　車騎中兵參軍：官名。即車騎將軍府中兵參軍。直閤：官名。爲皇帝左右侍衛之官。又直閤將軍、朱衣直閤亦省稱直閤。

[3]宋越：《宋書》卷七四《沈攸之傳》作"宗越"。按，本書卷四〇、《宋書》卷八三皆作"宗越"，底本誤，應據改。下文同，不再出注。宗越，南陽葉（今河南葉縣）人。宋孝武帝時，曾參與平定臧質、劉義宣等人叛亂，以功封築陽縣子。後又從沈慶之討竟陵王劉誕，前廢帝時，深受寵信。明帝即位後欲謀反，事泄被殺。本書卷四〇、《宋書》卷八三有傳。　譚金：初隨薛安都征討，宋廢帝景和元年誅群公，受廢帝重用，封金平都縣男。後與宗越等欲謀反，被殺。本書卷四〇、《宋書》卷八三有附傳。

[4]誅戮群公：指殺害江夏王劉義恭、尚書令柳元景、尚書左僕射顏師伯等人。

[5]東興縣侯：封爵名。《宋書·沈攸之傳》載"食邑五百戶"。東興，縣名。治所在今江西黎川縣東北。

明帝即位，以例削封。尋告宋越、譚金等謀反，復召直閤。會四方反叛，南賊已次近道，[1]以攸之爲寧朔將軍、尋陽太守，[2]率軍據虎檻。[3]時王玄謨爲大統未發，[4]前鋒有五軍在虎檻，五軍後又駱驛繼至，[5]每夜各立姓號，[6]不相稟受。[7]攸之謂軍吏曰："今衆軍同舉，而姓號不同，若有耕夫漁父夜相呵叱，便致駭亂，此敗道也。請就一軍取號。"衆咸從之。

[1]南賊：指以江州刺史晉安王劉子勛爲首的叛軍。宋明帝殺

死前廢帝後，江州長史鄧琬在尋陽擁立子勛爲帝，向建康進軍。

[2]寧朔將軍：官名。南朝時多爲加官。宋四品。

[3]虎檻：地名。即虎檻洲。在今安徽蕪湖市繁昌區東北長江中。

[4]大統：軍隊總統領。

[5]又：殿本同，汲古閣本作“爲”。《宋書》卷七四《沈攸之傳》作“又”。　駱驛：《宋書·沈攸之傳》作“絡繹”。

[6]姓號：軍隊中夜晚識別敵我的一種暗號，如口令之類。

[7]不相稟受：互相之間不通報，即互不統屬。

　　殷孝祖爲前鋒都督，[1]失夫人情，[2]攸之内撫將士，外諧群帥，[3]衆並安之。時殷孝祖中流矢死，軍主范潛率五百人投賊，[4]人情震駭，並謂攸之宜代孝祖爲統。時建安王休仁屯虎檻，[5]總統衆軍，聞孝祖死，遣寧朔將軍江方興、龍驤將軍劉靈遺各率三千人赴赭圻。[6]攸之以爲孝祖既死，賊有乘勝之心，明日若不更攻，則示之以弱。方興名位相亞，[7]必不爲己下，軍政不一，致敗之由，乃率諸軍主詣方興推重，并慰勉之，方興甚悦。攸之既出，諸軍主並尤之。[8]攸之曰：“卿忘廉藺、寇賈事邪？[9]吾本以濟國活家，豈計此之升降。”明旦進戰，自寅訖午，[10]大破賊於赭圻。

[1]殷孝祖：陳郡長平（今河南西華縣）人。宋明帝時，四方反叛，授撫軍將軍，率軍征討，中流矢死，追封建安縣侯。本書卷三九、《宋書》卷八六有傳。

[2]失夫人情：汲古閣本、殿本同，《宋書》卷七四《沈攸之傳》作“大失人情”。

[3]諧：協調。

[4]軍主：官名。南北朝置，爲一軍之主將。所統兵力自數百人至萬人以上不等，無定員。南朝無固定品階，多以將軍領之。

[5]建安王休仁：劉休仁。宋文帝第十二子。文帝元嘉二十九年（452），立爲建安王。明帝泰始七年（471），賜死。後降封始安縣王。本書卷一四、《宋書》卷七二有傳。建安，郡名。治建安縣，在今福建建甌市。

[6]龍驤將軍：官名。將軍名號。宋三品。　劉靈遺：襄陽（今湖北襄陽市）人。隨建安王劉休仁平晉安王劉子勛，因功封新野縣開國伯。《宋書》卷八四有附傳。　赭圻：城名。在今安徽蕪湖市繁昌區西北赭圻嶺北麓。

[7]名位相亞：官職相似。名位，名號地位，即官職。相亞，相似。

[8]尤：責怪，歸咎。

[9]廉藺：戰國時廉頗、藺相如同爲趙國大臣，藺相如資歷較淺，以功任上卿，居老將廉頗之上。廉頗不滿，後因藺相如善自謙抑，相忍爲國，感動了廉頗，使廉頗負荊請罪，二人遂成“將相和”。事見《史記》卷八一《廉頗藺相如列傳》。　寇賈：寇恂、賈復同爲東漢初將領，寇恂懲治賈復犯法的部將，賈復不滿欲鬭，寇恂忍讓規避。光武帝劉秀當面勸解二人說：“天下未定，兩虎安得私鬭？今日朕分之。”二人遂共車同出，結友而去。事見《後漢書》卷一六《寇恂傳》。

[10]自寅訖午：自寅時至午時。約當今晨三時至午十一時。

　　尋進號輔國將軍，[1]代孝祖督前鋒諸軍事。薛常保等在赭圻食盡，[2]南賊大帥劉胡屯濃湖，[3]以囊盛米繫流查及船腹，[4]陽覆船，[5]順風流下，以餉赭圻。攸之疑其有異，遣人取船及流查，大得囊米，尋剋赭圻。

[1]輔國將軍：官名。將軍名號，掌征伐。宋三品。

[2]薛常保：《宋書》卷七四《沈攸之傳》、《資治通鑑》卷一三一《宋紀十三》均作"薛常寶"。

[3]劉胡：本名坳胡，南陽涅陽（今河南鄧州市）人。出身郡將，後附鄧琬反叛，兵敗被殺。本書卷四〇、《宋書》卷八四有附傳。　濃湖：湖名。在今安徽蕪湖市繁昌區西，已堙。

[4]流查：木筏。查，通"槎"。

[5]陽：表面，假裝。

遷寧蠻校尉、雍州刺史，[1]加都督。[2]袁顗復率大衆來入鵲尾，[3]相持既久，軍主張興世越鵲尾上據錢溪，[4]劉胡自攻之。攸之率諸將攻濃湖。錢溪信至大破賊，攸之悉以錢溪所送胡軍耳鼻示之。顗駭懼，急追胡還。攸之諸軍悉力進攻，多所斬獲，胡於是棄衆而奔，顗亦奔走。赭圻、濃湖之平也，賊軍委棄資財，珍貨山積，諸軍各競收斂，唯攸之、張興世約勒所部，不犯毫芥，[5]諸將以此多之。攸之進平尋陽，遷中領軍，[6]封貞陽縣公。[7]時劉遵考爲光祿大夫，[8]攸之在御坐謂遵考曰："形陋之人今何如？"帝問之，攸之依實對，帝大笑。

[1]寧蠻校尉：官名。掌管雍州蠻事務。領兵，立府於襄陽。多由刺史或其他將軍兼任。若單作，則減刺史或將軍一階。宋四品。

[2]加都督：《宋書》卷七四《沈攸之傳》作"督雍梁南北秦四州郢州之竟陵諸軍事"。

[3]袁顗（yǐ）：字國章（《宋書》作"景章"），陳郡陽夏（今河南太康縣）人。本書卷二六有附傳，《宋書》卷八四有傳。

鵲尾：地名。今安徽銅陵市、蕪湖市繁昌區之間長江中，有鵲洲。鵲頭爲銅陵市北鵲頭山，鵲尾爲蕪湖市繁昌區東北，西對無爲市，爲江流險要處。

[4]張興世：字文德，竟陵竟陵（今湖北潛江市）人。本書卷二五、《宋書》卷五〇有傳。　錢溪：水名。又稱梅根渚，即今安徽池州市貴池區東北長江支流梅埂河。

[5]毫芥：極細微的事物。

[6]中領軍：官名。掌京師諸軍及禁軍。職與領軍同，資重者爲領軍，資輕者爲中領軍。宋三品。

[7]貞陽縣公：封爵名。《宋書·沈攸之傳》載“食邑二千户”。貞陽，縣名。治所在今廣東英德市東南瀜江北。

[8]光禄大夫：官名。屬光禄勳。養老疾，無職事。多用於贈官或加官。宋三品。

累遷郢州刺史，[1]爲政刻暴，或鞭士大夫。上佐以下有忤意，[2]輒面加詈辱。[3]而曉達吏事，自强不息，士庶畏憚，人莫敢欺。聞有猛獸，輒自圍捕，往無不得，一日或得兩三。若逼暮不禽，則宿昔圍守。賦斂嚴苦，[4]徵發無度，繕修船舸，營造器甲。自至夏口，[5]便有異圖。進監豫、司之二郡軍事，[6]進號鎮軍將軍。

[1]郢州：州名。治夏口城，在今湖北武漢市武昌區。

[2]忤意：違背心意。

[3]詈（lì）：責罵。

[4]賦斂：徵收賦税。

[5]夏口：城名。在今湖北武漢市武昌區。

[6]進監豫、司之二郡軍事：《宋書》卷七四《沈攸之傳》作“進監豫州之西陽、司州之義陽二郡軍事”。

泰豫元年,[1]明帝崩,攸之與蔡興宗並在外蕃,[2]同預顧命。會巴西人李承明反,蜀土搔擾。時荆州刺史建平王景素被徵,[3]新除荆州刺史蔡興宗未之鎮,乃遣攸之權行荆州事。[4]會承明已平,乃以攸之爲鎮西將軍、荆州刺史,[5]加都督。聚斂兵力,養馬至二千餘疋,皆分賦邏將士,[6]使耕田而食。廩財悉充倉儲。荆州作部歲送數千人仗,[7]攸之割留之,簿上云"供討四山蠻"。[8]裝戰艦數百千艘,沈之靈溪裏,[9]錢帛器械巨積。漸懷不臣之心,朝廷制度無所遵奉。富貴擬於王者,夜中諸廂廊然燭達旦,後房服珠玉者數百人,皆一時絕貌。

[1]泰豫:南朝宋明帝劉彧年號(472)。

[2]蔡興宗:濟陽考城(今河南民權縣)人,蔡廓子。本書卷二九、《宋書》卷五七有附傳。

[3]荆州:州名。治江陵縣,在今湖北荆州市荆州區。 建平王景素:劉景素。宋文帝第七子劉宏之子,嗣其父爲建平王。本書卷一四、《宋書》卷七二有附傳。建平,郡名。治巫縣,在今重慶巫山縣。

[4]權:官制術語。指代理、兼攝官職。

[5]鎮西將軍:官名。四鎮將軍之一,多持節都督出鎮方面。宋三品。

[6]皆分賦邏將士:《南齊書》卷一《高帝紀上》作"皆分賦戍邏將士",馬宗霍《南史校證》云:"戍邏者,謂戍守巡邏之將士也。《南史》傳寫誤奪,當據補。"(第622頁)

[7]作部:製作兵器的部門。《資治通鑑》卷一三九《齊紀五》齊明帝建武元年胡三省注:"諸州各有作部,主造器仗。"

[8]四山蠻：爲豫州蠻的一支。四山，當在今河南光山縣境。詳見《魏書》卷六一、《北史》卷三七《田益宗傳》。

[9]靈溪：水名。在今湖北荆州市荆州區東長江北岸。《資治通鑑》卷一一三《晉紀三十五》安帝元興三年胡三省注引《水經注》云："江水自江陵縣南，東逕燕尾洲，北合靈溪水。江、溪之會有靈溪戍，背阿面江，西帶靈溪。"

江州刺史桂陽王休範密有異志，[1]欲以微旨動攸之，使道士陳公昭作天公書一函，[2]題言沈丞相，[3]送攸之門者。攸之不開書，推撿得公昭，[4]送之朝廷。後廢帝元徽二年，[5]休範舉兵襲都，攸之謂僚佐曰："桂陽今逼朝廷，必聲言吾與之同，若不顛沛勤王，必增朝野之惑。"於是遣使受郢州刺史晉熙王燮節度。[6]會休範平，使乃還。進號征西大將軍、開府儀同三司，[7]固讓開府。攸之自擅閫外，[8]朝廷疑憚之，累欲徵入，慮不受命，乃止。

[1]桂陽王休範：劉休範。宋文帝第十八子。本書卷一四、《宋書》卷七九有傳。桂陽王，封爵名。即桂陽郡王。桂陽，郡名。治郴縣，在今湖南郴州市。

[2]天公書：表達天意的符書。天公，天帝。　函：書的封套。一套書叫一函。

[3]沈丞相：沈攸之不是丞相，此隱喻他順天意附和劉休範，可爲丞相。

[4]推撿：審問追查。

[5]後廢帝：南朝宋後廢帝劉昱。字德融，宋明帝長子。本書卷三、《宋書》卷九有紀。

[6]晋熙王燮：劉燮。字仲綏，宋明帝第六子。明帝泰始六年（470），繼宋文帝第九子劉昶，襲爵晋熙王。本書卷一四、《宋書》卷七二有附傳。晋熙王，王爵名。即晋熙郡王。晋熙，郡名。治懷寧縣，在今安徽潛山市。

[7]征西大將軍：官名。將軍名號，位在四征將軍之上，多授與統兵出鎮在外都督數州諸軍事者。宋二品。

[8]閫（kǔn）外：與朝廷相對而言，指外任將領管轄的區域。

　　四年，建平王景素據京城反，攸之復應朝廷，景素尋平。時有臺直閤高道慶家在江陵，[1]攸之初至州，道慶在家，牒其親戚十餘人，[2]求州從事西曹，攸之爲用三人。道慶大怒，自入州取教毀之而去。[3]道慶素便馬，[4]攸之與宴飲於聽事前，合馬槊，[5]道慶槊中攸之馬鞍，怒索刃槊，[6]道慶馳馬而出。還都説攸之反狀，請三千人襲之。朝議慮其事難濟，高帝又保持不許。楊運長等常相疑畏，[7]乃與道慶密遣刺客齎廢帝手詔，[8]以金餅賜攸之，州府佐吏進其階級。[9]時有象三頭至江陵城北數里，攸之自出格殺之，忽有流矢集攸之馬鄣泥，[10]其後刺客事發。廢帝既殞，順帝即位，[11]加攸之車騎大將軍、開府儀同三司。[12]齊高帝遣攸之子司徒左長史元琰齎廢帝刳斮之具以示之，[13]攸之曰：“吾寧爲王陵死，不作賈充生。”尚未得即起兵，乃上表稱慶，并與齊高帝書推功。

[1]高道慶：宋後廢帝朝佞臣，曾任驍騎將軍等職，封樂安縣男。後廢帝元徽四年（476）下獄處死。本書卷四〇、《宋書》卷

八三有附傳。

[2]牒：古代授官的文書。此指列名於簡書。

[3]教：教令，古代上對下的告諭。此指沈攸之任用屬吏的刺史命令文書。

[4]便馬：善於騎馬，嫻於騎術。

[5]馬矟：在馬上使用的長矛。

[6]怒索刃矟：《南齊書》卷一《高帝紀上》作"攸之怒，索刃矟"，馬宗霍《南史校證》言攸之二字"似不當删"（第623頁）。

[7]楊運長：宣城懷安（今安徽寧國市）人。深受宋明帝信任，執朝中權要。後廢帝時封南城縣子。順帝時欲響應沈攸之反叛，被誅。本書卷七七有附傳，《宋書》卷九四有傳。

[8]齎：攜帶。

[9]其：汲古閣本同，殿本作"二"，《宋書》卷七四《沈攸之傳》作"其"。

[10]鄣泥：墊在馬鞍下，垂於馬腹兩側，用以遮擋塵土。

[11]順帝：南朝宋順帝劉準。字仲謨，小字智觀，宋明帝第三子。本書卷三、《宋書》卷一〇有紀。

[12]車騎大將軍：官名。重號將軍之一，多加於權臣元老，以示尊崇。宋一品。

[13]司徒左長史：官名。司徒府僚屬。位在右長史上，與右長史並爲司徒府幕僚長，總管府内諸曹，管理州郡農桑、户籍及官吏考課。宋六品。 刳（kū）斲（zhuó）之具：以酷刑殺人的器具。刳，剖開，挖空。斲，刀斧砍。

攸之有素書十數行，[1]常韜在兩襠角，[2]云是宋明帝與己約誓。又皇太后使至，賜攸之燭十挺，割之得太后手令，曰"國家之事，一以委公"。明日，遂舉兵。其妾崔氏、許氏諫曰："官年已老，那不爲百口作計。"攸之指兩襠角示之。

[1]素書：信函。

[2]韜：隱藏。　兩襠：《南齊書》卷一《高帝紀上》、《資治通鑑》卷一三四《宋紀十六》順帝昇明元年均作"裲襠"，馬宗霍《南史校證》云："《廣韻》十一唐襠下云'兩襠衣'。《釋名·釋衣服》云：'裲襠，其一當胸，其一當背也。'據此，則'裲襠'字古本作'兩當'，後人加衣旁耳。《通鑑》卷一三四亦采此文，胡三省注：'《博雅》曰：裲襠謂之袙腹。'今按'袙腹'《釋名》作'帕腹'，云'橫帕其腹也'，則與'裲襠'異制，疑非一物。"（第623頁）

攸之素畜士馬，資用豐積，至是戰士十萬，鐵馬三千。[1]將發江陵，使沙門釋僧粲筮之，[2]云："不至都，當自郢州回還。"意甚不悦。初發江津，[3]有氣狀如塵霧從西北來，正蓋軍上。齊高帝遣衆軍西討，攸之盡鋭攻郢州，行事柳世隆屢破之。[4]昇明二年，還向江陵，未至，城已爲雍州刺史張敬兒所據，[5]無所歸，乃與第三子中書侍郎文和至華容之鱶頭林，[6]投州吏家。此吏嘗爲攸之所鞭，待攸之甚厚，不以往罰爲怨，殺犹薦食。[7]既而村人欲取之，攸之於櫟林與文和俱自經死，[8]村人斬首送之都。或割其腹，心有五竅。征西主簿苟昭先以家財葬攸之。[9]

[1]鐵馬：披有全套鎧甲的戰馬。此指人、馬都披鎧的重裝騎兵。　三千：《宋書》卷七四《沈攸之傳》作"二千"。

[2]沙門：又稱桑門、娑門，原爲古印度婆羅門各派思潮出家

者的通稱，佛教興起後，遂成爲佛教僧侶的專稱。《後漢紀》卷一〇《明帝紀下》："沙門者，漢言息心，蓋息意去欲而歸於無爲也。"　筮：占卜。

[3]江津：成所名。一名奉城。在今湖北荆州市沙市東南。

[4]柳世隆：字彦緒，河東解（今山西臨猗縣）人，柳元景之姪。本書卷三八有附傳，《南齊書》卷二四有傳。

[5]張敬兒：南陽冠軍（今河南鄧州市）人。以騎射多力從軍，屢立戰功，官至鎮西將軍，封襄陽郡公。入南齊爲元老重臣，齊武帝時遭疑忌被殺。本書卷四五、《南齊書》卷二五有傳。

[6]中書侍郎：官名。中書省次官。自擬詔、出令之權歸中書舍人後，侍郎遂成爲職閑官清之職，爲諸王起家官。如中書監、令缺，可主持中書省工作。　華容：縣名。治所在今湖北監利市北。

[7]独（tún）：同"豚"。小猪。

[8]自經：自縊，上吊自殺。

[9]征西主簿：官名。即征西將軍府主簿。

攸之晚好讀書，手不釋卷，《史》《漢》事多所記憶。常歎曰："早知窮達有命，恨不十年讀書。"及攻郢城，夜嘗風浪，米船沈没。倉曹參軍崔靈鳳女先適柳世隆子，[1]攸之正色謂曰："當令軍糧要急，[2]而卿不以在意，由與城内婚姻邪。"靈鳳答曰："樂廣有言，下官豈以五男易一女。"[3]攸之懌然意解。[4]

[1]倉曹參軍：官名。倉曹之長，諸公、軍府皆置，主倉穀事。適：女子出嫁。

[2]當令：汲古閣本、殿本皆作"當今"。按，底本誤。

[3]樂廣有言，下官豈以五男易一女：樂廣，南陽淯陽（今河南南陽市）人。成都王司馬穎是其女婿，八王之亂時，長沙王司馬

又責難樂廣，廣説："廣豈以五男易一女。" 意謂不會爲了婚姻關係而犧牲掉全家。《晋書》卷四三有傳。

[4]懽：同"歡"。汲古閣本同，殿本作"歡"，《宋書》卷七四《沈攸之傳》作"歡"。

攸之招集才力之士，隨郡人雙泰貞有幹力，[1]召不肯來。攸之遣二十人被甲追之，泰貞射殺數人，欲過家將母去，事迫不獲，單身走入蠻。追者既失之，録其母去。[2]泰貞既失母，乃自歸，攸之不罪，曰："此孝子也。" 賜錢一萬，轉補隊主，其抑情待士如此。[3]

[1]隨郡：郡名。治隨縣，在今湖北隨州市。　雙泰貞：汲古閣本同，殿本作"雙泰真"，《宋書》卷七四《沈攸之傳》作"雙泰真"。　幹力：體力。

[2]録：逮捕。

[3]其抑情待士如此：《宋書·沈攸之傳》作"其矯情任算皆如此"。

初，攸之賤時，與吳郡孫超之、全景文共乘一小船出都，[1]三人共上引埭，[2]有一人止而相之，曰："君三人皆當至方伯。"[3]攸之曰："豈有是事。" 相者曰："不驗，便是相書誤耳。" 後攸之爲郢、荆三州，[4]超之廣州刺史，景文南豫州刺史。[5]景文字弘達，齊永明中，卒於光禄大夫。

[1]孫超之：一作"孫超"。宋明帝初，因功封羅縣開國侯。後廢帝時被誅殺。　全景文：字弘達，吳郡（今江蘇蘇州市）人。

宋孝武帝時以功封漢水侯，任積射將軍。明帝時參與討平薛索兒與劉胡，封爲孝寧縣侯。入齊官至光禄大夫。《南齊書》卷二九有附傳。

[2]引埭（dài）：連接土壩和河流堤岸之處。埭，用土堵水，即土壩。古時在水淺不利行船處，築一土壩堵水，中留航道，兩岸立轉軸，用人力或畜力將船牽引過去。

[3]方伯：先秦時期指一方諸侯之長。後泛稱地方長官。

[4]郢、荊三州：《宋書》卷七四《沈攸之傳》作“郢、荊二州”。按，底本誤，應據《宋書》改。

[5]南豫州：州名。治歷陽縣，在今安徽和縣。

攸之初至郢州，有順流之志，府主簿宗儼之勸攻郢城。[1]功曹臧寅以爲攻守勢異，[2]非旬日所拔，[3]若不時舉，挫鋭損威，攸之不從。既敗，諸將帥皆奔散，或呼寅俱亡。寅曰：“我委質事人，豈可幸其成而責其敗。”[4]乃投水死。又倉曹參軍金城邊榮爲府録事所辱，[5]攸之爲榮鞭殺録事。攸之自江陵下，以榮爲留府司馬守城。張敬兒將至，人或説之使詣敬兒降。榮曰：“受沈公厚恩，一朝緩急，便改易本心，不能也。”城敗見敬兒，敬兒問曰：“邊公何爲同人作賊，不早來。”榮曰：“沈荊州舉義兵，匡社稷，身雖可滅，要是宋世忠臣。天下尚有直言之士，不可謂之爲賊。身本不蘄生，[6]何須見問。”敬兒曰：“死何難。”命斬之，榮歡笑而去，容無異色。太山程邕之者，[7]素依隨榮，至是抱持榮謂敬兒曰：“君入人國，不聞仁惠之聲，而先戮義士，三楚之人，[8]寧蹈江、漢而死，[9]豈肯與將軍同日以生。”敬兒曰："求死甚易，何爲不許。" 先殺邕之然後及榮，三軍莫不垂泣，曰："奈何一日殺二義士。" 比之臧洪及陳容。[10]

[1]主簿：官名。南朝時公府及州郡官府均置，典領文書簿籍，經辦事務，品秩隨府主地位高下而異。

[2]功曹：官名。即功曹史。郡縣、將軍府皆置，職掌人事、選舉，並參與政務。　臧寅：人名。一作臧黃，東莞莒（今山東莒縣）人，臧燾的重孫子，曾任尚書主客郎。事見《宋書》卷七四《沈攸之傳》。

[3]旬日：十天。或指較短的時日。

[4]我委質事人，豈可幸其成而責其敗：《宋書·沈攸之傳》作"我委質事人，豈可苟免。我之不負公，猶公之不負朝廷也"。委質，人臣事君之禮。《史記》卷六七《仲尼弟子列傳》："子路後儒服委質。" 司馬貞索隱："服虔注《左氏》云：'古者始仕，必先書其名於策，委死之質於君，然後爲臣，示必死節於其君也。'"魏晉南北朝時，門生故吏與府主之間也有一種類似君臣的依附關係。

[5]金城：郡名。治金城縣，在今甘肅蘭州市。

[6]蘄（qí）：通"祈"。求。

[7]太山：郡名。即泰山。治奉高縣，在今山東泰安市東北。

[8]三楚：秦、漢時分戰國楚地爲三楚。其說有二：《史記》卷一二九《貨殖列傳》："自淮北沛、陳、汝南、南郡，此西楚也……彭城以東，東海、吳、廣陵，此東楚也……衡山、九江、江南、豫章、長沙，是南楚也。"《漢書》卷一上《高帝紀上》顏師古注引孟康云："舊名江陵爲南楚，吳爲東楚，彭城爲西楚。"

[9]江、漢：並水名。即長江及其北岸支流漢江。

[10]臧洪：廣陵射陽（今江蘇寶應縣）人。東漢末任廣陵太

守張超功曹。曾主持東方各地方大員反對董卓的盟誓，後任東郡太守，因反對袁紹兵敗被殺。《三國志》卷七有傳。　陳容：爲臧洪同鄉，追隨之任東郡丞。袁紹殺臧洪時，陳容挺身而出，言："今日寧與臧洪同日而死，不與將軍同日而生。"亦被殺。其事見《三國志·魏書·臧洪傳》。

廢帝之殞，攸之欲起兵，問知星人葛珂之。[1]珂之曰："起兵皆候太白，[2]太白見則成，伏則敗。[3]昔桂陽以太白伏時舉兵，[4]一戰授首，[5]此近世明驗。今蕭公廢昏立明，正逢太白伏時，此與天合也。且太白尋出東方利用兵，西方不利。"故攸之止不下。及後舉兵，珂之又曰："今歲星守南斗，[6]其國不可伐。"攸之不從，果敗。

[1]知星人：通曉星象之學的人。古人迷信，認爲可依天上星體明、暗、薄、蝕及運行軌道的變化來占驗人事的吉凶。

[2]太白：星名。即金星。一名啓明星。古代認爲太白星主殺伐，喻兵戎。

[3]伏：隱匿未現。

[4]桂陽：指桂陽王劉休範。

[5]授首：被殺。

[6]歲星：星名。即木星。因其歲行一次，十二歲而星行一周天，古代用以紀年，故稱歲星。《史記·天官書》言，有歲星所在星宿，其國不可征戰。　南斗：星名。南斗六星，即斗宿，二十八宿之一。按，古代天文學説把天上星宿的位置與地面上州、國的位置相對應，稱分野。古人迷信，以天象比附地域的吉凶，所以此處認爲建康所在的揚州或吳地不可征伐。

攸之表檄文疏，皆其記室南陽宗儼之辭也，[1]事敗責之，答曰：“士爲知己，豈爲君輩所識。”遂伏誅。

[1]南陽：郡名。治宛縣，在今河南南陽市。

攸之景和中與齊高帝同直殿省，[1]申以歡好，帝以長女義興憲公主妻攸之第三子文和，生二女，並養之宮中，恩禮甚厚，及嫁皆得素舊，公家營遣焉。齊武帝制以攸之弟雍之孫僧昭爲義興公主後。[2]

[1]殿省：宮廷與臺省。
[2]齊武帝：蕭賾。字宣遠。廟號世祖。本書卷四、《南齊書》卷三有紀。

僧昭別名法朗，少事天師道士，常以甲子及甲午日，夜著黃巾衣褐醮於私室。[1]時記人吉凶，頗有應驗。自云爲太山録事，幽司中有所收録，[2]必僧昭署名。中年爲山陰縣。[3]

[1]醮：道士爲禳除灾祟而設壇祈禱。
[2]幽司：陰司。陰間的官府。
[3]山陰：縣名。治所在今浙江紹興市。

梁武陵王紀爲會稽太守，[1]宴坐池亭，蛙鳴聒耳。[2]王曰：“殊廢絲竹之聽。”[3]僧昭呪厭十許口便息。及日晚，王又曰：“欲其復鳴。”僧昭曰：“王歡已闌，今恣汝鳴。"即便喧聒。又嘗校獵，中道而還，左右問其故，答曰："國家有邊事，須還處分。"問何以知之，曰："向聞南山虎嘯知耳。"俄而使至。復謂人曰："吾昔爲幽司所使，實爲煩碎，今已自解。"乃開匣出黃紙書，上有一大字，字不可識。曰："教分判如此。"及太清初，[4]謂親知曰："明年海内喪亂，生靈十不一存。"乃苦求東歸。既不獲許，及亂，百口皆殲。僧昭位廷尉卿，[5]太清三年卒。

[1]武陵王紀：蕭紀。字世詢，梁武帝第八子。本書卷五三、《梁書》卷五五有傳。武陵，郡名。治臨沅縣，在今湖南常德市。

[2]聒耳：嘈雜刺耳。

[3]絲竹：樂器。

[4]太清：南朝梁武帝蕭衍年號（547—549）。

[5]廷尉卿：官名。掌審獄定刑名，決疑案。梁十一班。

宗愨字元幹，南陽涅陽人也。[1]叔父少文高尚不仕，[2]愨年少，問其所志，愨答曰："願乘長風破萬里浪。"[3]少文曰："汝若不富貴，必破我門户。"兄泌娶妻，始入門夜被劫，愨年十四，挺身與劫相拒，十餘人皆披散，不得入室。時天下無事，士人並以文義爲業，少文既高尚，諸子群從皆愛好墳典，[4]而愨任氣好武，故不爲鄉曲所知。[5]

[1]涅陽：縣名。治所在今河南鄧州市東北。

[2]少文：宗炳。字少文。屢却官不就，優游山水，妙善琴書。

本書卷七五、《宋書》卷九三有傳。

[3]乘長風破萬里浪：比喻人志向遠大，不畏艱險，奮勇向前。"乘風破浪""宗愨長風"等典故即源出於此。

[4]墳典：三墳五典的簡稱。泛指古籍、古書。

[5]鄉曲：原指偏僻的鄉野，此引申爲鄉親、同鄉。

江夏王義恭爲征北將軍、南兗州刺史，[1]愨隨鎮廣陵。時從兄綺爲征北府主簿，[2]與愨同住，綺妾與給吏牛泰私通，[3]綺入直，[4]而泰潛來就綺妾。愨知之，入殺牛泰然後白綺。義恭壯其意，不罪也。後以輔國上軍將軍。[5]

[1]征北將軍：官名。四征將軍之一。宋三品。　南兗州：州名。東晉僑立兗州，宋時改爲南兗州，初治京口，在今江蘇鎮江市。宋文帝元嘉八年（431）移治廣陵縣，在今江蘇揚州市西北蜀岡上。

[2]綺：宗綺。宗炳次子，事不詳。

[3]給吏：供官員差遣的胥吏，社會地位不高。

[4]入直：亦作入值。值班供職。古代大臣入宮或僚屬到長官衙門辦公，都稱入直。

[5]後以輔國上軍將軍：《建康實録》卷一二："爲江夏國上將軍，十五年不改職，至是始大知名。"

元嘉二十二年，伐林邑，[1]愨自奮願行，義恭舉愨有膽勇，乃除振武將軍，[2]爲安西參軍蕭景憲軍副。[3]隨交州刺史檀和之圍區粟城。[4]林邑遣將范毗沙達來救區粟，和之遣偏軍拒之，[5]爲賊所敗。又遣愨，愨乃分軍爲數道，偃旗潛進討破之，仍攻拔區粟，入象浦。[6]林邑王范陽邁傾國來逆，[7]以具裝被象，[8]前後無際。愨以爲外國有師子威服百獸，乃製其形與象相禦，象果驚奔，衆因此潰亂，遂剋林邑。收其珍異，皆是未名之寶，其餘雜物不可稱計。愨一毫無犯，唯有被梳枕刷，此外蕭然。文帝甚嘉之。

[1]元嘉二十二年，伐林邑：本書卷七八《林邑國傳》，《宋書》卷五《文帝紀》、卷九七《林邑國傳》，《資治通鑑》卷一二四《宋紀六》皆載宋文帝元嘉二十三年（446），伐林邑。林邑，古國名。又稱占城、占婆、占波。都城在今越南廣南省維川縣南茶橋。

[2]振武將軍：官名。與建武、奮武、揚武、廣武將軍合稱五武將軍。宋四品。

[3]安西參軍：官名。即安西將軍府參軍事。協助治理府事，參謀軍務，亦率兵出征。　蕭景憲：曾在宋文帝、孝武帝時兩度出任交州刺史。事見本書《林邑國傳》及《宋書·林邑國傳》。　軍副：副將。

[4]交州：州名。治龍編縣，在今越南北寧省仙游縣東。　檀和之：高平金鄉（今山東嘉祥縣）人，檀憑之之子。因功封雲杜縣子。事見本書《林邑國傳》及《宋書·林邑國傳》。　區粟：地名。在今越南平治天省廣治西北石杆河與甘露河合流處。

[5]偏軍：主力之外的部分軍隊。

[6]象浦：縣名。漢代名象林，在今越南廣南省濰川縣南茶橋，以境內象水，宋改稱象浦。時屬林邑國。

[7]范陽邁：亦作范楊邁。林邑王，本名范咄。宋初襲爲王，以父名爲名，仍稱陽邁。事見本書《林邑國傳》及《宋書·林邑國傳》。

[8]具裝被象：指象身裝備全副鎧甲。被，同“披”。覆蓋。

三十年，孝武伐逆，以愨爲南中郎諮議參軍，[1]領中兵。及事平，功次柳元景。

[1]南中郎諮議參軍：官名。即南中郎將府諮議參軍。掌顧問諫議，在列曹參軍上。

孝武即位，以爲左衛將軍，[1]封洮陽侯。[2]孝建中，累遷豫州刺史，監五州諸軍事。先是鄉人庾業家富豪侈，[3]侯服玉食。與賓客相對，膳必方丈，[4]而爲愨設粟飯菜葅。[5]謂客曰：“宗軍人串噉麤食。”[6]愨致飽而退，初無異辭。至是業爲愨長史，帶梁郡，[7]愨待之甚厚，不以昔事爲嫌。

[1]左衛將軍：官名。爲禁衛軍主要統帥之一，權任很重，多由皇帝親信擔任。領宿衛營兵，侍直殿內。宋四品。丁福林《宋書校議》據《宋書》卷七七《沈慶之傳》、卷六《孝武帝紀》、卷七七《柳元景傳》，《資治通鑑》卷一二七考證，時柳元景任左衛將軍，宗愨任右衛將軍。此“左衛”乃“右衛”之訛。

[2]洮陽侯：封爵名。即洮陽縣侯。洮陽，縣名。治所在今廣西全州縣西北。

[3]庾業：曾任豫章太守、太常卿等職，後參與宋明帝與晉安王劉子勛爭位之戰，兵敗被殺。事見《宋書》卷八四《孔覬傳》。

[4]膳必方丈：擺列一丈見方的飯食。極言肴饌之豐盛。

[5]粟飯：糙米飯。　菜葅：腌菜，醬菜。

[6]串：《宋書》卷七六《宗愨傳》作“慣”。

[7]帶：官制術語。帶其官號、俸祿而不理其事。南北朝時一些中央官員兼任地方郡守、縣令，但不理事，主要是爲取得其禄

秩，稱帶，是皇帝的一種恩賜。　　梁郡：郡名。治下邑縣，在今安徽碭山縣。

大明三年，竟陵王誕據廣陵反，慤表求赴討，乘驛詣都，面受節度。上停輿慰勉，慤聳躍數十，[1]左右顧眄，[2]上壯之。及行，隸車騎大將軍沈慶之。初，誕誑其衆云：“宗慤助我。”及慤至，躍馬繞城呼曰：“我宗慤也。”事平，入爲左衛將軍。

[1]聳躍：踊躍。
[2]顧眄：回頭看。

五年，從獵墮馬脚折，不堪朝直，以爲光禄大夫，加金章紫綬。有佳牛堪進御，官買不肯賣，坐免官。明年復先職。

廢帝即位，爲寧蠻校尉、雍州刺史，加都督。卒，贈征西將軍，謚曰肅侯，配食孝武廟庭。[1]子羅雲，卒，子元寶嗣。

[1]配食：即配享，祔祭。此指功臣祔祀於帝王宗廟。

慤從子夬字明揚，[1]祖少文，名列《隱逸傳》。父繁，西中郎諮議參軍。[2]

[1]明揚：《梁書》卷一九《宗夬傳》作“明敭”。錢大昕《廿二史考異》卷二六云：“蓋取‘夬揚於王庭’之義。”

[2]西中郎諮議參軍：官名。即西中郎將府諮議參軍。

央少勤學，有局幹，仕齊爲驃騎行參軍。[1]時竟陵王子良集學士於西邸，[2]並見圖畫，央亦預焉。齊鬱林之爲南郡王，[3]居西州，[4]使央管書記，以筆札貞正見許，故任焉。時與魏和通，敕央與尚書殿中郎任昉同接魏使，[5]皆時選也。及文惠太子薨，[6]王爲皇太孫，央仍管書記。

[1]驃騎行參軍：官名。即驃騎將軍府行參軍。

[2]竟陵王子良：蕭子良。字雲英，齊武帝次子。本書卷四四、《南齊書》卷四〇有傳。　西邸：蕭子良別邸，在雞籠山（今江蘇南京市雞鳴山），是蕭子良與諸文士講經説佛、文酒賞會之所。

[3]鬱林：鬱林王蕭昭業。字元尚，小字法身，文惠太子蕭長懋長子。因文惠太子早逝，故其由太孫繼位，後被廢，改稱鬱林王。本書卷五、《南齊書》卷四有紀。　南郡王：蕭昭業即位前封爵。南郡，郡名。治江陵縣，在今湖北荆州市荆州區。

[4]西州：西州城。亦爲諸王宅第集中之處，建有城防設施，爲建康城西重要的軍事據點。因在都城建康之西，故名。當在今江蘇南京市秦淮區朝天宮東、運瀆故道西岸一帶。

[5]尚書殿中郎：官名。尚書省諸曹郎之一，屬尚書左僕射。掌殿中曹，常擬詔書，多用文學之士。　任昉：字彦升，小字阿堆，樂安博昌（今山東博興縣）人。本書卷五九、《梁書》卷一四有傳。

[6]文惠太子：蕭長懋。字雲喬，齊武帝長子。初封南郡王，中軍將軍，置府，鎮石頭戍，尋轉征北將軍。武帝即位，立爲太子，未繼皇位而早卒。本書卷四四、《南齊書》卷二一有傳。

太孫即位，[1]多失德，夬頗自忠貞不渝疏，得爲秣陵令，[2]遷尚書都官郎。[3]少帝見誅，[4]舊寵多被其災，唯夬與傅昭以清正免。齊明帝以爲郢州中從事，[5]以父老去官。南康王爲荆州刺史，[6]引爲別駕。[7]

[1]太孫：即鬱林王蕭昭業。

[2]秣陵：縣名。治所在今江蘇南京市中華門外故報恩寺附近。

[3]尚書都官郎：官名。尚書省都官曹長官。職掌刑事，亦佐督軍旅。

[4]少帝：此指南朝齊海陵王蕭昭文。字季尚，齊文惠太子次子。本書卷五、《南齊書》卷五有紀。

[5]齊明帝：蕭鸞。字景栖，小字玄度，始安貞王蕭道生子也。本書卷五、《南齊書》卷六有紀。

[6]南康王：封爵名。此指南康郡王蕭績。字世謹，梁武帝第四子。本書卷五三、《梁書》卷二九有傳。南康，郡名。治贛縣，在今江西贛州市西南。

[7]別駕：官名。即別駕從事、別駕從事史。州部佐吏，主吏員選舉。

梁武帝起兵，遷西中郎諮議。時西土位望，唯夬與同郡樂藹、劉坦爲州人所推服，[1]故領軍蕭穎胄深相委仗。[2]武帝受禪，歷太子右衛率，[3]五兵尚書，[4]參掌大選。天監三年卒。[5]子曜卿。[6]

[1]樂藹：字蔚遠，南陽淯陽（今河南南陽市）人。本書卷五六、《梁書》卷一九有傳。　劉坦：字德度，南陽涅陽（今河南鄧州市）人。本書卷五〇有附傳，《梁書》卷一九有傳。

[2]蕭穎冑：字雲長，齊高帝兄蕭赤斧之子。本書卷四一、《南齊書》卷三八有附傳。

[3]太子右衛率：官名。掌宿衛東宮，亦任征伐，位在左衛率下。

[4]五兵尚書：官名。三國魏始置，掌中兵、外兵、騎兵、別兵、都兵五曹，故稱五兵尚書。南朝宋、齊時祇領中兵、外兵兩曹。

[5]天監：南朝梁武帝蕭衍年號（502—519）。

[6]子曜卿：汲古閣本同，殿本作"子曜卿嗣"。

論曰：沈慶之以武毅之姿，屬殷憂之日，[1]驅馳戎旅，所在見推。其戡難定功，[2]蓋亦宋之方、邵。[3]及勤王之業克舉，台鼎之位已隆，[4]年致懸車，[5]宦成名立，[6]而卒至顛覆，倚伏豈易知也。諸子才氣，並有高風，將門有將，斯言得矣。攸之地處上流，聲稱義舉，專威擅命，年且逾十。終從諸葛之甍，[7]代德其有數乎。宗愨氣槩風雲，竟成其志；吳喜蹈履清正，用升顯級，亦各志能之士也。

[1]殷憂：深深的憂慮。

[2]戡難：平定禍亂。

[3]方：方叔。周宣王時大臣。先後領兵征伐玁狁和楚國，取得勝利。《詩·小雅·采芑》："方叔涖止，其車三千，師干之試。"

邵：召穆公。名虎，周宣王時大臣。淮夷不服，宣王命召虎領兵出征，取得勝利。《詩·大雅·江漢》："王命召虎，式辟四方。"

[4]台鼎之位：三公、宰輔之位。

[5]懸車：借指七十歲，古稀之年。

[6]宦：汲古閣本、殿本作"官"。

[7]諸葛：此指前文所言"知星人葛珂之"。

南史　卷三八

列傳第二十八

柳元景 元景弟子世隆　世隆子惔　惔弟憚　憚子偃　偃子盼
憚弟澄　澄弟忱　世隆從弟慶遠　慶遠子津　津子仲禮　敬禮

　　柳元景字孝仁，河東解人也。[1]高祖純，位平陽太守，[2]不拜。[3]曾祖卓，自本郡遷於襄陽，[4]官至汝南太守。[5]祖恬，西河太守。[6]父憑，馮翊太守。[7]

　　[1]河東：郡名。治安邑縣，在今山西夏縣西北。　解：縣名。治所在今山西臨猗縣西南。

　　[2]平陽：郡名。治平陽縣，在今山西臨汾市西南。

　　[3]不拜：不接受任命。

　　[4]襄陽：郡名。治襄陽縣，在今湖北襄陽市。

　　[5]官：殿本同，汲古閣本作“宮”。按，底本不誤。　汝南：郡名。治懸瓠城，在今河南汝南縣。

　　[6]西河：郡名。治兹氏縣，在今山西汾陽市。

　　[7]馮翊：郡名。治臨晉縣，在今陝西大荔縣。

　　元景少便弓馬，數隨父伐蠻，以勇稱。寡言語，有器質，[1]荆州刺史謝晦聞其名，[2]要之，[3]未及往而晦敗。雍州刺史劉道産深愛其能，[4]會荆州刺史江夏王義恭復召之，[5]道産謂曰：“久規相屈。[6]今貴王有召，難輒相留，乖意以爲罔罔。”[7]服闋，[8]累遷義恭司徒太尉城局參軍。[9]文帝見又知之。[10]

[1]器質：資質，品格才識。

[2]荆州：州名。治江陵縣，在今湖北荆州市荆州區。　謝晦：字宣明，陳郡陽夏（今河南太康縣）人。初爲建威府中兵參軍。入宋，封武昌縣公。與徐羨之、傅亮廢少帝，迎立文帝。文帝後誅殺徐羨之，謝晦兵敗被殺。本書卷一九、《宋書》卷四四有傳。

[3]要：通“邀”。邀請。

[4]雍州：州名。僑置。治襄陽縣，在今湖北襄陽市。　劉道産：彭城呂（今江蘇徐州市銅山區）人。初爲輔國參軍，無錫令。宋文帝元嘉初年，任巴西、梓潼二郡太守，後遷雍州刺史，進號輔國將軍。本書卷一七有附傳，《宋書》卷六五有傳。

[5]江夏王義恭：劉義恭。宋武帝第五子。太子劉劭殺文帝，義恭投武陵王劉駿，擁其即位，進太傅。後與柳元景謀廢前廢帝，事敗被殺。本書卷一三、《宋書》卷六一有傳。江夏王，封爵名。即江夏郡王。江夏，郡名。治夏口城，在今湖北武漢市武昌區。

[6]久規相屈：《册府元龜》卷六八七作“久欲見屈”。

[7]乖意：違背意願。　罔罔：心神不寧的樣子。

[8]服闋：喪服滿期。

[9]司徒太尉城局參軍：官名。司徒太尉府僚屬。城局（賊曹）長官，掌盜賊勞作事。宋七品。按，劉義恭於宋文帝元嘉十七年（440）爲司徒，二十一年（444）進太尉，領司徒。

[10]文帝：南朝宋文帝劉義隆。小字車兒，宋武帝第三子。本

書卷二、《宋書》卷五有紀。　　知之：《宋書・柳元景傳》作“嘉之”。

　　先是，劉道産在雍州有惠化，遠蠻歸懷皆出，緣沔爲村落，[1]户口殷盛。及道産死，群蠻大爲寇暴。孝武西鎮襄陽，[2]義恭薦元景，乃以爲武威將軍、隨郡太守。[3]及至，廣設方略，斬獲數百，郡境肅然。

　　[1]緣沔：沿着沔水的地方。沔，水名。即今漢江及其北源陝西留壩縣西沮水，流經今湖北西北部，在今武漢市入長江。

　　[2]孝武：宋孝武帝劉駿。字休龍，小字道民，宋文帝第三子。時任寧蠻校尉、雍州刺史，駐襄陽。本書卷二、《宋書》卷六有紀。

　　[3]武威將軍：《宋書》卷七七《柳元景傳》作“廣威將軍”，《南齊書》卷二四《柳世隆傳》云：“帝謂元景曰：‘卿昔以虎威之號爲隨郡，今復以授世隆，使卿門世不絶公也。’”本書避唐高祖李淵祖父李虎諱改“虎威”爲“武威”。　　隨郡：郡名。治隨縣，在今湖北隨州市。

　　隨王誕鎮襄陽，[1]元景徙爲後軍中兵參軍。[2]及朝廷大舉北侵，使諸鎮各出軍。二十七年八月，[3]誕遣尹顯祖出貲谷，[4]魯方平、薛安都、龐法起入盧氏，[5]田義仁出魯陽，[6]加元景建威將軍，[7]總統軍帥。[8]

　　[1]隨王誕：劉誕。字休文，宋文帝第六子。初封廣陵王，改封隨郡王，復改封竟陵王。本書卷一四、《宋書》卷七九有傳。

　　[2]後軍中兵參軍：官名。即後軍將軍府中兵參軍。掌府中兵曹事務。

[3]二十七年：宋文帝元嘉二十七年（450）。

[4]貲谷：地名。在今河南盧氏縣南。

[5]魯方平、薛安都、龐法起入盧氏：《宋書·柳元景傳》作"奮武將軍魯方平、建武將軍薛安都、略陽太守龐法起入盧氏"。魯方平，宋孝武帝時任西陽太守，參與劉義宣、臧質反叛集團。事見《宋書》卷七四《臧質傳》。薛安都，字休達，河東汾陰（今山西萬榮縣）人。初仕北魏，後降宋，從武陵王劉駿爲將。劉駿即位，爲左軍將軍。明帝即位，擁立晉安王子勛，兵敗降北魏。本書卷四〇、《宋書》卷八八、《魏書》卷六一、《北史》卷三九有傳。龐法起，宋孝武帝時在臧質手下任將，後捲入反叛朝廷之戰，失敗被殺。事見《宋書》卷六八《南郡王義宣傳》。盧氏，縣名。治所在今河南盧氏縣。

[6]田義仁出魯陽：《宋書·柳元景傳》作"廣威將軍田義仁入魯陽"。魯陽，縣名。治所在今河南魯山縣。

[7]建威將軍：官名。南朝宋時爲五威將軍之一。宋四品。

[8]軍帥：《宋書·柳元景傳》作"群帥"，馬宗霍《南史校證》疑作"群"是（湖南教育出版社2008年版，第628頁）。

　　後軍外兵參軍龐季明，[1]三秦冠族，[2]求入長安，[3]招懷關、陝，[4]乃自貲谷入盧氏。盧氏人趙難納之。元景率軍係進，[5]以前鋒深入，懸軍無繼，馳遣尹顯祖入盧氏，以爲諸軍聲援。元景以軍食不足，難可曠日相持，乃束馬懸車，[6]引軍上百丈崖，[7]出溫谷以入盧氏。[8]法起諸軍進次方伯堆，[9]去弘農城五里。[10]元景引軍度熊耳山，[11]安都頓軍弘農。法起進據潼關，[12]季明率方平、趙難諸軍向陝。[13]十一月，元景率衆至弘農，營於關方口。[14]仍以元景爲弘農太守。

［1］後軍外兵參軍：官名。即後軍將軍府外兵參軍。外兵參軍，亦稱外兵參軍事。軍府僚屬之一，掌本府外兵曹事務，兼備參謀咨詢。品位隨府主地位高低不同。

［2］三秦：秦之，項羽三分關中，稱三秦。封章邯爲雍王，領咸陽以西；司馬欣爲塞王，領咸陽以東；董翳爲翟王，領陝西北部。後以“三秦”泛指關中地。　冠族：顯貴的豪門世族。

［3］長安：古城名。在今陝西西安市西北。

［4］關、陝：地區名。指今陝西和河南西部地區。陝西古名關中，豫西有陝縣，故稱。

［5］係進：《宋書》卷七七《柳元景傳》作“繼進”。

［6］束馬懸車：包裹馬足，挂牢車輛，以防滑跌傾覆。形容上山路險難行。束，纏束。懸，懸鈎。

［7］百丈崖：地名。在今河南盧氏縣南。

［8］温谷：地名。在今河南盧氏縣南，百丈崖北。

［9］方伯堆：地名。在今河南靈寶市西南。

［10］弘農：郡名。治弘農縣，在今河南靈寶市北。

［11］熊耳山：山名。在今河南盧氏縣東南。

［12］潼關：關隘名。在今陝西潼關縣東北黄河南岸。

［13］向陝：《宋書·柳元景傳》作“向陝西七里谷”。

［14］關方口：《宋書·柳元景傳》、《太平御覽》卷三五七引孫嚴《宋書》均作“開方口”。

初，安都留住弘農而諸軍已進陝。元景既到，謂安都曰：“卿無坐守空城，而令龐公孤軍深入，宜急進軍。”衆軍並造陝下，列營以逼之，並大造攻具。

魏城臨河爲固，恃險自守。季明、安都、方平、顯祖、趙難諸軍頻三攻未拔，安都、方平各列陣於城東南以待之。魏兵大合，輕騎挑戰，安都瞋目横矛，單騎突陣，四向奮擊，左右皆辟易，[1]殺傷不可勝數，於是衆軍並鼓譟俱前。[2]魏多縱突騎，衆軍患之。安都怒甚，乃脱兜鍪，[3]解所帶鎧，[4]唯著絳衲兩當衫，[5]馬亦去具裝，[6]馳入賊陣。猛氣咆勃，所向無前，當其鋒者無不應刃而倒。如是者數四。[7]每入，衆無不披靡。

[1]辟易：避退。

[2]譟：同“噪”。

[3]兜鍪：古代戰士戴的頭盔，秦漢前多稱冑。

[4]鎧：盔甲名。指穿在身上的甲衣，多指金屬材料所製者。

[5]絳衲兩當衫：以深紅色背帶聯綴在一起的短袖甲衣。絳，深紅色。衲，補綴，粗縫。兩當衫，也作“裲襠衫”。《釋名》：“裲襠，其一當胸，其一當背也。”短袖半臂，形似今背心，衹是肩上用帶子將前後兩片甲衣相聯。

[6]具裝：馬的鎧甲，馬衣。時盛行重裝騎兵，戰馬也以鎧甲保護，稱鐵騎。

[7]數四：多次。

魏軍之將至也，方平遣驛騎告元景。[1]時諸軍糧盡，各餘數日食。元景方督義租并上驢馬以爲糧運之計，[2]遣軍副柳元怙簡步騎二千以赴陝急，[3]卷甲兼行，[4]一宿而至。詰朝，[5]魏軍又出，列陣於城外。方平諸軍並成列，安都并領馬軍，方平悉勒步卒左右掎角之，餘諸義軍方於城西南列陣。[6]方平謂安都曰：“今勍敵在前，[7]堅城在後，是吾取死之日。卿若不進，我當斬卿，我若不進，卿當斬我也。”安都曰：“卿言是也。”遂合戰。安都不堪其憤，橫矛直前，殺傷者甚多。流血凝肘。矛折，易之復入，副譚金率騎從而奔之。[8]自詰旦戰至日晏，魏軍大潰，面縛軍門者二千餘人。諸將欲盡殺之，元景以爲不可，乃悉釋而遣之。皆稱萬歲而去。

[1]驛騎：乘馬傳送軍情公文的人。

[2]義租：向民間徵收的額外租糧。

[3]簡：選拔，選擇。

[4]卷甲：此指輕裝前進。

[5]詰朝：次日早晨。

[6]餘諸義軍方於城西南列陣：《宋書》卷七七《柳元景傳》“方”作“並”。

[7]勍（qíng）敵：强勁之敵。

[8]副：《宋書·柳元景傳》作“軍副”。

　　時北略諸軍王玄謨等敗退，[1]魏軍深入。文帝以元景不宜獨進，且令班師。諸軍乃自狐關度白楊嶺出于長洲，[2]安都斷後，宋越副之。[3]法起自潼關向商城，[4]與元景會，季明亦從胡谷南歸，並有功而入。誕登城望之，以鞍下馬迎元景。

[1]王玄謨：字彥德，太原祁（今山西祁縣）人。初爲徐州從事史，後歷汝陰、彭城太守。屢請北伐，後爲魏所敗。隨宋孝武帝討劉劭，與柳元景平南郡王劉義宣反叛。官至車騎將軍、南豫州刺史。本書卷一六、《宋書》卷七六有傳。

[2]狐關：《宋書》卷七七《柳元景傳》作“湖關”。　洲：汲古閣本、殿本作“州”。

[3]宋越：《宋書·柳元景傳》作“宗越”。按，本書卷四〇、

《宋書》卷八三本傳皆作"宗越"，底本誤，應據改。宗越，南陽葉（今河南葉縣）人。宋孝武帝時，曾參與平定臧質、劉義宣等人叛亂，以功封築陽縣子。後又從沈慶之討竟陵王劉誕，前廢帝時，深受寵信。明帝即位後欲謀反，事泄被殺。本書卷四〇、《宋書》卷八三有傳。

〔4〕商城：縣名。治所在今陝西商洛市商州區東南。

　　時魯爽向虎牢，[1]復使元景率安都等北出，爽退乃遷。[2]再出北侵，[3]威信著於境外。

〔1〕魯爽：小名女生，扶風郿（今陝西眉縣）人。初仕魏，後歸宋。率軍北伐，至虎牢，失利退還。後隨劉義宣起兵反叛，兵敗被殺。本書卷四〇、《宋書》卷七四有傳。　虎牢：關隘名。在今河南滎陽市汜水鎮，歷代爲兵家必爭之地。

〔2〕乃遷：殿本《考證》云："遷當係還字之訛。"《宋書》卷七七《柳元景傳》作"復還"。

〔3〕侵：《宋書·柳元景傳》作"討"。

　　孝武入討元凶，[1]以爲諮議參軍，[2]配萬人爲前鋒，宗愨、薛安都等十三軍皆隸焉。[3]時義軍船乘小陋，慮水戰不敵。至蕪湖，[4]元景大喜，倍道兼行至新亭，[5]依山建壘栅，[6]東西據險。令軍中曰："鼓繁氣易衰，叫數力易竭，[7]但各銜枚疾戰，一聽吾營鼓音。"元景察賊衰竭，[8]乃命開壘鼓譟以奔之，賊衆大潰。劭更率餘衆自來攻壘，復大破之，劭僅以身免。上至新亭即位，以元景爲侍中，[9]領左衛將軍，[10]尋轉寧蠻校尉、雍州刺史，[11]監雍梁南北秦四州荆之竟陵隨二郡諸軍事。[12]始上在巴口，[13]問元景：“事平何所欲。”對曰：“願還鄉里。”故有此授。

[1]元凶：劉劭。宋文帝長子。弑文帝自立，兵敗被殺。本書卷一四、《宋書》卷九九有傳。

[2]諮議參軍：官名。王公府、州軍府皆置爲僚屬。掌顧問諫議，位在列曹參軍上。

[3]宗慤（què）：字元幹，南陽涅陽（今河南鄧州市）人。初隨江夏王劉義恭鎮廣陵。後隨孝武帝討伐劉劭，以功進左衛將軍，封洮陽侯。本書卷三七、《宋書》卷七六有傳。

[4]蕪湖：縣名。治所在今安徽蕪湖市。

[5]新亭：地名。在今江蘇南京市西南，地近江濱，依山建城壘，爲當時軍事和交通重地。

[6]壘栅：營寨。

[7]叫數：屢次叫喊。

[8]察：殿本同，汲古閣本作“容”。

[9]侍中：官名。門下省長官。可出入殿省，入宫議政，兼統宫廷内侍諸署。掌侍從皇帝，出納王命，諫静得失。宋三品。

[10]左衛將軍：官名。爲禁衛軍主要統帥之一，權任很重，多由皇帝親信擔任。領宿衛營兵，直侍殿内。宋四品。

[11]寧蠻校尉：官名。東晋安帝時置，南朝沿置。掌管雍州地區少數民族事務。領兵，設府於襄陽，有長史、司馬等屬官。常由雍州刺史兼任。齊、梁時寧蠻府轄有郡縣。宋四品。

[12]梁：州名。治南鄭縣，在今陝西漢中市東。　南北秦：二州名。即南秦州與北秦州。南秦州，治仇池縣，在今甘肅西和縣西南。北秦州，治安陽縣，在今甘肅秦安縣東北。　竟陵：郡名。治石城，在今湖北鍾祥市。

[13]巴口：地名。在今湖北黄岡市黄州區東南，即巴河入長江

之口。

　　初，臧質起義，[1]以南譙王義宣闇弱易制，[2]欲相推奉，[3]潛報元景，使率所領西還。[4]元景即以質書呈孝武。語其信曰："臧冠軍當是未知殿下義舉耳，[5]方應伐逆，不容西還。"質以此恨之。及元景爲雍州，質慮其爲荆州後患，[6]稱爪牙不宜遠出。[7]上重違其言，[8]更以元景爲領軍將軍，[9]加散騎常侍，[10]封曲江縣公。[11]

　　[1]臧質：字含文，東莞莒（今山東莒縣）人。初爲中軍行參軍，後以功遷雍州刺史。隨南郡王劉義宣起兵，兵敗被殺。本書卷一八有附傳，《宋書》卷七四有傳。

　　[2]南譙王義宣：劉義宣。宋武帝第七子。文帝時初封竟陵王，改封南譙王，孝武帝時又改南郡王。助孝武帝即位，進位丞相。孝武帝孝建元年（454）起兵，兵敗被殺。本書卷一三、《宋書》卷六八有傳。南譙王，即南譙郡王。南譙，郡名。治山桑縣，在今安徽巢湖市東南。

　　[3]欲相推奉：想擁戴（義宣）繼劉劭爲皇帝。

　　[4]西還：率軍西向荆州以助劉義宣聲勢。

　　[5]殿下：漢魏以後對皇子、諸王的尊稱。此指劉駿。

　　[6]荆州後患：《宋書》卷七七《柳元景傳》作"荆、江後患"。

　　[7]稱爪牙不宜遠出：《宋書·柳元景傳》作"建議爪牙不宜遠出"。爪牙，喻勇武衛士。亦比喻國家武臣。

　　[8]重違：難違。

　　[9]領軍將軍：官名。掌禁衛軍及京都諸軍，禁軍的最高統帥。宋三品。

　　[10]散騎常侍：官名。散騎省（集書省）長官。掌侍從皇帝左右，獻納得失，主掌圖書文翰、文章、撰述、諫諍拾遺，收納轉

呈文書奏事。宋三品。

[11]曲江縣公：封爵名。《宋書·柳元景傳》載“食邑三千
户”。曲江，縣名。治所在今廣東韶關市東南。縣公，即開國縣公。
食邑爲縣，位在開國郡公下。

　　孝建元年正月，[1]魯爽反，遣左衛將軍王玄謨討之。
加元景撫軍將軍，[2]假節置佐，係玄謨。[3]後以爲領南蠻
校尉、雍州刺史，加都督。[4]

[1]孝建：南朝宋孝武帝劉駿年號（454—456）。

[2]撫軍將軍：官名。南朝宋與中軍、鎮軍將軍位比四鎮將軍。
齊時位四征將軍之上。宋三品。

[3]係：繼續，接續。

[4]後以爲領南蠻校尉、雍州刺史，加都督：《宋書》卷七七
《柳元景傳》作“復以爲都督雍梁南北秦四州荆州之竟陵隨二郡諸
軍事、撫軍將軍、領寧蠻校尉、雍州刺史，持節如故”。南蠻校尉，
官名。主管荆、江二州少數民族事務，其職多由地位較高的將軍兼
領，且多兼任荆州刺史或都督周圍數州諸軍事。宋四品。

　　臧質、義宣並反，王玄謨南據梁山，[1]垣護之、薛
安都度據歷陽，[2]元景出屯採石。[3]玄謨求益兵，[4]上使
元景進屯姑熟。[5]元景悉遣精兵助王玄謨，以羸弱居
守。[6]所遣軍多張旗幟，梁山望之如數萬人，皆謂都下
兵悉至，由是尅捷。與沈慶之俱以本號加開府儀同三
司，[7]改封晋安郡公。[8]固讓開府。復爲領軍、太子詹
事，[9]加侍中。

[1]梁山：山名。又名博望山、天門山，在今安徽和縣、蕪湖市之間。在和縣者爲西梁山，在蕪湖市者爲東梁山，隔江對峙，形勢險要，爲六朝時兵家必爭之地。

[2]垣護之：字彦宗，略陽桓道（今甘肅隴西縣）人。曾隨王玄謨伐魏，有功領濟北太守。參與平定劉義宣叛亂，封益陽縣侯。後又平竟陵王劉誕叛亂，遷豫州刺史。本書卷二五、《宋書》卷五〇有傳。　歷陽：縣名。治所在今安徽和縣。

[3]採石：地名。亦作"采石"，原名牛渚磯，三國吴時更名采石磯。在今安徽馬鞍山市長江東岸，爲牛渚山突出長江而成，江面較狹，形勢險要，自古爲江防重地。

[4]玄謨求益兵：《宋書》卷七七《柳元景傳》作"玄謨聞賊盛，遣司馬管法濟求益兵"。

[5]姑熟：城名。又名南洲。東晉、南朝歷爲豫州、南豫州治所，在今安徽當塗縣。

[6]羸弱：瘦弱。

[7]沈慶之：字弘先，吴興武康（今浙江德清縣）人。隨宋孝武帝討伐劉劭有功，封南昌縣公。後又平定豫州刺史魯爽、竟陵王劉誕叛亂，封始興郡公。官至太尉，爲前廢帝所殺。本書卷三七、《宋書》卷七七有傳。　開府儀同三司：官名。三國魏始置，爲大臣加號，意謂與三司即太尉、司徒、司空禮制、待遇相同，許開設府署，自辟僚屬。

[8]晋安郡公：封爵名。晋安，郡名。治候官縣，在今福建福州市。郡公，即開國郡公。食邑爲郡，位在開國縣公上。

[9]太子詹事：官名。領東宫庶務，並負輔翼教導太子之責，地位極重。宋三品。

大明三年，[1]爲尚書令，[2]太子詹事、侍中、中正如故。[3]以封在嶺南，[4]改封巴東郡公。[5]又命左光禄大夫、開府儀同三司,[6]侍中、中正如故。[7]又讓開府。乃與沈慶之俱依晉密陵侯鄭袤不受司空故事。[8]

[1]大明：南朝宋孝武帝劉駿年號（457—464）。

[2]尚書令：官名。尚書省長官。綜理全國政務，爲高級政務長官，參議大政，實權如宰相。如録尚書缺，則兼有宰相之名義。宋三品。

[3]中正：官名。即大中正。負責評定士族内部品第的官員。三國魏時在郡中正之上設州大中正，核實郡中正所報的士族品、狀。出任州大中正者例須本州内二品以上士族高門，許多家族世代相襲此官職。按，《宋書》卷七七《柳元景傳》在“復爲領軍、太子詹事，加侍中”後有“尋轉驃騎將軍、本州大中正”一句，本書無，使此“中正如故”略顯突兀。

[4]嶺南：指五嶺以南地區。

[5]巴東：郡名。治魚復縣，在今重慶奉節縣東白帝城。

[6]左光禄大夫：官名。作爲在朝顯職的加官，以示優崇。或授予年老有病者爲致仕之官，亦常用作卒後贈官，無職掌。其禮遇與特進同。以爲加官者，唯授章綬、禄賜、班位而已，不别給車服、吏卒。宋二品。

[7]侍中、中正如故：《宋書·柳元景傳》作“侍中、令、中正如故”。

[8]鄭袤：滎陽開封（今河南開封市）人。晉武帝開國，進爵密陵侯，任官司空。苦辭，乃以侯就第，拜儀同三司，置舍人官騎。《晉書》卷四四有傳。　故事：先例，舊日的典章制度。

　　六年，進司空,[1]侍中、中書令、中正如故。[2]又固讓。乃授侍中、驃騎大將軍、南兖州刺史,[3]留衛都下。[4]

[1]司空：官名。三公之一。爲名譽宰相，多爲大臣加官，無實際職掌。宋一品。

[2]中書令：按上文記載，此應爲“尚書令”。

[3]驃騎大將軍：官名。多用以加賜元老重臣，以示尊崇。宋一品。《宋書》卷七七《柳元景傳》作“驃騎將軍”。馬宗霍《南史校證》疑《宋書》是，“《南史》下文云‘侍中、將軍如故’，亦無‘大’字，又其本證”（第629頁）。　南兗州：州名。僑置。東晉僑立兗州，宋時改爲南兗州，初治京口，在今江蘇鎮江市。宋文帝元嘉八年（431）移治廣陵縣，在今江蘇揚州市西北蜀岡上。

[4]都下：京都、京城。《宋書·柳元景傳》作“京師”。

　　孝武晏駕，[1]與太宰江夏王義恭、尚書僕射顏師伯並受遺詔輔幼主，[2]遷尚書令，領丹陽尹，[3]侍中、將軍如故。加開府儀同三司，給班劍二十人。[4]固辭班劍。

[1]晏駕：車駕晚出。古代稱帝王死亡的諱辭。

[2]太宰：官名。西晉置太師、太傅、太保三上公，後因避司馬師諱，改太師爲太宰，居上公之首。常與太傅、太保並掌朝政，爲宰相之任。東晉、南朝作贈官，多用以安置元老勳舊大臣，名義尊榮，無職掌。宋一品。　尚書僕射：官名。尚書省次官。或單置，或並置左、右，輔助尚書令執行政務，參議大政，諫諍得失，監察糾彈百官，可封還詔旨，常受命主管官吏選舉。宋三品。丁福林《宋書校議》云：“今考本書《顏師伯傳》……時師伯所任乃尚書右僕射，非尚書僕射……此於‘尚書’後乃佚‘右’字。”　顏師伯：字長淵，本書避唐高祖李淵諱作“長深”，琅邪臨沂（今山東臨沂市）人。初爲輔國行參軍，後從劉駿爲徐州主簿。及劉駿即位，爲侍中，累遷吏部尚書、尚書右僕射。後與柳元景謀廢前廢帝，事泄被殺。本書卷三四有附傳，《宋書》卷七七有傳。

[3]丹陽尹：官名。京師所在丹陽郡長官，掌京城行政諸務並詔獄，地位頗重。宋三品。丹陽，治建康縣，在今江蘇南京市。

[4]班劍：漢制朝服帶劍，晋朝代之以木，謂之班劍。因其爲虎賁所持，故晋以後成爲隨從侍衛之代稱，且成爲皇帝對功臣的恩賜，可隨身進入宫殿。所賜人數自百二十人至十人不等。

　　元景少時貧苦，嘗下都至大雷，[1]日暮寒甚，頗有羈旅之歎。岸側有一老父自稱善相，謂元景曰：“君方大富貴，位至三公。”元景以爲戲之，曰：“人生免飢寒幸甚，豈望富貴。”老父曰：“後當相憶。”[2]及貴求之，[3]不知所在。

[1]大雷：地名。在今安徽望江縣。
[2]後當相憶：殿本同，汲古閣本“憶”前有“公”字。
[3]及貴求之：殿本同，汲古閣本無“及”字。

　　元景起自將率，[1]及當朝，理務雖非所長，而有弘雅之美。時在朝勳要多事產業，[2]惟元景獨無所營。南岸有數十畝菜園，守園人賣菜得錢三萬，[3]送還宅。元景怒曰：“我立此園種菜，以供家中啖耳，乃復賣以取錢，奪百姓之利邪。”以錢乞守園人。

[1]將率：殿本同，汲古閣本作“將軍”。
[2]勳：殿本同，汲古閣本作“廷”。
[3]三萬：《宋書》卷七七《柳元景傳》作“二萬”，《太平御覽》卷四二五引沈約《宋書》作“三萬”。

孝武嚴暴無常，元景雖荷寵遇，恒慮及禍。太宰江夏王義恭及諸大臣莫不重足屏氣，[1]未嘗敢私相往來。孝武崩，義恭、元景等並相謂曰："今日始免橫死。"義恭與義陽等諸王，[2]元景與顏師伯等常相馳逐，[3]聲樂酣飲，以夜繼晝。前廢帝少有凶德，[4]内不能平，殺戴法興後，[5]悖情轉露，義恭、元景憂懼，[6]乃與師伯等謀廢帝立義恭，持疑未決。發覺，帝親率宿衛兵自出討之，稱詔召元景。左右奔告，兵刃非常。[7]元景知禍至，整朝服乘車，應召出門。逢弟車騎司馬叔仁戎服，[8]左右壯士數十人，[9]欲拒命。元景苦禁之。及出巷，軍士大至，下車受戮，容色恬然。[10]

[1]重足屏氣：謂畏懼之甚。重足，疊足不前。

[2]義陽：義陽王劉昶。宋文帝第九子。初封義陽王。北魏文成帝和平六年（465）因懼禍奔魏，任侍中，封丹陽王。本書卷一四、《宋書》卷七二、《魏書》卷五九、《北史》卷二九有傳。義陽，郡名。治平陽縣，在今河南信陽市。

[3]馳逐：馳獵禽獸。

[4]前廢帝：南朝宋前廢帝劉子業。小字法師，宋孝武帝長子。繼孝武帝即帝位，性凶殘。本書卷二、《宋書》卷七有紀。

[5]戴法興：會稽山陰（今浙江紹興市）人。寒門出身，初爲宋孝武帝所重。前廢帝即位，民間有稱其爲"真天子"，爲前廢帝所忌，免官賜死。本書卷七七、《宋書》卷九四有傳。

[6]懼：殿本同，汲古閣本作"人"。

[7]兵刃非常：攜帶的兵器與平日不同。

[8]車騎司馬：官名。即車騎將軍府司馬。時豫章王劉子尚爲車騎將軍、揚州刺史。

[9]十：殿本同，汲古閣本作“千”。

[10]下車受戮，容色恬然：按，《宋書》卷七七《柳元景傳》
載“時年六十”。

長子慶宗有幹力，[1]而情性不倫，孝武使元景送還
襄陽，於道賜死。次子嗣宗、紹宗、茂宗、孝宗、文
宗、仲宗、成宗、秀宗至是並遇禍。[2]元景六弟：僧景、
僧珍、叔宗、叔政、叔珍、叔仁。僧珍、叔仁及子姪在
都下、襄陽死者數十人。元景少子承宗、嗣宗子薯並在
孕獲全。[3]明帝即位，[4]贈太尉，[5]給班劍三十人，羽葆、
鼓吹一部，[6]謚曰忠烈公。

[1]幹力：體力、氣力。

[2]茂宗：《宋書》卷七七《柳元景傳》作“共宗”。　秀宗：
《宋書·柳元景傳》作“季宗”。

[3]嗣宗子薯：《宋書·柳元景傳》作“嗣宗子篡”。

[4]明帝：南朝宋明帝劉彧。字休炳，小字榮期，宋文帝第十
一子。初封淮陽王，後改封湘東王。前廢帝死後，自立爲帝。本書
卷三、《宋書》卷八有紀。

[5]太尉：官名。位三公之首，爲名譽宰相，多爲大臣加官，
無實際職掌。宋一品。

[6]羽葆：官員的儀仗。以鳥羽注於柄頭如蓋，諸王及重要大
臣有功則賜，大臣喪，亦或賜，以示尊崇。

元景從父兄元怙，大明末同晉安王子勛逆，[1]事敗
歸降。元景從祖弟光世留鄉里，仕魏爲河北太守，[2]封
西陵男，[3]與司徒崔浩親。[4]浩被誅，光世南奔。明帝

時，位右衛將軍、順陽太守。[5]子欣慰謀反，光世賜死。

[1]晉安王子勛：劉子勛。字孝德，宋孝武帝第三子。孝武帝死，何邁迎立子勛，前廢帝誅何邁。明帝泰始二年（466）鄧琬奉子勛稱帝，改元義嘉，兵敗被殺。本書卷一四、《宋書》卷八〇有傳。

[2]河北：郡名。北魏時治大陽縣，在今山西平陸縣西南。

[3]西陵男：封爵名。西陵，縣名。治所在今湖北武漢市新洲區西。

[4]崔浩：字伯淵，清河東武城（今河北清河縣）人。出身於北方士族。仕北魏，官至司徒，參與軍國機謀。後因修史獲罪被殺。《魏書》卷三五有傳，《北史》卷二一有附傳。

[5]右衛將軍：官名。禁衛軍主要統帥之一。南朝後期，此職亦統兵出征。宋四品。　順陽：郡名。治南鄉縣，在今河南淅川縣南。

　　世隆字彦緒，元景弟子也。父叔宗字雙驎，位建威參軍事，早卒。[1]

[1]父叔宗字雙驎，位建威參軍事，早卒：馬宗霍《南史校證》云：“按《通鑑》卷一三〇載宋前廢帝殺柳元景，並其八子六弟及諸侄，叔宗正在六弟之列。但《南史》元景本傳於諸弟從死者止提僧珍、叔仁之名而無叔宗，此又云早卒，似叔宗未遇景和之禍，疑當俟考。”（第630頁）建威參軍事，官名。即建威將軍府參軍。

　　世隆幼孤，挺然自立，不與眾同。雖門勢子弟，[1]

獨脩布衣之業。及長，好讀書，折節彈琴，[2]涉獵文史，音吐温潤。[3]元景愛賞，異於諸子，言於宋孝武，得召見。帝謂元景曰："此兒將來復是三公一人。"爲西陽王撫軍法曹行參軍，[4]出爲武威將軍、上庸太守。[5]帝謂元景曰："卿昔以武威之號爲隨郡，[6]今復以授世隆，使卿門世不乏公也。"[7]

[1]門勢：高門勢家。

[2]折節：改變原有的志趣。

[3]音吐：談吐。

[4]西陽王：劉子尚。宋孝武帝第二子。字孝師，初封西陽王，後改封豫章王。孝武帝大明三年（459），分浙江西立王畿，以浙江東爲揚州，以子尚爲刺史，加都督。本書卷一四、《宋書》卷八〇有傳。西陽，郡名。治西陽縣，在今湖北黄岡市黄州區東。 撫軍法曹行參軍：官名。即撫軍將軍府法曹行參軍，掌司法事。撫軍，即撫軍將軍。南朝時爲榮譽加號。

[5]上庸：郡名。治上庸縣，在今湖北竹山縣西南。

[6]卿昔以武威之號爲隨郡：宋文帝時，柳元景曾加武威將軍之號任隨郡太守。

[7]使卿門世不乏公也：《南齊書》卷二四《柳世隆傳》"乏"作"絶"。

元景爲前廢帝所殺，世隆以在遠得免。太始初，四方反叛，[1]世隆於上庸起兵以應宋明帝，爲孔道存所敗，[2]眾散逃隱，[3]道存購之甚急。軍人有貌相似者，斬送之。時世隆母郭、妻閻並見繫襄陽獄，道存以所送首示之。母見首悲情小歇，而妻閻號叫方甚，竊謂郭曰：

"今見不悲，爲人所覺，唯當大慟以滅之。"世隆竟以免。

[1]太始初，四方反叛：《南齊書》卷二四《柳世隆傳》作"泰始初，諸州反叛"。宋明帝非孝武之子，登位後，孝武帝子晋安王劉子勛起兵，在尋陽即位，改元義嘉，徐州、冀州、青州等各地刺史、太守紛紛響應。太始，即泰始。南朝宋明帝劉彧年號（465—471）。

[2]孔道存：會稽山陰（今浙江紹興市）人。晋安王子勛建僞號，以爲侍中，行雍州事。事敗見殺。本書卷二七、《宋書》卷五六有附傳。

[3]散：殿本同，汲古閣本作"敗"。

後爲太子洗馬，[1]與張緒、王延之、沈琰爲君子之交。[2]累遷晋熙王安西司馬，[3]加寧朔將軍。[4]時齊武帝爲長史，[5]與世隆相遇甚懽。齊高帝之謀度廣陵也，[6]令武帝率衆同會都下。世隆與長流參軍蕭景先等戒嚴待期，[7]事不行。

[1]太子洗馬：官名。東宮屬官。掌藝文圖書事。宋七品。

[2]張緒：字思曼，吳郡吳（今江蘇蘇州市）人。仕齊，官至吏部尚書，領國子祭酒。本書卷三一有附傳，《南齊書》卷三三有傳。　王延之：字希季，琅邪臨沂（今山東臨沂市）人。歷仕宋、齊。本書卷二四有附傳，《南齊書》卷三二有傳。

[3]晋熙王：封爵名。此指劉燮。宋明帝第六子。泰始六年（470）封爲晋熙王。本書卷一四、《宋書》卷七二有附傳。　安西司馬：官名。即安西將軍府司馬。安西，即安西將軍。與安東、安

南、安北將軍合稱四安將軍。宋三品。

[4]寧朔將軍：官名。西晋時此職多駐幽州，爲幽州地區軍政長官，兼管烏丸事務。宋四品。

[5]齊武帝：蕭賾。字宣遠，齊高帝長子。本書卷四、《南齊書》卷三有紀。　長史：官名。爲屬吏之長，掌管軍府政務。

[6]齊高帝：蕭道成。字紹伯，小字鬭將。本書卷四，《南齊書》卷一、卷二有紀。

[7]長流參軍：官名。主軍府刑獄。　蕭景先：蕭道成從子，道成委以心腹。本書卷四一、《南齊書》卷三八有傳。

　　時朝廷疑憚沈攸之，[1]密爲之防，府州器械，皆有素蓄。武帝將下都，[2]劉懷珍白高帝曰：[3]“夏口是兵衝要地，[4]宜得其人。”高帝納之，與武帝書曰：“汝既入朝，當須文武兼資人，委以後事，世隆其人也。”武帝乃舉世隆自代。轉爲武陵王前軍長史、江夏内史，[5]行郢州事。[6]

[1]沈攸之：字仲達，吳興武康（今浙江德清縣）人。本書卷三七有附傳，《宋書》卷七四有傳。

[2]都：京都。

[3]劉懷珍：字道玉，平原（今山東平原縣）人。歷仕宋齊，齊高帝心腹幹將。本書卷四九、《南齊書》卷二七有傳。

[4]夏口：城名。在今湖北武漢市武昌區。爲軍防要塞。

[5]武陵王：封爵名。此指劉贊。宋明帝第九子。明帝既誅孝武諸子，詔以贊奉孝武爲子，封武陵郡王，加前軍將軍、領郢州刺史。本書卷一四、《宋書》卷八〇有傳。　江夏：郡名。治夏口城，在今湖北武漢市武昌區。

[6]郢州：州名。治夏口城，在今湖北武漢市武昌區。

昇明元年冬，攸之反，[1]遣輔國將軍、中兵參軍孫同等以三萬人爲前驅，[2]又遣司馬冠軍劉攘兵等二萬人次之，[3]又遣輔國將軍、中兵參軍王靈秀等分兵出夏口，[4]據魯山。[5]攸之乘輕舸從數百人先大軍下住白螺洲，[6]坐胡牀以望其軍，[7]有自驕色。既至郢，以郢城弱小不足攻，攸之將去。世隆遣軍於西渚挑戰，[8]攸之果怒，晝夜攻戰。世隆隨宜拒應，衆皆披却。

[1]昇明元年冬，攸之反：《資治通鑑》卷一三四《宋紀十六》順帝昇明元年，“攸之至夏口”同下《考異》云：“沈約《齊紀》：‘十一月，攸之遂謀爲亂。張敬兒遣使詣攸之慶冬，攸之呼使人於密室謂之曰：奉皇太后令，得袁司徒、劉丹陽諸人書，呼我速下；可令雍州知此意……敬兒賀冬使即乘驛白公。十二日壬辰，攸之遣孫同等先發。十七日丁酉，張敬兒使至，十八日戊戌，公率衆入鎮朝堂。閏月十四日癸巳，攸之至夏口。’按是歲宋曆閏十二月庚辰朔，魏曆閏十一月庚戌朔；然則冬至必在十一月晦。攸之對敬兒賀冬使者猶隱秘，豈可十二日已發兵東下乎！又，攸之若十二日已舉兵於江陵，豈可六十餘日始至夏口！又《宋順帝紀》：‘十二月，攸之反。丁卯，齊王入守朝堂。’丁卯乃十二月十八日也。‘閏月癸巳，攸之圍郢城’。《攸之傳》：‘十一月反，十二月十二日，遣孫同等東下，閏月十四日至夏口。’《宋略》：‘十二月，沈攸之作亂。丁卯，蕭道成入屯朝堂。閏月癸巳，攸之師及郢州。’《南齊·高帝紀》：‘十二月，攸之舉兵。乙卯，太祖入居朝堂。’諸書大抵略相符合，惟《齊紀》不同；蓋《齊紀》之誤，今不取。”昇明，南朝宋順帝劉準年號（477—479）。

[2]遣輔國將軍、中兵參軍孫同等以三萬人爲前驅：《南齊書》卷二四《柳世隆傳》作“遣輔國將軍中兵參軍孫同、寧朔將軍中兵參軍武寶、龍驤將軍騎兵參軍朱君拔、寧朔將軍沈惠真、龍驤將

軍騎兵參軍王道起三萬人爲前驅”。輔國將軍，官名。將軍名號。宋三品。中兵參軍，官名。兩晉南北朝諸公、軍府僚屬。職掌本府中兵曹事務，兼備參謀咨詢。其品位隨府主地位高低不等。

[3]又遣司馬冠軍劉攘兵等二萬人次之：《南齊書·柳世隆傳》作“又遣司馬冠軍劉攘兵領寧朔將軍外兵參軍公孫方平、龍驤將軍騎兵參軍朱靈真、沈僧敬、龍驤將軍高茂二萬人次之”。

[4]又遣輔國將軍、中兵參軍王靈秀等分兵出夏口：《南齊書·柳世隆傳》作“又遣輔國將軍王靈秀、丁珍東、寧朔將軍中兵參軍王彌之、寧朔將軍外兵參軍楊景穆二千匹騎分兵出夏口”。王靈秀，歷仕宋、齊，宋時曾爲輔國將軍中兵參軍，齊任南譙太守。

[5]魯山：即魯山城。在漢陽縣，即今湖北武漢市漢陽區東北。

[6]白螺洲：在今湖北監利市東南白螺山旁，爲荆江一大關鑰。

[7]胡牀：可以摺疊的輕便坐具。

[8]西渚：《資治通鑑·宋紀十六》順帝昇明元年胡三省注：“鸚鵡洲之西渚。”

武帝初下，與世隆別，曰：“攸之一旦爲變，雖留攻城，不可卒拔。卿爲其内，我爲其外，乃無憂耳。”至是，武帝遣軍主桓敬、陳胤叔、苟元賓等八軍據西塞，[1]令堅壁以待賊疲。慮世隆危急，遣腹心胡元直潛使入郢城通援軍消息。内外並喜。

[1]陳胤叔：本名承叔，避齊高帝父宣帝蕭承之諱改，會稽餘姚（今浙江餘姚市）人。助蕭道成建齊，以功封當陽縣子。事見《南齊書》卷三〇《戴僧静傳》。　西塞：指西塞驛，在今湖北黃石市東北西塞山邊。

郢城既不可攻，[1]而平西將軍黃回軍至西陽，[2]乘三層艦，作羌胡伎，泝流而進。攸之素失人情，本逼以威力，初發江陵，[3]已有叛者，至此稍多。攸之大怒，於是一人叛，遣十人追，並去不返。劉攘兵射書與世隆請降，開門納之。攸之怒，[4]銜鬚咀之，收攘兵兄子天賜、女壻張平慮斬之。[5]軍旅大散。世隆乃遣軍副劉僧麟緣道追之。[6]

[1]郢城既不可攻：《資治通鑑》卷一三四《宋紀十六》順帝昇明二年云："沈攸之盡銳攻郢城，柳世隆乘間屢破之。蕭賾遣軍主桓敬等八軍據西塞，爲世隆聲援。"

[2]平西將軍：官名。四平將軍之一。多持節都督或監某一地區的軍事，有時亦作爲刺史等地方官員兼理軍務的加官。宋三品。

黃回：竟陵郡（今湖北鍾祥市）人。原爲郡府雜役，因被中書舍人戴明寶賞識，以爲隊主。宋後廢帝時，討桂陽王劉休範、建平王劉景素叛亂有功，封聞喜縣侯，遷右衛將軍。後蕭道成因其不附，上表順帝，被殺。本書卷四〇、《宋書》卷八三有傳。

[3]江陵：縣名。治所在今湖北荆州市荆州區。

[4]攸之怒：此句上《南齊書》卷二四《柳世隆傳》有"攘兵燒營而去，火起乃覺"，《資治通鑑·宋紀十六》順帝昇明二年云："攘兵燒營而去，軍中見火起，爭棄甲走，將帥不能禁。"語意乃明。

[5]張平慮：《南齊書·柳世隆傳》作"張平虜"。

[6]緣道：沿途。

攸之已死，徵爲侍中，[1]仍遷尚書右僕射，[2]封貞陽縣侯。[3]出爲吳郡太守，[4]居母憂，寒不衣絮。齊高帝踐祚，[5]起爲南豫州刺史，[6]加都督，進爵爲公。上手詔司徒褚彦回甚傷美之。[7]彦回曰：“世隆事陛下，在危盡忠，居憂杖而後起，[8]立人之本，二理同極，加榮增寵，足以敦厲風俗。”[9]

[1]侍中：官名。南朝時爲門下省長官。職掌奏事，侍奉皇帝左右，應對顧問等，是中樞要職。宋三品。

[2]尚書右僕射：官名。尚書省次官。或單置，或並置左、右。南朝尚書令爲宰相之任，位尊權重，不親庶務，尚書省由僕射主持，諸曹奏事由左、右僕射審議聯署。右僕射與祠部尚書通職，位左僕射下。宋三品。

[3]貞陽：縣名。治所在今廣東英德市東南滃江北。

[4]吳郡：郡名。治吳縣，在今江蘇蘇州市。

[5]祚：汲古閣本同，殿本作“阼”。

[6]南豫州：州名。治歷陽縣，在今安徽和縣。

[7]手：汲古閣本同，殿本作“子”。　司徒：官名。三公之一。爲名譽宰相，多爲大臣加官。或與丞相、相國並置，加錄尚書事銜者得爲真宰相，其府處理全國日常行政事務。宋一品。　褚彦回：褚淵。字彦回，本書避唐高祖李淵諱而稱字，河南陽翟（今河南禹州市）人。尚宋文帝女南郡獻公主，拜駙馬都尉，除著作佐郎。受明帝遺命與尚書令袁粲輔佐蒼梧王。後助蕭道成代宋建齊，封南康郡公，官至尚書令、司空。本書卷二八、《南齊書》卷二三有傳。

[8]杖：指居喪時手執的喪杖。《禮記·問喪》：“或問曰：杖者以何爲也？曰：孝子喪親，哭泣無數，服勤三年，身病體羸，以杖扶病也。”

[9]足以敦厲風俗：《南齊書》卷二四《柳世隆傳》作“足以厲俗敦風”。

　　建元二年，授右僕射，[1]不拜。性愛涉獵，啓高帝借秘閣書，上給二千卷。三年，出爲南兗州刺史，加都督。武帝即位，加散騎常侍。

　　[1]建元二年，授右僕射：《南齊書》卷二四《柳世隆傳》作“建元二年，進號安南將軍……尋授後將軍、尚書右僕射，不拜”。建元，南朝齊高帝蕭道成年號（479—482）。

　　世隆善卜，別龜甲，價至一萬。永明初，[1]世隆曰：“永明九年我亡，亡後三年丘山崩，齊亦於此季矣。”屏人，命典籤李黨取筆及高齒屐，題簾箔旌曰：[2]“永明十一年。”因流涕謂黨曰：“汝當見，吾不見也。”

　　[1]永明：南朝齊武帝蕭賾年號（483—493）。
　　[2]簾箔旌：《南齊書》卷二四《柳世隆傳》作“州齋壁”。

　　遷護軍，[1]而衛軍王儉脩下官敬甚謹。[2]世隆止之，儉曰：“將軍雖存弘眷，如王典何。”其見重如此。

　　[1]護軍：官名。即護軍將軍。掌督護京師以外諸軍，權任頗重。
　　[2]王儉：字仲寶，琅邪臨沂（今山東臨沂市）人。尚宋明帝陽羨公主，入齊封南昌縣公，長於禮學，參與齊初制度、禮儀制定，官至中書監，卒贈太尉。本書卷二二有附傳，《南齊書》卷二三有傳。

　　性清廉，唯盛事墳典。[1]張緒問曰：“觀君舉措，當以清名遺子孫邪？”答曰：“一身之外，亦復何須。子孫不才，將爲爭府；如其才也，不如一經。”[2]

[1]墳典：古籍。

[2]“答曰”至“不如一經”：馬宗霍《南史校證》云：“按答曰云云，《裴昭明傳》亦有此語。彼以爲裴語，此以爲柳語。《南齊書》裴傳有，本傳無。疑傳聞之詞彼此互見。延壽貪多，初不悟其重出也。”（第 632 頁）

光禄大夫韋祖征州里宿德，[1]世隆雖已貴重，每爲之拜。人或勸祖征止之，答曰：“司馬公所爲，後生楷法，吾豈能止之哉。”

[1]光禄大夫：官名。屬光禄勳。養老疾，無職事。多用於贈官或加官。　韋祖征：京兆杜陵（今陝西西安市長安區）人，韋叡伯父。宋末爲光禄勳。事見本書卷五八、《梁書》卷一二之《韋叡傳》。　宿德：年老有德者。

後授尚書左僕射。[1]湘州蠻動，[2]遣世隆以本官總督伐蠻衆軍，仍爲湘州刺史，加都督。至鎮，以方略討平之。在州立邸興生，[3]爲御史中丞庾杲之所奏。[4]詔不問。

[1]尚書左僕射：官名。尚書令副佐，主持尚書省庶務，並領殿中、主客二曹。位在右僕射之上。

[2]湘州：州名。治臨湘縣，在今湖南長沙市。

[3]在州立邸興生：《南齊書》卷二四《柳世隆傳》作“在州

立邸治生”，此應是避唐高宗李治諱改。指在湘州立私第經營家業。

[4]御史中丞：官名。御史臺長官。掌督察百官，糾彈不法。

　庾杲之：字景行，新野（今河南新野縣）人。齊武帝永明中遷尚書吏部郎。本書卷四九、《南齊書》卷三四有傳。

　　復入爲尚書左僕射，不拜，乃轉尚書令。世隆少立功名，晚專以談義自業。[1]善彈琴，世稱柳公雙璅，爲士品第一。常自云：“馬矟第一，[2]清談第二，彈琴第三。”在朝不干世務，垂簾鼓琴，[3]風韻清遠，甚獲世譽。以疾遜位，拜左光禄大夫、侍中。[4]永明九年卒。詔給東園秘器，[5]贈司空，斑劍二十人，謚曰忠武。

　　[1]談義：指談論事物義理，談經説道。

　　[2]馬矟：馬上所持的長矛。借指武藝。

　　[3]垂簾：指閑居無事。

　　[4]左光禄大夫：官名。作爲在朝顯職的加官，以示優崇。或授予年老有病者爲致仕之官，亦常用爲卒後贈官，無職掌。其禮遇與特進同。以爲加官者，唯授章綬、禄賜、班位而已，不别給車服、吏卒。

　　[5]東園秘器：古代皇室、顯宦死後用的棺材。由東園（屬少府）匠人專製，故名。《漢書》卷九三《董賢傳》：“及至東園秘器，珠襦玉柙，豫以賜賢。”顏師古注引《漢舊儀》：“東園秘器作棺梓，素木長二丈，崇廣四尺。”

　　世隆曉數術，[1]於倪塘創墓，與賓客踐履，十往五往，常坐一處。及卒，墓工圖墓，正取其坐處焉。

[1]數術：術數，指關於天文、曆法、占卜的學問。

所著《龜經秘要》二卷，[1]行於世。

[1]《龜經秘要》二卷：《隋書·經籍志》未載，《新唐書·藝文志三》載柳世隆《龜經》三卷。

長子悦字文殊，少有清致，位中書郎，[1]早卒，謚曰恭。世隆次子憕。

[1]中書郎：官名。南朝時爲中書通事郎或中書侍郎的省稱。隸中書省。

憕字文通，好學工製文，尤曉音律，少與長兄悦齊名。王儉謂人曰：“柳氏二龍，可謂一日千里。”儉爲尚書左僕射，嘗造世隆宅，[1]世隆謂爲詣己，徘徊久之。及至門，唯求悦及憕。遣謂世隆曰：“賢子俱有盛才，一日見顧，今故報禮。若仍相造，似非本意，恐年少窺人。”

[1]造：到，去。

嘗預齊武烽火樓宴，[1]帝善其詩，謂豫章王嶷曰：[2]“憕非徒風韻清爽，亦屬文遒麗。”後爲巴東王子響友，[3]子響爲荆州，憕隨之鎮。子響昵近小人，憕知將爲禍，稱疾還都。及難作以免。[4]

[1]預：參與。

[2]豫章王嶷：蕭嶷。字宣儼。齊高帝第二子。寬仁弘雅，官至大司馬。本書卷四二、《南齊書》卷二二有傳。豫章，郡名。治南昌縣，在今江西南昌市。

[3]巴東王子響：蕭子響。字雲音，齊武帝第四子。初封巴東郡王，出鎮荆州。因擅殺長史，朝廷檢捕，拒命被誅。本書卷四四、《南齊書》卷四〇有傳。　友：官名。王府屬官，掌隨侍左右，拾遺補缺。

[4]以免：汲古閣本同，殿本作“竟以得免”。

　　累遷新安太守，[1]居郡以無政績免。建武末，[2]爲梁、南秦二州刺史。[3]及梁武帝起兵，[4]恢舉漢中以應。[5]

　　[1]累遷新安太守：《梁書》卷一二《柳惔傳》作“歷中書侍郎，中護軍長史。出爲新安太守”。新安，郡名。治始新縣，在今浙江淳安縣西北。

　　[2]建武：南朝齊明帝蕭鸞年號（494—498）。按，據《南齊書》卷七《東昏侯紀》，柳惔爲梁、南秦二州刺史在東昏侯永元元年（499）四月甲戌。此云“建武末”似誤。

　　[3]爲梁、南秦二州刺史：《梁書·柳惔傳》作“爲西戎校尉、梁南秦二州刺史”。

　　[4]及梁武帝起兵：此指東昏侯永元三年正月，雍州刺史蕭衍起兵於襄陽以討東昏侯。梁武帝，蕭衍。字叔達，小字練兒。南朝梁開國皇帝。本書卷六、卷七，《梁書》卷一至卷三有紀。

　　[5]漢中：郡名。治南鄭縣，在今陝西漢中市東。

　　梁武受命，爲太子詹事，加散騎常侍。武帝之鎮襄陽，愻祖道，[1]帝解茅土玉環贈之。[2]天監二年元會，[3]帝謂曰："卿所佩玉環，是新亭所贈邪？"對曰："既而瑞感神衷，臣謹服之無斁。"[4]帝因勸之酒，愻時未卒爵，[5]帝曰："吾常比卿劉越石，[6]近辭厄酒邪。"罷會，封曲江縣侯。[7]帝因宴爲詩貽愻曰："爾寔冠群后，[8]惟余實念功。"帝又嘗謂曰："徐元瑜違命嶺南，[9]《周書》父子兄弟罪不相及，[10]朕已放其諸子，何如？"愻曰："罰不及嗣，賞延于後，[11]今復見之聖朝。"時以爲知言。

[1]祖道：古代爲出行者祭祀路神，並設宴送行。

[2]茅土：古代帝王社祭的壇用五色土建成，分封諸侯時，把一種顔色的泥土用茅草包好，稱爲茅土，授給受封的人，作爲分得土地的象徵。《太平御覽》卷六九二引《梁書》無"茅土"二字。

[3]天監：南朝梁武帝蕭衍年號（502—519）。　元會：皇帝於元旦朝見群臣。

[4]無斁（yì）：不厭。

[5]卒爵：乾杯。

[6]劉越石：劉琨。字越石，中山魏昌（今河北定州市）人。晉愍帝時，官至司空、大將軍。善文學，精通音律。《晉書》卷六二有傳。

[7]曲江：縣名。治所在今廣東韶關市南武水西岸。

[8]后：諸侯。

[9]徐元瑜違命嶺南：事見《梁書》卷一九《樂藹傳》。徐元瑜，齊東昏侯將，梁武帝攻建康，以東府城降。

[10]《周書》：此處指《逸周書》。《三國志》卷一二《魏書·崔琰傳》裴松之注引《續漢書》曰："太尉楊彪與袁術婚姻，

術僭號，太祖與彪有隙，因是執彪，將殺焉。（孔）融聞之，不及朝服，往見太祖曰：‘楊公累世清德，四葉重光，《周書》“父子兄弟，罪不相及”，況以袁氏之罪乎？’”

[11]罰不及嗣，賞延于後：《尚書·大禹謨》：“皋陶曰：帝德罔愆，臨下以簡，御衆以寬，罰弗及嗣，賞延於世。”世，後代。

尋遷尚書左僕射，[1]年六十，[2]卒於湘州刺史，謚曰穆。

[1]尚書左僕射：官名。《梁書》卷一二《柳惔傳》作“尚書右僕射”。

[2]年六十：《梁書·柳惔傳》作梁武帝天監“六年十月，卒于州，時年四十六”。中華本校勘記云：“按《梁書》傳云：‘惔年十七，齊武帝爲中軍，命爲參軍。’又云：‘天監六年十月，卒於州。’據《南齊書·武帝紀》，齊武帝爲中軍大將軍在昇明三年（四九九），至天監六年（五〇七），惔卒，適四十六歲，今改正。”說是。

惔度量寬博，家人未嘗見其喜慍。甚重其婦，頗成畏憚。性愛音樂，女伎精麗，[1]略不敢視。僕射張稷與惔狎密，[2]而爲惔妻賞敬。稷每詣惔，必先相問夫人。惔每欲見妓，恒因稷請奏。其妻隔幔坐，妓然後出。惔因得留目。[3]

[1]伎：殿本同，汲古閣本作“妓”。

[2]張稷：字公喬，吳郡吳（今江蘇蘇州市）人。齊時起家著作佐郎，不拜。後爲郯縣令。仕梁封江安縣侯，官至尚書左僕射。

本書卷三一有附傳，《梁書》卷一六有傳。

[3]留目：注目，注視。

恢著《仁政傳》及諸詩賦，[1]粗有辭義。子昭，[2]位中書郎，襲爵曲江侯。

[1]恢著《仁政傳》及諸詩賦：《隋書·經籍志四》"梁太常卿《任昉集》三十四卷"下小注有云："撫軍將軍《柳恢集》二十卷，亡。"

[2]昭：《梁書》卷一二《柳恢傳》作"照"。

恢弟憚字文暢，少有志行。好學，善尺牘。與陳郡謝瀹鄰居，[1]深見友愛。瀹曰："宅南柳郎，可爲儀表。"[2]

[1]謝瀹：字義潔，陳郡陽夏（今河南太康縣）人。本書卷二〇有附傳，《南齊書》卷四三有傳。

[2]儀表：汲古閣本同，殿本作"表儀"。

初，宋時有嵇元榮、羊蓋者，並善琴，云傳戴安道法。[1]憚從之學。憚特窮其妙。齊竟陵王子良聞而引爲法曹行參軍，[2]唯與王暕、陸果善。[3]每歎曰："暕雖名家，猶恐累我也。"雅被子良賞狎。[4]子良嘗置酒後園，有晋太傅謝安鳴琴在側，[5]援以授憚，憚彈爲雅弄。[6]子良曰："卿巧越嵇心，妙臻羊體，良質美手，信在今夜。豈止當今稱奇，亦可追蹤古烈。"

[1]戴安道：《世説新語・雅量》劉孝標注引《晉安帝紀》：“戴逵字安道，譙國人……性甚快暢，泰於娛生。好鼓琴，善屬文，尤樂遊燕，多與高門風流者遊。”

[2]竟陵王子良：蕭子良。字雲英，齊武帝第二子。初封聞喜縣公，後封竟陵王。禮才好士，廣交賓客。本書卷四四、《南齊書》卷四〇有傳。

[3]王暕：字思晦，琅邪臨沂（今山東臨沂市）人。齊時尚淮南長公主，拜駙馬都尉，遷秘書丞。梁時歷太子中庶子、侍中、吏部尚書。本書卷二二有附傳，《梁書》卷二一有傳。　陸果：殿本《考證》云“果應作杲”，按，作“杲”是。陸杲，字明霞，吳郡吳（今江蘇蘇州市）人。曾爲竟陵王外兵參軍。《梁書》卷二六有傳。

[4]賞狎：賞識親近。

[5]謝安：字安石，陳國陽夏（今河南太康縣）人。時苻堅强盛，多次犯邊，謝安率謝石、謝玄等應機征討，所到克捷。拜衛將軍、開府儀同三司，封建昌縣公。《晉書》卷七九有傳。

[6]雅弄：美妙的樂曲。

爲太子洗馬，父憂去官，著《述先頌》，申其罔極之心，文甚哀麗。後試守鄱陽相，[1]聽吏屬得盡三年喪禮，署之文教，百姓稱焉。還除驃騎從事中郎。[2]梁武帝至建鄴，[3]憚候謁石頭，[4]以爲征東府司馬。[5]上牋請城平之日，[6]先收圖籍，及遵漢高寬大之義。[7]帝從之。徙爲相國右司馬。[8]天監元年，除長兼侍中，[9]與僕射沈約等共定新律。[10]

[1]守：暫攝、代理。　鄱陽：縣名。治所在今江西鄱陽縣。

相：官名。侯國行政長官。職同縣令、長。

[2]驃騎從事中郎：官名。驃騎將軍府屬官。與長史共掌本府官吏。

[3]建鄴：東晉、南朝都城，又稱建業、建康，在今江蘇南京市。東漢獻帝建安十六年（211），孫權徙治丹陽郡秣陵縣，次年改名建業。吳大帝黃龍元年（229），正式定都於建業。西晉滅吳，恢復秣陵舊名。晉武帝太康三年（282），以秦淮水爲界兩分秣陵縣境，以南爲秣陵，以北爲建業，並改名建鄴。建興元年（313）因避愍帝司馬鄴諱，改名建康。其後宋、齊、梁、陳沿用爲都城，故稱六朝古都。《太平寰宇記》卷九〇《江南東道二·昇州》引《金陵記》云：“梁都之時，城中二十八萬餘户。西至石頭城，東至倪塘，南至石子岡，北過蔣山，東西南北各四十里。”城市西界至石頭城，位於今江蘇南京市水西門以北至清涼山；東界爲倪塘，在今江蘇南京市江寧區上坊街道泥塘社區附近；南界石子岡，是包含今雨花臺在内的城南東西走向的一系列岡阜；北界逾過蔣山，也就是鍾山，今稱紫金山（參見張學鋒《南朝建康的都城空間與葬地》，《中華文史論叢》2019年第3期）。

[4]石頭：又名石首城，簡稱石城。依石頭山（今江蘇南京市西清涼山）而建，負山面江，形勢險固，爲六朝軍事交通要地。南朝宋山謙之《丹陽記》云：“石頭城，吳時悉土塢。義熙初始加磚累甓，因山以爲城，因江以爲池。地形險固，尤有奇勢。亦謂之石首城。”宋人張敦頤《六朝事迹編類》卷二：“吳孫權沿淮立柵，又於江岸必争之地築城，名曰石頭。”

[5]征東府司馬：官名。即征東將軍府司馬。司馬，王公軍府屬官。掌本府武官，其品秩隨府主地位而定。

[6]牋：給上級或尊長者的書札。

[7]漢高：漢高祖劉邦。公元前206年十月，劉邦軍入咸陽，寬大愛民，與父老約法三章。事見《史記》卷八《高祖本紀》。高，《梁書》卷二一《柳惲傳》作“祖”。

［8］相國右司馬：官名。相國府屬官，掌軍事。

［9］長兼：官制術語。南朝侍中、參軍等職有兼、長兼之目，並假職未真授之稱。

［10］僕射：官名。此指尚書右僕射。　沈約：字休文，吳興武康（今浙江德清縣）人。歷仕宋、齊、梁，官至尚書令，撰有《宋書》。本書卷五七、《梁書》卷一三有傳。　共定新律：共同制定新律法。

　　惲立性貞素，[1]以貴公子早有令名，少工篇什，爲詩云："亭皋木葉下，壠首秋雲飛。"琅邪王融見而嗟賞，[2]因書齋壁及所執白團扇。[3]武帝與宴，必詔惲賦詩。嘗和武帝《登景陽樓》篇云：[4] "太液滄波起，[5]長楊高樹秋，[6]翠華承漢遠，[7]彫輦逐風游。"深見賞美。當時咸共稱傳。

［1］貞素：正直，樸質。

［2］琅邪：郡名。治開陽縣，在今山東臨沂市北。　王融：字元長。齊竟陵八友之一。本書卷二一有附傳，《南齊書》卷四七有傳。

［3］壁：殿本同，汲古閣本作"璧"。

［4］《登景陽樓》篇：《梁書》卷二一《柳惲傳》作"《登景陽樓》中篇"。景陽樓，在建康宮城華林苑内。

［5］太液：即太液池。漢武帝元封元年（前110）建，在今陝西西安市西北。殿本同，汲古閣本"太"作"大"。

［6］長楊：漢宮名。在今陝西周至縣東南。

［7］翠華：用翠羽所做的旗飾，此指皇帝出行的儀仗。

歷平越中郎將、廣州刺史，[1]秘書監，[2]右衛將軍。[3]再爲吳興太守，爲政清静，人吏懷之。於郡感疾，自陳解任。父老千餘人拜表陳請，[4]事未施行，卒。

[1]平越中郎將：官名。主管南越事務。治所設在廣州，多兼任廣州刺史。　廣州：州名。治番禺縣，在今廣東廣州市。

[2]秘書監：官名。秘書省長官。掌典籍圖書。梁十一班。

[3]右衛將軍：官名。領宿衛營兵，侍直殿内。梁十二班。

[4]千：汲古閣本同，殿本作“十”。

初，惲父世隆彈琴，爲士流第一，[1]惲每奏其父曲，常感思。[2]復變體備寫古曲。嘗賦詩未就，以筆捶琴，坐客過，以筯扣之，惲驚其哀韻，乃製爲雅音。後傳擊琴自於此。惲常以今聲轉棄古法，乃著《清調論》，具有條流。[3]齊竟陵王嘗宿晏，明旦將朝見，惲投壺梟不絶，停輦久之，進見遂晚。齊武帝遲之，王以實對。武帝復使爲之，賜絹二十匹。嘗與琅邪王瞻博射，[4]嫌其皮闊，乃摘梅帖烏珠之上，發必命中，觀者驚駭。

[1]士流：文人。

[2]常：殿本同，汲古閣本作“嘗”。

[3]條流：條例、綱目。

[4]王瞻：字思範，琅邪臨沂（今山東臨沂市）人。本書卷二一有附傳，《梁書》卷二一有傳。

梁武帝好弈棋，[1]使惲品定棋譜，登格者二百七十八人，第其優劣，爲《棋品》三卷。惲爲第二焉。帝謂周捨曰：[2]“吾聞君子不可求備，至如柳惲可謂具美。分其才藝，足了十人。”惲著《十杖龜經》。[3]性好醫術，盡其精妙。

[1]弈：殿本同，汲古閣本作“奕”。

[2]周捨：字昇逸，汝南安成（今河南汝南縣）人。博學多通，起家太學博士。梁禮儀損益，多出自周捨。歷官中護將軍、太子詹事。本書卷三四有附傳，《梁書》卷二五有傳。

[3]十：《册府元龜》卷七八六、《通志》並作“卜”。

少子偲字彥游，年十二，梁武帝引見，詔問讀何書，對曰：“《尚書》。”又問有何美句，對曰：“德惟善政，政在養人。”[1]衆咸異之。詔尚武帝女長城公主，拜駙馬都尉、都亭侯，[2]位鄱陽內史，卒。[3]

[1]人：汲古閣本同，殿本作“民”。此應作“民”，本書避唐太宗李世民諱改。

[2]駙馬都尉：官名。集書省屬官，尚公主者多加此號。至梁、陳專加尚公主者。梁品秩不詳。陳七品，秩六百石。 都亭侯：侯爵名。位在鄉侯下。

[3]卒：《梁書》卷二一《柳惲傳》作“大寶元年，卒”。

子盼尚陳文帝女富陽公主，[1]拜駙馬都尉。後主即位，[2]以帝舅加散騎常侍。盼性愚戇，[3]使酒，因醉乘馬入殿門，爲有司劾免，[4]卒於家。贈侍中、中護軍。[5]

[1]陳文帝：陳蒨。字子華，陳武帝兄子。本書卷九、《陳書》卷三有紀。

[2]後主：陳後主陳叔寶。字元秀，陳宣帝嫡長子。南朝陳最後一任皇帝。本書卷一〇、《陳書》卷六有紀。

[3]愚戇：愚癡，魯直。

[4]劾：殿本同，汲古閣本作"效"。

[5]中護軍：官名。職掌都護京師以外的地方軍隊。陳三品，秩中二千石。

后從祖弟莊清警有鑒識，[1]自盼卒後，太后宗屬唯莊爲近，兼素有名望，深被恩禮。位度支尚書。[2]陳亡入隋，爲岐州司馬。[3]憚弟憕。

[1]后：此指高宗柳皇后。本書卷一二、《陳書》卷七有傳。

莊：柳莊。字思敬。《隋書》卷六六有傳，《北史》卷七〇有附傳。

[2]度支尚書：官名。尚書省度支曹長官。掌管全國貢稅租賦的統計、調撥等事務。陳三品，秩中二千石。

[3]岐州司馬：官名。岐州，州名。治雍縣，在今陝西鳳翔縣。州司馬爲州刺史屬官，多以貶官充任。

憕字文深，少有大意，好玄言，通《老》《易》。

梁武帝舉兵至姑熟，[1]憕與兄憚及諸友朋於小郊候接。時道路猶梗，憕與諸人同憩逆旅食，[2]俱去行里餘，憕曰："寧我負人，不人負我。若復有追，堪憩此客。"命左右燒逆旅舍，以絕後追。當時服其善斷。

　　[1]姑熟：城名。又作姑孰。在今安徽當塗縣。
　　[2]逆旅：旅館。

　　歷位給事黃門侍郎。[1]與琅邪王峻齊名，[2]俱爲中庶子，[3]時人號爲方王。[4]

　　[1]給事黃門侍郎：官名。門下省次官。與侍中俱掌門下衆事，侍從左右，顧問應對，出入禁中，職任顯要。梁十班。
　　[2]琅邪：殿本同，汲古閣本作“瑯邪”。　王峻：字茂遠，琅邪臨沂（今山東臨沂市）人。仕齊爲桂陽内史，爲竟陵王子良所器重。本書卷二四有附傳，《梁書》卷二一有傳。
　　[3]中庶子：官名。即太子中庶子。東宮屬官。掌東宮奏章，直侍左右。梁十一班。
　　[4]方王：中華本校勘記引王懋竑《讀書記疑》“方”當爲“柳”。馬宗霍《南史校證》云：“按‘方’猶並也比也，‘方王’謂可比王峻也。”（第636頁）

　　後爲鎮北始興王長史。[1]王移鎮益州，[2]復請憕。帝曰：“柳憕風標才氣，[3]恐不能久爲少王臣。”王祈請數四，不得已，以爲鎮西長史、蜀郡太守。[4]在蜀廉恪爲政，益部懷之。憕弟忱。

　　[1]鎮北：官名。即鎮北將軍。南朝梁、陳時爲八鎮將軍之一。梁武帝天監七年（508）定爲武職二十四班中的二十二班，普通六年（525）改爲武職三十四班中的三十二班。
　　[2]益州：州名。治成都縣，在今四川成都市。
　　[3]風標：品格，風度，風采。

[4]鎮西長史：官名。即鎮西將軍府長史。鎮西，鎮西將軍省稱。南朝梁、陳時爲八鎮將軍之一。梁二十二班。 蜀郡：郡名。治成都縣，在今四川成都市。

忱字文若，年數歲，父世隆及母閻氏並疾，忱不解帶經年，及居喪以毀聞。

仕齊爲西中郎主簿。[1]東昏遣巴西太守劉山陽由荆州襲梁武帝于雍州，[2]西中郎長史蕭穎胄計未定，[3]召忱及其所親席闡文等夜入議之。[4]忱及闡文並勸同武帝，穎胄從之。以忱爲寧朔將軍，累遷侍中。郢州平，穎胄議遷都夏口，忱以巴峽未賓，[5]不宜輕捨根本，搖動人心，不從。俄而巴東兵至峽口，[6]遷都之議乃息。論者以爲見機。

[1]西中郎主簿：官名。即西中郎將府主簿。西中郎，西中郎將省稱。四中郎將之一，南朝爲榮譽加號。主簿，南朝時公府、軍府、州郡縣皆置，此爲軍府屬官。掌文書，總領府事。

[2]東昏：齊東昏侯蕭寶卷。齊明帝第二子。本書卷五、《南齊書》卷七有紀。 巴西：郡名。與梓潼郡同治涪縣，在今四川綿陽市東。 劉山陽：仕齊，因平定王敬則叛亂有功，封湘陰縣男。東昏侯永元二年（500）奉命討伐蕭衍，中計被殺。

[3]蕭穎胄：字雲長，蕭赤斧子，蕭道成堂侄。齊東昏侯遣劉山陽與其同討蕭衍，其與蕭衍設計殺害劉山陽，歸順蕭衍，擁立和帝。本書卷四一、《南齊書》卷三八有附傳。

[4]席闡文：安定臨涇（今甘肅鎮原縣）人。初爲蕭赤斧中兵參軍，後追隨蕭穎胄，勸穎胄歸蕭衍。本書卷五五、《梁書》卷一二有傳。

[5]巴峽：今重慶市巴南區以東長江石洞峽、銅鑼峽、明月峽。《華陽國志》稱爲巴郡三峽。水流湍急，地勢險要。一説即今重慶奉節縣長江瞿塘峽和巫山縣長江巫峽。

[6]峽口：地名。即今湖北宜昌市西長江西陵峽口。

　　及梁受命，封州陵伯。[1]歷五兵尚書，[2]秘書監，[3]散騎常侍。改授給事中、光禄大夫。[4]疾篤不拜。卒，謚曰穆。

[1]封：汲古閣本同，殿本作“對”。按，底本不誤。　州陵：縣名。治所在今湖北洪湖市東北。

[2]五兵尚書：官名。三國魏始置，掌中兵、外兵、騎兵、別兵、都兵五曹。南朝宋、齊僅領中兵、外兵二曹。梁十三班。

[3]秘書監：官名。秘書省長官。掌國之圖書典籍。梁十一班。

[4]給事中：官名。集書省屬官，南朝時地位漸低，侍從皇帝左右，獻納得失。梁四班。

　　忱兄弟十五人，多少亡，[1]唯第二兄惔、第三兄憚、第四兄憕及忱三兩年間四人迭爲侍中，復居方伯，[2]當世罕比。子範嗣。

[1]少亡：夭亡、夭折。

[2]方伯：一方諸侯之長，後泛指地方長官。《周禮·大宗伯》：“九命作伯。”鄭玄注：“鄭司農云：‘長諸侯爲方伯。’”《漢書》卷八六《何武傳》云：“刺史古之方伯，上所委任，一州表率也。”

慶遠字文和，元景弟子也。父叔珍，義陽内史。

慶遠仕齊爲魏興太守，[1]郡遭暴水，人欲移於杞城。[2]慶遠曰：“吾聞江河長不過三日，命築土而已。”俄而水退，百姓服之。

[1]慶遠仕齊爲魏興太守：《梁書》卷九《柳慶遠傳》作“慶遠起家郢州主簿，齊初爲尚書都官郎、大司馬中兵參軍、建武將軍、魏興太守”。魏興，郡名。治西城縣，在今陝西安康市西北漢江北岸。

[2]杞城：中華本《梁書·柳慶遠傳》據《册府元龜》卷六九一改作“祀城”。

後爲襄陽令，梁武帝之臨雍州，問京兆人杜憚求州綱紀，[1]憚言慶遠。武帝曰：“文和吾已知之，所問未知者耳。”因辟爲别駕。[2]慶遠謂所親曰：“天下方亂，定霸者其吾君乎。”因盡誠協贊。[3]及起兵，慶遠常居帷幄爲謀主，從軍東下，身先士卒。武帝行營，見慶遠頓舍嚴整，每歎曰：“人人若是，吾又何憂。”建康城平，[4]爲侍中，帶淮陵、齊昌二郡太守。[5]城内嘗夜火，衆並驚懼。武帝時居宫中，悉斂諸門籥，問柳侍中何在。慶遠至，悉付之，其見任如此。

[1]京兆：郡名。治長安縣，在今陝西西安市西北。

[2]别駕：官名。即别駕從事史。州府屬官。梁揚州别駕爲十班。

[3]協贊：輔佐。

[4]建康城平：齊和帝中興元年（501）十二月蕭衍平定建康

城，東昏侯被誅。

[5]帶：官制術語。帶其官號、俸禄而不理其事。南北朝時一些中央官員兼任地方郡守、縣令，但不理事，主要是爲取得其禄秩，稱帶，是皇帝的一種恩賜。　淮陵：郡名。治淮陵縣，在今安徽明光市東北。　齊昌：郡名。治齊昌縣，在今湖北蘄春縣西南。

霸府建，[1]爲從事中郎。武帝受禪，封重安侯，[2]位散騎常侍，改封雲杜侯。[3]出爲雍州刺史，加都督。[4]帝餞於新亭，謂曰："卿衣錦還鄉，朕無西顧憂矣。"始武帝爲雍州，慶遠爲别駕，謂曰："昔羊公語劉弘，卿後當居吾處。[5]今相觀亦復如是。"曾未十年，而慶遠督府，談者以爲逾於魏詠之。

[1]霸府：南北朝時實力强大、控制朝政、作稱帝準備的權臣的府屬。此指梁武帝蕭衍稱帝前受封建安君公所置公府。

[2]重安：縣名。治所在今湖南衡陽市北。

[3]改封雲杜侯：《梁書》卷九《柳慶遠傳》記爲"天監二年，遷中領軍，改封雲杜侯"。雲杜，縣名。治所在今湖北京山市。

[4]出爲雍州刺史，加都督：《梁書·柳慶遠傳》作"四年，出爲使持節、都督雍梁南北秦四州諸軍事、征虜將軍、寧蠻校尉、雍州刺史"。

[5]昔羊公語劉弘，卿後當居吾處：《晋書》卷六六《陶侃傳》云："弘既至，謂侃曰：'吾昔爲羊公參軍，謂吾其後當居身處。今相觀察，必繼老夫矣。'"羊公，即羊祜。字叔子，泰山南城（今山東平邑縣）人。司馬師妻弟，封鉅平侯。晋武帝泰始五年（269），以羊祜爲都督荆州諸軍事，與東吳陸抗對峙。《晋書》卷三四有傳。劉弘，字和季，沛國相（今安徽濉溪縣）人。曾率陶侃等平定張昌起義。《晋書》卷六六有傳。

累遷侍中、領軍將軍，給扶。[1]出爲雍州刺史。慶遠重爲本州，頗厲清節，士庶懷之。卒官，贈開府儀同三司，謚曰忠惠侯。喪還都，武帝親出臨之。

[1]給扶：給予扶持之人。古時君主賜給大臣的一種禮遇。

初，慶遠從父兄世隆嘗謂慶遠曰："吾昔夢太尉以褥席見賜，[1]吾遂亞台司。[2]適又夢以吾褥席與汝，汝必光我門族。"至是慶遠亦繼世隆焉。

[1]太尉：此指柳元景。
[2]亞台司：位次三公。台司，三公。

子津字元舉，雖乏風華，[1]性甚强直。人或勸之聚書，津曰："吾常請道士上章驅鬼，[2]安用此鬼名邪。"歷散騎常侍，太子詹事，襲封雲杜侯。

[1]風華：風韻才華。
[2]上章：道士上表求神。

侯景圍城既急，[1]帝召津問策。對曰："陛下有邵陵，臣有仲禮，不忠不孝，賊何由可平。"太清三年，[2]城陷，卒。

[1]侯景：字萬景。原爲東魏大將，後叛至南朝梁，在梁發動叛亂，史稱"侯景之亂"。本書卷八〇、《梁書》卷五六有傳。

[2]太清：南朝梁武帝蕭衍年號（547—549）。

子仲禮，勇力兼人，少有膽氣，身長八尺，眉目疏朗。初，簡文帝爲雍州刺史，[1]津爲長史。及簡文入居儲宮，津亦得侍從。仲禮留在襄陽，馬仗軍人悉付之。[2]撫循故舊，[3]甚得衆和。起家著作佐郎，[4]稍遷電威將軍，[5]陽泉縣侯。中大通中，西魏將賀拔勝來逼樊、鄧，仲禮出擊破之。除黃門郎，稍遷司州刺史。武帝思見其面，使畫工圖之。

[1]簡文帝：南朝梁簡文帝蕭綱。字世纘，小字六通，梁武帝第三子。本書卷八、《梁書》卷四有紀。

[2]馬仗：車馬器杖。

[3]撫循：安撫。

[4]著作佐郎：官名。秘書省屬官。協助著作郎修撰國史及起居注。因其職務清閑，多爲世族高門子弟的起家之官。梁二班。

[5]電威將軍：官名。南朝梁始置。梁十一班。

初，侯景潛圖反噬，[1]仲禮先知之，屢啓求以精兵三萬討景，朝廷不許。及景濟江，朝野便望其至。兼蓄雍、司精卒，[2]與諸蕃赴援，見推總督。景素聞其名，甚憚之。仲禮亦自謂當世英雄，諸將莫己若也。

[1]反噬：反咬一口。此指侯景密謀發動叛亂。

[2]司：州名。治安陸縣，在今湖北安陸市。

韋粲見攻，[1]仲禮方食，投箸被練馳之，[2]騎能屬者七十。比至，粲已敗，仲禮因與景戰於青塘，[3]大敗之。景與仲禮交戰，各不相知。仲禮稍將及景，[4]而賊將支伯仁自後斫仲禮，[5]再斫仲禮中肩。馬陷于淖，[6]賊聚稍刺之，騎將郭山石救之以免。自此壯氣外衰，不復言戰。神情懊恨，凌蔑將帥。邵陵王綸亦鞭策軍門，[7]每日必至，累刻移時，仲禮亦弗見也。綸既忿歎，怨隙遂成。而仲禮常置酒高會，日作優倡，[8]毒掠百姓，汙辱妃主。父津登城謂曰："汝君父在難，不能盡心竭力，百代之後，謂汝爲何。"仲禮聞之，言笑自若。晚又與臨城公大連不協。[9]景嘗登朱雀樓與之語，[10]遺以金環。是後閉營不戰，衆軍日固請，皆悉拒焉。南安侯駿謂曰：[11]"城急如此，都督不復處分，如脫不守，何面以見天下義士。"仲禮無以應之。

[1]韋粲：字長倩（《梁書》作"長蒨"），京兆杜陵（今陝西西安市長安區）人。本書卷五八有附傳，《梁書》卷四三有傳。

[2]被練：一指披在甲外的練袍。或言是由熟絲穿甲片而成的甲衣。《資治通鑑》卷一六二《梁紀十八》武帝太清三年作"被甲"。

[3]仲禮因與景戰於青塘：《梁書》卷四三《柳敬禮傳》作"至都，據青溪埭，與景頻戰"。青塘，疑在今江蘇南京市附近。

[4]稍（shuò）：古代的一種兵器，即長矛。

[5]支伯仁：《資治通鑑·梁紀十八》武帝太清三年胡三省注言當作"支化仁"。 斫（zhuó）：用刀斧等砍、擊。

[6]淖：泥沼。

[7]邵陵王：蕭綸。字世調，梁武帝第六子。本書卷五三、

《梁書》卷二九有傳。邵陵，郡名。治邵陵縣，在今湖南邵陽市。

[8]日作優倡：每日效仿戲人游樂。優倡，古代表演歌舞雜戲的藝人。

[9]臨城公大連：蕭大連。字仁靖，梁簡文帝第五子。本書卷五四、《梁書》卷四四有傳。臨城，縣名。治所在今安徽青陽縣南。

[10]朱雀樓：朱雀門樓。在今江蘇南京市中華門內秦淮河北岸。

[11]南安侯駿：蕭駿。字德款。本書卷五一有附傳。南安，縣名。治所在今湖北武漢市新洲區。

及臺城陷，[1]侯景矯詔使石城公大款以白虎幡解諸軍。[2]仲禮召諸將軍會議，邵陵王以下畢集。王曰：“今日之命，委之將軍。”仲禮熟視不對。[3]裴之高、王僧辯曰：[4]“將軍擁衆百萬，致宮闕淪没，正當悉力決戰，何所多言。”仲禮竟無一言，諸軍乃隨方各散。

[1]臺城：京師建康宮城。因爲臺省所在，故稱。在今江蘇南京市雞籠山南。

[2]石城公大款：蕭大款。字仁師，梁簡文帝第三子。初封石城縣公，簡文帝即位後封江夏郡王。梁元帝即位後改封臨川王。本書卷五四有傳。　石城：縣名。治所在今安徽池州市貴池區西南。

白虎幡：繪有白虎圖案的旗。古人以白虎威猛，多用以傳布軍令或政令。

[3]熟視：仔細看，注目細看。　不對：不答。

[4]裴之高：字如山。裴邃兄裴髦子。常隨裴邃征討，以攻封都城縣男。侯景叛亂，率軍入援，臺城陷後，還合肥，與鄱陽王範西上，梁元帝召至江陵。本書卷五八、《梁書》卷二八有附傳。

王僧辯：字君才，太原祁（今山西祁縣）人。初爲北魏將領，梁初隨父南渡，任湘東王蕭繹府中司馬。後與陳霸先收復建康。蕭繹即位後，爲太尉。蕭繹被殺，又立北齊扶持的蕭淵明爲帝。終爲陳霸先所害。本書卷六三有附傳，《梁書》卷四五有傳。

時湘東王繹遣王琳送米二十萬石以饋軍，[1]至姑熟聞臺城陷，乃沉米於江而退。仲禮及弟敬禮、羊鴉仁、王僧辯、趙伯超並開營降賊。[2]時城雖淪陷，援軍甚衆，軍士咸欲盡力，及聞降，莫不歎憤。論者以爲梁禍始於朱异，[3]成於仲禮。

[1]湘東王繹：蕭繹。即梁元帝。字世誠，小字七符，梁武帝第七子。武帝天監十三年（514）封爲湘東王。簡文帝大寶二年（551）四月，派大都督王僧辯追擊侯景，十一月在江陵稱帝，改元承聖。本書卷八、《梁書》卷五有紀。　　王琳：字子珩，會稽山陰（今浙江紹興市）人。曾隨王僧辯破侯景。西魏攻江陵，梁元帝征琳赴援。琳率師至長沙，江陵已陷，元帝被殺。遂割據一方，求援北齊，立梁永嘉王蕭莊爲帝。後爲陳軍所敗，與蕭莊奔齊。後陳將吳明徹攻北齊，琳戰敗，被擒殺。本書卷六四、《北齊書》卷三二有傳。

[2]羊鴉仁：字孝穆，泰山鉅平（今山東泰安市）人。初仕魏，梁武帝普通中歸梁，封廣晋侯。侯景攻陷臺城後，授其爲五兵尚書。後出奔江西，將赴江陵欲歸梁元帝，途中爲故北徐州刺史荀伯道子晷所害。本書卷六三、《梁書》卷三九有傳。　　趙伯超：趙革子。降侯景，侯景敗，餓死江陵獄中。事見本書卷八〇《侯景傳》。

[3]朱异：字彦和，吳郡錢唐（今浙江杭州市）人。博通經史文章，兼通書算棋藝。曾勸梁武帝受降侯景，故此處言梁禍始於朱异。本書卷六二、《梁書》卷三八有傳。

仲禮等入城，並先拜景而後見帝，帝不與言。既而景留柳敬禮、羊鴉仁，而遣仲禮、僧辯西上，各復本位。餞於後渚，[1]景執仲禮手曰："天下之事在將軍耳。郢州、巴西並以相付。"

[1]後渚：地名。在今江蘇南京市西南。

及至江陵，會岳陽王詧南寇，[1]湘東王以仲禮爲雍州刺史，襲襄陽。仲禮方觀成敗，未發。及南陽圍急，[2]杜岸請救，[3]仲禮乃以別將夏侯强爲司州刺史，守義陽，自帥衆如安陸，[4]使司馬康昭如竟陵討孫暠。暠執魏戍人以降。仲禮命其將王叔孫爲竟陵太守，副軍馬岫爲安陸太守。置郛於安陸，[5]而以輕兵師于漴頭，[6]將侵襄陽。岳陽王詧告急于魏，魏遣大將楊忠援之。[7]仲禮與戰于漴頭，大敗，并弟子禮沒于魏。魏相安定公待仲禮以客禮。[8]西魏於是盡得漢東。[9]

[1]岳陽王詧（chá）：蕭詧。字理孫，梁昭明太子第三子。武帝中大通三年（531），封爲岳陽郡王。侯景亂起，詧與蕭繹有隙，故引兵襲之，後附西魏。西魏立爲梁主，史稱西梁、後梁。《周書》卷四八、《北史》卷九三有傳。岳陽，郡名。治岳陽縣，在今湖南汨羅市長樂鎮。

[2]南陽：郡名。南朝梁僑置，治所在今湖北穀城縣東南。

[3]杜岸：字公衡，京兆杜陵（今陝西西安市長安區）人，杜崱兄。初與崱隨岳陽王詧攻荆州，歸湘東王，封江陵縣侯。自請襲襄陽，不克，爲蕭詧將所抓，被殺。本書卷六四、《梁書》卷四六有附傳。

[4]安陸：郡名。治安陸縣，在今湖北安陸市。

[5]置孥：安置妻兒。孥，妻子和兒女。

[6]漴頭：城名。在今湖北安陸市西北。

[7]楊忠：弘農華陰（今陝西華陰市）人。隋文帝楊堅之父。《周書》卷一九有傳。

[8]安定公：宇文泰。字黑獺，代郡武川（今內蒙古武川縣西）人。北魏孝武帝西奔長安後，總攬大權，擁帝拒高歡，後又廢殺孝武帝，立南陽王元寶炬，建立西魏。職掌西魏政權二十餘年。死後，其子宇文覺代西魏建北周，追尊爲文帝。《周書》卷一、卷二，《北史》卷九有紀。

[9]漢東：漢水以東。

仲禮弟敬禮，少以勇烈聞。麤暴無行檢，[1]恒略賣人，[2]爲百姓所苦，故襄陽有《柳四郎歌》。

[1]行檢：品行，操行。

[2]略：掠奪，強取。

起家著作佐郎，稍遷扶風太守。[1]侯景度江，敬禮率馬步三千赴援。至都，與景頻戰，甚著威名。

[1]扶風：郡名。僑置。治築陽縣，在今湖北穀城縣東。

臺城陷，與兄仲禮經略上流，[1]留敬禮質，以爲護軍將軍。景餞仲禮於後渚。敬禮謂仲禮曰："景今來會，敬禮抱之，兄便可殺，雖死無恨。"仲禮壯其言，許之。及酒數行，敬禮目仲禮，仲禮見備衛嚴，不敢動，遂不果。

[1]經略上流：汲古閣本同，殿本作"俱見景，景遣仲禮經略上流"。

會景征晋熙，[1]敬禮與南康王會理謀襲其城，[2]剋期將發，建安侯蕭賁告之，[3]遂遇害。臨死曰："我兄老婢也，國敗家亡，實余之責，今日就死，豈非天乎。"

[1]晋熙：郡名。治懷寧縣，在今安徽潜山市。

[2]南康王會理：蕭會理。字長才，南康簡王蕭績之子，梁武帝之孫。侯景之亂時，圖謀起兵平定侯景，事泄被殺。本書卷五三、《梁書》卷二九有附傳。南康，郡名。治贛縣，在今江西贛州市西南。

[3]建安侯蕭賁：字世文，建安縣侯蕭正之子，襲封。本書卷五一有附傳。

論曰：柳元景行己所資，豈徒武毅；[1]當朝任職，實兼雅道。[2]卒至覆族，遭逢亦有命乎。世隆文武器業，殆人望也，諸子門素所傳，俱云克構。[3]仲禮始終之際，其不副也何哉？豈應天方喪梁，不然，何斯人而有斯迹也。

[1]武毅：勇武剛毅。

[2]雅道：正道。

[3]克構：完成前輩的事業。

南史　卷三九

列傳第二十九

殷孝祖 族子琰　劉勔 子悛 孫孺 覽 遵 悛弟子苞 悛弟繪
繪子孝綽 繪弟瑓

殷孝祖，陳郡長平人也。[1]曾祖羨，[2]晉光禄勳。[3]
父祖宦並不達。

[1]陳郡：郡名。治陳縣，在今河南周口市淮陽區。　長平：
縣名。治所在今河南西華縣東北。

[2]羨：殷羨。字洪喬，曾任豫章太守、光禄勳。事見《晉
書》卷七七《殷浩傳》。

[3]光禄勳：官名。掌宮廷護衛、宮殿名籍等。晉三品。

孝祖少誕節，好酒色，有氣幹。[1]宋孝武時，[2]以軍
功仕至積射將軍。[3]前廢帝景和元年，[4]爲兗州刺史。[5]

[1]氣幹：氣魄和才幹。

[2]孝武：南朝宋孝武帝劉駿。本書卷二、《宋書》卷六有紀。

[3]積射將軍：官名。領積射營，轄二千五百人，擔當宿衛。宋五品。

[4]前廢帝：南朝宋前廢帝劉子業。本書卷二、《宋書》卷七有紀。　景和：南朝宋前廢帝劉子業年號（465）。

[5]兗州：州名。治瑕丘城，在今山東濟寧市兗州區。

明帝初即位，[1]四方反叛，孝武外甥司徒參軍潁川荀僧韶建議銜命徵孝祖入朝，[2]上遣之。時徐州刺史薛安都遣薛索兒等屯據津徑，[3]僧韶間行得至，[4]説孝祖曰："景和凶狂，開闢未有，[5]朝野憂危，[6]假命漏刻。[7]主上曾不浹辰，[8]夷凶翦暴。國亂朝危，宜立長主，[9]公卿百辟，[10]人無異議。而群迷相扇，[11]構造無端，貪利幼弱，競懷希幸。[12]舅少有立功之志，長以氣節成名，若能控濟、河義勇，[13]還奉朝廷，非唯匡主静亂，乃可以垂名竹帛。"孝祖即日棄妻子，率文武二千人隨僧韶還都。時普天同逆，朝廷唯保丹陽一郡。[14]孝祖忽至，衆力不少，人情於是大安。進孝祖號冠軍將軍、假節、督前鋒諸軍事。[15]御仗先有諸葛亮筒袖鎧、鐵帽，[16]二十五石弩射之不能入，[17]上悉以賜孝祖。孝祖負其誠節，陵轢諸將。[18]時賊據赭圻，[19]孝祖將進攻之，與大將王玄謨别，[20]悲不自勝，衆並駭怪。

[1]明帝：南朝宋明帝劉彧。公元465年至472年在位。本書卷三、《宋書》卷八有紀。

[2]孝武：汲古閣本、百衲本同，殿本作"孝祖"。　司徒參軍：官名。司徒府參軍。司徒，榮譽宰相，常參録朝政，但政務權

在尚書臺。處理全國日常行政事務，考課官吏，督課農桑，有左右長史等佐官。宋一品。　潁川：郡名。治許昌縣，在今河南許昌市東。　荀僧韶：《宋書》卷八六《殷孝祖傳》、《資治通鑑》卷一三一《宋紀十三》明帝泰始二年作“葛僧韶”。　銜命：遵奉命令；接受使命。

[3]徐州：州名。治彭城縣，在今江蘇徐州市。　薛安都：河東汾陰（今山西萬榮縣）人。本書卷四〇、《宋書》卷八八有傳。薛索兒：河東汾陰（今山西萬榮縣）人。薛安都從子。《宋書》卷八八有附傳。

[4]間行：抄小路、走捷徑，有暗地行動的意思。

[5]開闢：宇宙的開始。古代神話説，盤古氏開天闢地。

[6]憂危：《宋書·殷孝祖傳》、《資治通鑑·宋紀十三》明帝泰始二年作“危極”。

[7]假命：借命。苟且偷生。　漏刻：古計時器。即漏壺。因漏壺的箭上刻符號表時間，故稱。也用以借指很短的時間，頃刻。

[8]浹辰：子至亥一周十二日爲“浹辰”，即十二天。

[9]長主：《資治通鑑·宋紀十三》明帝泰始二年作“長君”。

[10]百辟：百官。

[11]迷：《宋書·殷孝祖傳》作“小”。　扇：《宋書·殷孝祖傳》、《資治通鑑·宋紀十三》明帝泰始二年作“煽”。鼓動、蠱惑。馬宗霍《南史校證》以爲“扇”“煽”古通用（湖南教育出版社 2008 年版，第 642 頁）。

[12]幸：《宋書·殷孝祖傳》、《資治通鑑·宋紀十三》明帝泰始二年作“望”。

[13]濟、河：濟水與黄河。此處代指兗州。《尚書·禹貢》云：“濟、河惟兗州。”《宋書·殷孝祖傳》、《資治通鑑·宋紀十三》明帝泰始二年無“河”字。　義勇：爲抗暴而自願組織的武裝力量。

[14]丹陽：郡名。南朝宋都城所在。治建康縣，在今江蘇南

京市。

[15]冠軍將軍：官名。領營兵。宋三品。《資治通鑑·宋紀十三》明帝泰始二年作"撫軍將軍"。 假節：官制術語。指暫授符節給軍事長官，表示奉皇帝之命督軍征伐，有殺犯軍令者之權。督前鋒諸軍事：統率前鋒部隊。

[16]御仗：儀仗。 諸葛亮：字孔明，琅邪陽都（今山東沂南縣）人。三國蜀漢名相。《三國志》卷三五有傳。 筒袖鎧：用以保護身體的一種戰服。 鐵帽：《宋書·殷孝祖傳》無"鐵"字。

[17]二十五石：計算弩機的强度單位。漢代引滿一石之弩，需相當於提起一石（約三十公斤）重物之力。二十五石弩，約當于七百五十斤。弩機石數越多，射程俞遠。常用實戰四石弩射程約二百五十米（參見孫機《漢代物質文化資料圖説》，上海古籍出版社2008年版，第168頁）。

[18]陵轢（lì）：欺壓，欺蔑。

[19]赭圻：城名。在今安徽蕪湖市繁昌區西北長江南岸。

[20]大將：《宋書·殷孝祖傳》作"大統"。 王玄謨：字彦德，太原祁（今山西祁縣）人。本書卷一六、《宋書》卷七六有傳。

泰始二年三月三日，[1]與賊合戰，每戰，常以鼓蓋自隨。[2]軍中人相謂曰："殷統軍可謂死將矣，[3]今與賊交鋒，而以羽儀自標顯，若射者十手攢射，[4]欲不斃，得乎。"是日中流矢死。[5]追贈建安縣侯，[6]謚曰忠。

[1]泰始：南朝宋明帝劉彧年號（465—471）。

[2]鼓蓋：鼓吹和傘蓋。高官的儀仗。

[3]死將：《宋書》卷八六《殷孝祖傳》無"將"字。

[4]若射者十手：《宋書·殷孝祖傳》"若"下有"善"字，"十手"作"十士"。

[5]是日中流矢死：《宋書·殷孝祖傳》云其時年五十二。

[6]建安：縣名。治所在今福建建甌市。

琰字敬珉，孝祖族子也。父道鸞，宋衡陽王義季右軍長史。[1]

[1]衡陽王義季：劉義季。宋武帝第七子。本書卷一三、《宋書》卷六一有傳。衡陽，郡名。治湘西縣，在今湖南株洲市西南。

右軍長史：官名。即右軍將軍府長史。右軍，右軍將軍省稱。西晉武帝始置，與前軍、後軍、左軍合稱四軍將軍。主司宮廷宿衛。宋四品。

琰少爲文帝所知，[1]見遇與琅邪王景文相埒。[2]前廢帝永光元年，[3]累遷黃門侍郎。[4]出爲山陽王休祐右軍長史、南梁郡太守。[5]休祐入朝，琰乃行府州事。明帝泰始元年，以休祐爲荆州，[6]會晉安王子勛反，[7]即以琰爲豫州刺史。[8]土人前右軍杜叔寶等並勸琰同逆，[9]琰素無部曲，[10]無以自立，受制於叔寶。二年正月，帝遣輔國將軍劉勔西討之，[11]築長圍，刱攻道於東南角，[12]并作大蝦蟆車載土，[13]牛皮蒙之，三百人推以塞塹。[14]十二月，琰乃始降。時琰有疾，以板自輿，[15]諸將帥面縛請罪，[16]勔並撫宥之，[17]無所誅戮。後除少府，[18]加給事中，[19]卒官。[20]

[1]文帝：南朝宋文帝劉義隆。公元424年至453年在位。在位期間被史家譽爲元嘉之治。本書卷二、《宋書》卷五有紀。

　　[2]琅邪：郡名。治開陽縣，在今山東臨沂市北。　王景文：王彧，字景文。琅邪臨沂（今山東臨沂市）人。本書卷二三、《宋書》卷八五有傳。　相埒（liè）：相等。

　　[3]永光：南朝宋前廢帝劉子業年號（465）。

　　[4]黄門侍郎：官名。門下省次官，給事於宫門之内，侍從皇帝，顧問應對，出則陪乘。與皇帝關係密切。宋五品。

　　[5]山陽王休祐：劉休祐。南朝宋文帝第十三子。本書卷一四、《宋書》卷七二有傳。山陽，郡名。治山陽縣，在今江蘇淮安市。南梁：郡名。僑寄睢陽縣，在今安徽壽縣。

　　[6]荆州：州名。治江陵縣，在今湖北荆州市荆州區。

　　[7]晋安王子勛：劉子勛。字孝德。宋孝武帝劉駿第三子。本書卷一四、《宋書》卷八〇有傳。晋安，郡名。治候官縣，在今福建福州市。

　　[8]豫州：州名。治姑孰，在今安徽當塗縣。爲豫州、南豫州共同的治所。

　　[9]土人：當地人。《宋書》卷八七《殷琰傳》作“士人”。馬宗霍《南史校證》“疑爲傳寫筆誤”，據上下文，以作“土人”爲是（第643頁）。　右軍：馬宗霍《南史校證》以爲其後當脱“參軍”二字，當從《宋書·殷琰傳》及《資治通鑑》卷一三一《宋紀十三》補正（第643—644頁）。中華本亦據《宋書·殷琰傳》補“參軍”。

　　[10]部曲：魏晋世家大族和將領的私人軍隊，或兼從事生産及雜役。

　　[11]輔國將軍：官名。將軍名號。宋三品。

　　[12]南：殿本同，汲古閣本作“西”。

　　[13]大蝦（há）蟇（má）車：古時兵車名。戰爭中用於起土填壕塹。

　　[14]塞壍：堵塞護城河。壍，同“塹”。壕溝。也指護城河。

　　[15]輿：舉，運載。

[16]諸將帥：《宋書·殷琰傳》"諸"前有"與"字。 面縛：雙手反綁於背而面向前。古代用以表示投降。

[17]撫宥：寬慰。

[18]少府：官名。主司宫廷手工業。領左右尚方、東冶、南冶、平準等令、丞。宋三品。

[19]給事中：官名。因在殿中給事（執事）得名。晉朝時始成爲正式官職，前代多爲加官。與諸散騎共侍皇帝，顧問應對，獻納得失。南北朝沿置，地位漸低。

[20]卒官：據《宋書·殷琰傳》，殷琰卒於元徽元年（473），時年五十九。

琰性和雅静素，寡嗜慾，諳前世舊事。事兄甚謹，少以名行見稱。在壽陽被攻圍積時，[1]爲城内所懷附。楊州刺史王景文、征西將軍蔡興宗、司空褚彦回並相與友善。[2]

[1]壽陽：縣名。治所在今安徽壽縣。 積時：長久，長期。

[2]楊州：州名。治建康縣，在今江蘇南京市。楊，汲古閣本同，殿本作"揚"，本卷下同，不再出注。 征西將軍：官名。與征東、征南、征北將軍合稱四征將軍。宋三品，若持節都督則爲二品。 蔡興宗：濟陽考城（今河南民權縣）人。蔡廓子。本書卷二九、《宋書》卷五七有附傳。 司空：官名。名譽宰相，無實際職掌，多爲大臣加官。宋一品。 褚彦回：褚淵。字彦回，河南陽翟（今河南禹州市）人。本書卷二八有附傳，《南齊書》卷二三有傳。

劉勔字伯猷，彭城安上里人也。[1]祖懷義，父穎之，位並郡守。

[1]彭城：郡名。治彭城縣，在今江蘇徐州市。

　　勔少有志節，兼好文義。家貧，仕宋，初爲廣州增城令，[1]稍遷鬱林太守。[2]大明初還都，[3]徐州刺史劉道隆請爲寧朔司馬。[4]竟陵王誕據廣陵爲逆，[5]勔隨道隆受沈慶之節度。[6]事平，封金城縣五等侯，[7]除西陽王子尚撫軍參軍，[8]入直閤。[9]先是，費沈伐陳擅不剋，[10]乃除勔龍驤將軍、西江督護、鬱林太守。[11]勔既至，隨宜翦定，大致名馬，并獻珊瑚連理樹。[12]上甚悦。前廢帝即位，爲屯騎校尉，[13]又入直閤。

[1]廣州：州名。治番禺縣，在今廣東廣州市。　　增城：縣名。治所在今廣東廣州市增城區。

[2]鬱林：郡名。治布山縣，在今廣西桂平市。

[3]大明：南朝宋孝武帝劉駿年號（457—464）。

[4]劉道隆：彭城（今江蘇徐州市）人。本書卷一七、《宋書》卷四五有附傳。　　寧朔司馬：官名。寧朔將軍府司馬，爲軍府高級官吏，管理府内武職，地位僅次於長史。品秩隨府主地位而定。寧朔，寧朔將軍省稱。宋四品。

[5]竟陵王誕：劉誕。字休文。宋文帝第六子。本書卷一四、《宋書》卷七九有傳。竟陵，郡名。治石城，在今湖北鍾祥市。廣陵：郡名。治廣陵縣，在今江蘇揚州市西北蜀岡上。

[6]沈慶之：字弘先，吳興武康（今浙江德清縣）人。本書卷三七、《宋書》卷七七有傳。

[7]金城：縣名。治所在今甘肅蘭州市。　　五等侯：南朝宋所封爵位一種，虛號，無實際封邑，有封邑者則表明多少食邑户，地位在縣子、縣男之下。

[8]西陽王子尚：劉子尚。字孝師，宋孝武帝第二子。本書卷一四、《宋書》卷八〇有傳。西陽，郡名。治西陽縣，在今湖北黄岡市黄州區東。　撫軍：官名。即撫軍將軍。位參照四征將軍。宋三品。

[9]直閤：爲皇帝侍衛之官。朱衣直閤和直閤將軍省稱直閤。

[10]先是，費沈伐陳擅不剋：馬宗霍《南史校證》以爲“先是”後應從《宋書·劉勔傳》增“遣”一字，且該字不可缺少（第644頁）。擅，《宋書》卷八六《劉勔傳》作“檀”。

[11]龍驤將軍：官名。産生於西晉武帝。南朝時期地位較西晉有所降低。　西江督護：官名。一作西江都護。南朝宋、齊、梁置於廣州，專掌西江流域之“俚”“僚”等少數民族。官品在校尉之下，當爲六品。西江，江名。珠江幹流，古稱鬱水，在廣東西部，由黔、鬱、桂三江匯合而成。

[12]連理樹：兩樹交合在一起。

[13]屯騎校尉：官名。屬領軍將軍。掌宿衛兵。爲五校之一。

　　明帝即位，江州刺史晉安王子勛爲逆，[1]四方響應，勔以本官領建平王景素輔國司馬，[2]進據梁山。[3]會豫州刺史殷琰反叛，召勔還都，復兼山陽王休祐驃騎司馬致討。[4]時琰嬰城固守，自始春至于末冬，勔內攻外禦，戰無不捷。善撫將帥，以寬厚爲衆所依。將軍王廣之求勔所自乘馬，[5]諸將並忿廣之貪冒，[6]勸勔以法裁之。勔懽笑，即解馬與廣之。及琰請降，勔約令三軍不得妄動，城內士庶感悦，咸曰來蘇。[7]

[1]江州：州名。治柴桑縣，在今江西九江市西南。

[2]本官：原任官職。相對於後之兼職而言。劉勔的本官當指

前所任屯騎校尉。　領：官制術語。暫攝，常有以卑官領高職之意。　建平王景素：劉景素。宋文帝之孫。本書卷一四、《宋書》卷七二有附傳。建平，郡名。治巫縣，在今重慶巫山縣。

[3]梁山：山名。在今安徽和縣江邊。時爲軍事要地。

[4]兼：官制術語。以本官兼任或兼領他職。臨時委任某官代行某職，或於正式任命某職之前，先授予兼某職的名義，即試職。

驃騎：官名。即驃騎將軍。爲諸名號將軍之首，無具體執掌。宋開府者位從公，一品。

[5]王廣之：字士林，一字林之，沛郡相（今安徽濉溪縣）人。本書卷四六、《南齊書》卷二九有傳。

[6]貪冒：貪得；貪圖財利。冒，貪。

[7]來蘇：因其來而於困苦中獲得蘇息。語本《尚書·仲虺之誥》：“攸徂之民，室家相慶曰：‘徯予後，後來其蘇！’”孔安國傳：“湯所往之民皆喜曰：‘待我君來，其可蘇息。’”

　　還都，拜太子右衛率，[1]封鄱陽縣侯，[2]遷右衛將軍，[3]行豫州刺史，加都督。後徵拜散騎常侍、中領軍。[4]勔以世路糾紛，有懷止足，[5]經始鍾嶺之南，[6]以爲栖息。聚石蓄水，髣髴丘中，[7]朝士雅素者多往游之。

[1]太子右衛率：官名。爲東宮屬官，與太子左衛率合稱太子二率，掌東宮宿衛，亦統兵出征，職位頗重。宋五品。《宋書》卷八六《劉勔傳》作“左衛率”。

[2]鄱陽：縣名。治所在今江西鄱陽縣。

[3]右衛將軍：官名。與領軍將軍、護軍將軍等合稱六軍。負責宮禁宿衛。宋四品。

[4]散騎常侍：官名。集書省官名。掌侍從顧問。宋三品。中領軍：官名。中央禁軍統帥，掌京師駐軍及禁軍。宋三品。

[5]止足：凡事知止知足，懂得適時進退，不貪得無厭。

[6]鍾嶺：山名。又名鍾山。即今江蘇南京市紫金山。

[7]髣（fǎng）髴（fú）：仿佛，好像。

　　明帝臨崩，顧命以爲守尚書右僕射、中領軍。[1]廢帝即位，加兵五百人。元徽初，[2]月犯右執法，[3]太白犯上將，[4]或勸勔解職。勔曰："吾執心行己，無愧幽明；若才輕任重，災眚必及，[5]天道密微，避豈能免？"桂陽王休範爲亂，[6]奄至建鄴，[7]加勔使持節、鎮軍將軍，[8]置佐，鎮扞石頭。[9]既而賊衆屯朱雀航南，[10]右軍將軍王道隆率宿衛向朱雀。[11]聞賊已至，急信召勔，勔戰敗，死之。[12]事平，贈司空，謚曰昭公。[13]子悛。

　　[1]顧命：臨終遺命，多用以稱帝王遺詔。　　守：官制術語。以低職署理高職，或高職署理低職皆稱守。　　尚書右僕射：官名。尚書省次官，協助尚書令領尚書曹事，地位略低於尚書左僕射。宋三品。　　中領軍：馬宗霍《南史校證》以爲似當從《宋書》卷八六《劉勔傳》，在"中領軍"後加"如故"二字，尚書右僕射與中領軍之間"兩讀"，尚書右僕射爲新授之官，中領軍爲先已拜授之官（第644頁）。

　　[2]元徽：南朝宋後廢帝劉昱年號（473—477）。

　　[3]犯：侵凌。　　右執法：星官名。在太微右垣，即今室女座β星。

　　[4]太白：星名。即金星。又名啓明、長庚。　　上將：星名。太微垣東蕃南邊第四星或西蕃南邊第一星。

　　[5]災眚（shěng）：灾殃，禍患。眚，災異。

　　[6]桂陽王休範：劉休範。宋文帝第十八子。本書卷一四、

《宋書》卷七九有傳。桂陽，郡名。治郴縣，在今湖南郴州市。

　　[7]奄至：突然到達。　建鄴：縣名。南朝宋都城所在。治所
在今江蘇南京市。

　　[8]使持節：持皇帝賜予的節杖，以提高威權。重要長官出征、
出鎮、出巡、祭弔時，加使持節，表示尊崇，具有誅殺二千石以下
諸官之權。　鎮軍將軍：官名。位次衛將軍，加"大"字則位從
公。開府儀同如公。宋三品。《宋書·劉勔傳》作"領軍"，《宋
書》中華修訂本校勘記以爲當以"鎮軍將軍"爲是。

　　[9]鎮扞：鎮守捍衛。　石頭：石頭城，在今江蘇南京市西清
涼山，形勢險固。南朝在此建有城堡，派重兵戍守。又稱石頭戍。

　　[10]朱雀航：一作朱雀桁（háng），即朱雀橋。東晉、南朝時
京師建康南門朱雀門外橫跨在秦淮河上古浮橋。故址在今江蘇南京
市中華門內鎮淮橋東。原名南津橋，東晉改爲朱雀桁。爲都城南面
的門户。

　　[11]王道隆：吳興烏程（今浙江湖州市）人。本書卷七七有
附傳，《宋書》卷九四有傳。

　　[12]死之：《宋書·劉勔傳》記載，其時年五十七。

　　[13]昭公：《宋書·劉勔傳》作"忠昭公"，中華本據補。

　　悛字士操，隨父征竟陵王誕於廣陵，以功拜駙馬都
尉。[1]後爲桂陽王征北中兵參軍，[2]與齊武帝同直殿
內，[3]並爲宋明帝所親待，由是與武帝款好。

　　[1]駙馬都尉：官名。無實際職掌，尚公主者多加此號，亦作
爲宗室、外戚、功臣子、貴族、親近之臣的加官。

　　[2]征北：官名。征北將軍的省稱。重號將軍，與征東、征南、
征西將軍並稱四征將軍。宋三品，若爲持節都督則進爲二品。　中
兵參軍：官名。掌本府中兵曹事務，兼備參謀咨詢。宋七品。

［3］齊武帝：蕭賾。字宣遠。公元 482 年至 493 年在位。本書
卷四、《南齊書》卷三有紀。

俊本名忱，宋明帝多忌，反語“劉忱”爲“臨
雠”，[1]改名俊焉。

［1］反語：一種利用反切構成的隱語。即以二字先順着反切，
再顛倒反切切，構成另外二字。反切是漢語的一種傳統注音方法。
以二字相切合，取上一字的聲母，與下一字的韻母和聲調，拼合成
一個字的音。稱爲切或反。

齊武帝嘗至俊宅，晝卧覺，俊自捧金澡罐受四升水
以沃盥，[1]因以與帝，前後所納稱此。

［1］澡罐：僧人盛盥漱用水的器皿。　沃盥（guàn）：澆水
洗手。

後遷安遠護軍、武陵内史。[1]郡南古江堤久廢，[2]俊
脩未畢，而江水忽至，百姓棄役奔走。俊親率屬之，於
是乃立。漢壽人邵榮興六世同爨，[3]俊表其門閭。俊强
濟有世調，[4]善於流俗。蠻王田僮在山中，[5]年垂百餘
歲，南譙王義宣爲荆州，[6]僮出謁，[7]至是又謁俊。明帝
崩，表求奔赴。敕帶郡還都，[8]吏人送者數千萬人。[9]俊
人人執手，係以涕泣，[10]百姓感之，贈送甚厚。

［1］安遠護軍：官名。職掌如將軍，而地位略低，掌少數民族

事務，多爲武陵（今湖南常德市）內史或太守兼任。　武陵：郡名。屬郢州，治臨沅縣，在今湖南常德市。

　[2]古江：《南齊書》卷三七《劉悛傳》作"江古"。

　[3]漢壽：縣名。治所在今湖南常德市東北。　邵榮興：武陵漢壽（今湖南常德市東北）人。本書卷七三有附傳。　六世同㸑（cuàn）：《南齊書》卷五五《封延伯傳》云："武陵郡邵榮興、文獻叔八世同居。"同㸑，同灶炊食。謂同居；不分家。㸑，爐竈。燒火做飯。

　[4]世調：處世治事的才能。

　[5]蠻王：南方少數民族的首領。

　[6]南譙王義宣：劉義宣。宋武帝子。本書卷一三、《宋書》卷六八有傳。南譙，郡名。東晋僑置。治山桑縣，在今安徽巢湖市東南。

　[7]謁（yè）：進見，拜見。

　[8]帶郡：離開郡治後仍職掌該郡事務，屬於破例的優待。文中指劉悛奔赴首都建康後仍職掌武陵內史職務。

　[9]千萬：《南齊書·劉悛傳》"千"字下無"萬"字。

　[10]係：連續，接連不斷地。

　　桂陽之難，[1]加寧朔將軍，助守石頭。父勔於大航戰死，[2]悛時遇疾，扶伏路次，號哭求勔屍。勔屍頂復傷缺，[3]悛割髮補之。持喪墓側，[4]冬日不衣絮。齊高帝代勔爲領軍，[5]素與勔善，書譬悛殷勤抑勉。[6]

　[1]桂陽之難：指宋後廢帝元徽二年（474）桂陽王劉休範自尋陽起兵反叛一事。

　[2]大航：朱雀航或朱雀桁。

　[3]頂復：《南齊書》卷三七《劉悛傳》作"項後"。頂，頭頂。

［4］持喪：《南齊書・劉悛傳》一本作“持哭”。

［5］齊高帝：蕭道成。南朝齊開國君主。本書卷四，《南齊書》卷一、卷二有紀。

［6］抑：殿本同，汲古閣本作“柳”。

　　建平王景素反，[1]高帝總棨。[2]悛初免喪，高帝召悛及弟憕入省，欲使領支軍。[3]及見皆羸削改貌，[4]乃止。霸業初建，悛先致誠節，沈攸之事起，[5]加輔國將軍。後爲廣州刺史，襲爵鄱陽縣侯。武帝自尋陽還，[6]遇悛，驪宴叙舊，[7]停十餘日乃下。遣文惠太子及竟陵王子良攝衣履，[8]備父友之敬。[9]

　　［1］建平王景素反：後廢帝元徽四年（476），建平王景素據京口反叛。

　　［2］棨：馬宗霍《南史校證》以爲“棨”字下當從《南齊書》卷三七《劉悛傳》作“棨軍”（第646頁）。

　　［3］支軍：主力部隊以外的別部。《册府元龜》卷七五三作“父軍”。

　　［4］羸（léi）削：疲憊，瘦削。

　　［5］沈攸之事起：昇明元年（477）荆州刺史沈攸之起兵反蕭道成專權。沈攸之，字仲達，吳興武康（今浙江德清縣）人。本書卷三七有附傳，《宋書》卷七四有傳。

　　［6］尋陽：郡名。治柴桑縣，在今江西九江市西南。

　　［7］叙舊：叙談過去交往的舊事。

　　［8］文惠太子：蕭長懋。字雲喬。齊武帝蕭賾長子。本書卷四四、《南齊書》卷二一有傳。　竟陵王子良：蕭子良。字雲英。齊武帝蕭賾次子。本書卷四四、《南齊書》卷四〇有傳。竟陵，郡名。治萇壽縣，在今湖北鍾祥市。　攝衣履：整理衣服妝容，以示

恭敬。

[9]備：馬宗霍《南史校證》以爲當從《南齊書・劉悛傳》作"修"（第646頁）。

齊受禪，[1]國除，平西記室參軍夏侯恭叔上書，[2]以柳元景中興功臣，[3]劉勔殞身王事，[4]宜存封爵。詔以與運隆替，不容復厝意也。[5]

[1]齊受禪：公元479年南朝宋末代皇帝順帝劉準將帝位轉交給齊高帝蕭道成。

[2]平西：官名。即平西將軍。榮譽加號。開府者位從公。記室參軍：官名。掌章表書記文檄。 夏侯恭叔：譙國（今安徽亳州市）人。本書卷二五有附傳。

[3]柳元景：字孝仁，河東解（今山西臨猗縣）人。本書卷三八、《宋書》卷七七有傳。

[4]劉勔殞身王事：指宋後廢帝元徽二年（474）桂陽王休範反叛，攻入建康城，劉勔參與都城保衛戰而死一事。詳見《資治通鑑》卷一三三《宋紀十五》後廢帝元徽二年。

[5]厝（cuò）意：注意，關心。

初，蒼梧廢，[1]高帝集議中華門，見悛謂曰："君昨直邪？"[2]悛曰："僕昨正直，而之急在外。"[3]至是，上謂悛曰："功名之際，人所不忘，卿昔在中華門答我，何其欲謝世事？"悛曰："臣世受宋恩，門荷齊眷，[4]非常之勳，非臣所及，敢不以實仰答。"[5]

[1]蒼梧廢：指公元477年蕭道成等策劃廢黜時爲皇帝的蒼梧

王一事。蒼梧王，宋後廢帝劉昱，字德融。宋明帝劉彧長子。後被殺，追廢爲蒼梧郡王。本書卷三、《宋書》卷八有紀。蒼梧，郡名。治廣信縣，在今廣西梧州市。

[2]直：入直殿中。

[3]之急在外：馬宗霍《南史校證》以爲此"急"字疑爲内急，"之"猶赴也，謂正當直時，適有内急，因赴急在外。"之急"亦是託詞，蓋不欲參預廢立之議，故託急外出以避之耳。（第646頁）

[4]門荷齊眷：整個家族都受到齊朝的眷顧。

[5]仰答：回答尊者。

　　遷太子中庶子，[1]領越騎校尉。時武帝在東宮，每幸悛坊，[2]閑言至夕，賜屏風帷帳。武帝即位，改領軍將軍。[3]後拜司州刺史。[4]悛父勔討殷琰，平壽陽，無所犯害，百姓德之，爲立碑記，[5]悛步道從壽陽之鎮，[6]過勔碑拜敬涕泣。於州下立學校，得古禮器銅罍、甑、豳山銅罍鐏、銅豆、鍾各二口獻之。[7]

[1]太子中庶子：官名。掌奏事，直侍太子左右。

[2]每：《南齊書》卷三七《劉悛傳》一本作"再"。

[3]領軍將軍：馬宗霍《南史校證》以爲"領軍位高權重，其時悛似未能得之，疑當從《齊書》作領前軍"（第646頁）。中華本據《南齊書·劉悛傳》在"領"字後補"前"字。

[4]司州：州名。治平陽縣，在今河南信陽市。

[5]碑記：《南齊書·劉悛傳》作"碑祀"。

[6]步道：祇可步行不能通車的小路。

[7]罍（léi）：古代一種盛酒的容器。　甑（zèng）：蒸食炊器。　豳（bīn）山銅罍鐏（zūn）：中華本校勘記云："宋本及殿本《南齊書》作'山罍樽'，是。王懋竑《讀書記疑》：'豳山疑誤'。"

酆，古都邑名。在今陝西旬邑縣西南。鐏，盛酒器。　豆：古代食器。形似高足盤，或有蓋，用以盛食物。

　　遷長兼侍中。[1]車駕數幸悛宅。宅盛修山池，造甕牖。[2]武帝著鹿皮冠，[3]披悛菟皮衾，[4]於牖中宴樂。以冠賜悛，至夜乃去。後從駕登蔣山，[5]上數歎曰：“貧賤之交不可忘，糟糠之妻不下堂。”[6]顧謂悛曰：“此況卿也。[7]世言富貴好改其素情，吾雖有四海，今日與卿盡布衣之適。”[8]悛起拜謝。累遷始興王前軍長史、平蠻校尉、蜀郡太守，[9]行益州府州事。[10]

　　[1]長兼：原指長期兼任某職，後發展爲一種任官形式。其秩位低於正員，成爲正式之副職官，職掌與正員同。長兼可以除正，正職亦可降爲長兼。

　　[2]甕（wèng）牖（yǒu）：亦作瓮牖。以破瓮爲窗。代指貧寒之家。牖，木窗。

　　[3]鹿皮冠：隱士所戴的鹿皮製成的帽子。又稱鹿皮、鹿冠、鹿皮帽、鹿皮巾。

　　[4]菟（tù）：通“兔”。　衾（qīn）：大被。中華本校勘記云，疑“衾”當作“裘”，而未明其依據。

　　[5]蔣山：鍾山。又名紫金山，在今江蘇南京市東北。

　　[6]糟（zāo）糠（kāng）：喻稱曾共患難的妻子。典出《後漢書》卷二六《宋弘傳》：“貧賤之知不可忘，糟糠之妻不下堂。”

　　[7]況：比，比擬。

　　[8]適（shì）：安便，自得貌。

　　[9]始興王：蕭鑑。字宣徹。齊高帝蕭道成第十子。本書卷四三、《南齊書》卷三五有傳。始興，郡名。治曲江縣，在今廣東韶

關市南武水西岸。　前軍：官名。即前軍將軍。禁衛軍官。分掌宿衛營兵。　平蠻校尉：官名。防邊官。主護少數民族。治蜀郡（今四川成都市）。　蜀郡：郡名。治成都縣，在今四川成都市。

[10]行益州府州事：以長史職務代行益州刺史之權。"行府州事"或"行州事"，以他官代行某官職權。南朝多以較低官階代行較高官職。通常由都督府上佐官（長史、司馬、諮議參軍）承擔。益州，州名。治成都縣，在今四川成都市。

初，高帝輔政，有意欲鑄錢，以禪讓之際，[1]未及施行。建元四年，[2]奉朝請孔覬上《鑄錢均貨議》，[3]辭證甚博，其略以爲：

[1]禪（shàn）讓：把帝位讓給別人。

[2]建元：南朝齊高帝蕭道成年號（479—482）。

[3]奉朝請：官名。漢朝爲給予退休大臣、宗室、外戚等的一種政治待遇。授此者得特許參加朝會。西晉爲加官名號，常授奉車、駙馬、騎都尉等。東晉、南朝仍作爲加官，時亦單授，列爲散騎省（集書省）屬官，所授冗濫。　孔覬：字思遠，會稽山陰（今浙江紹興市）人。本書卷二七有附傳，《宋書》卷八四有傳。

均貨：錢幣所用分量輕重適宜。

食貨相通，理勢自然。李悝曰：[1]"糴甚貴傷人，[2]甚賤傷農。人傷則離散，農傷則國貧。甚賤與甚貴，其傷一也。"三吳國之關奧，[3]比歲時被水潦，[4]而糴不貴，是天下錢少，非穀穰賤，[5]此不可不察也。鑄錢之弊，在輕重屢變。重錢患難用，而難用爲累輕；輕錢弊盜鑄，而盜鑄爲禍深。人所盜鑄，嚴法不禁者，由上鑄錢惜銅愛工也。[6]惜銅愛工，謂錢無用之器，以通交易，務欲令輕而數多，使省工而易成，不詳慮其爲患也。

[1]李悝（kuī）：又作李克。戰國初期魏國政治家，曾任魏文侯相，實行了一系列變法圖强的措施，包括本篇所言儲糧備荒，實行平糴措施，使魏國富强起來。

[2]糴（dí）：買入糧食。

[3]三吳：吳郡、吳興、義興三郡。　關奥：關鍵形勝之地。《南齊書》卷三七《劉悛傳》作“關閩”。

[4]比歲：連年。　被水潦（lào）：遭遇水澇灾害。潦，同“澇”，水淹，雨多成灾。

[5]穰（ráng）：禾穀豐收。引申爲凡物豐盛之稱。

[6]惜銅愛工：吝惜銅料，節省工本。

自漢鑄五銖至宋文帝，[1]歷五百餘年，制度世有廢興，而不變五銖錢者，明其輕重可法，得貨之宜。[2]以爲開置泉府，[3]方牧貢金，[4]大興鎔鑄。錢重五銖，一依漢法。若官鑄已布於人，[5]使嚴斷翦鑿，[6]輕小破缺無周郭者，悉不得行。官錢細小者，稱合銖兩，銷以爲大。[7]利貧良之人，塞姦巧之路。錢貨既均，遠近若一，百姓樂業，市道無争，衣食滋殖矣。[8]

[1]漢鑄五銖：漢武帝元狩五年（前118）始鑄，重五銖，上有“五銖”二篆字。

[2]貨：財貨，錢幣。

［3］以爲：汲古閣本、殿本同，中華本及《南齊書》卷三七《劉悛傳》作“以爲宜”。　開置：設置。　泉府：掌管國家貨幣、貨物、稅收的機構。

［4］方牧：方伯，地方長官。　貢金：貢獻銅料。

［5］布：流布，發行。

［6］使：汲古閣本、殿本同，中華本據《資治通鑑》卷一三七《齊紀三》改作“使”。　嚴斷：嚴厲禁止。　翦鑿：剪裁，雕鑿。

［7］銷：融化。

［8］滋殖：逐漸繁盛起來。

時議多以錢貨輕轉少，宜更廣鑄，重其銖兩，以防人姦。高帝使諸州郡大市銅炭，[1]會晏駕事寢。[2]

［1］大市：大量市買。

［2］晏駕：車駕晚出。古代稱帝王死亡的諱辭。　事寢：事情遭到擱置。

永明八年，悛啓武帝曰：“南廣郡界蒙山下有城，[1]可二頃地，[2]有燒鑪四所，高一丈，廣一丈五尺。從蒙城度水南百許步，[3]平地掘土深二尺，得銅。又有古掘銅坑深二丈，并居宅處猶存。鄧通南安人，[4]漢文帝賜通嚴道縣銅山鑄錢。[5]今蒙山近在青衣水南，[6]青衣左側並是故秦之嚴道地。[7]青衣縣，文帝改名漢嘉。且蒙山去南安二百里，案此必是通所鑄。[8]近喚蒙山獠出，[9]云‘甚可經略’。此議若立，潤利無極。[10]并獻蒙山銅一片，又銅石一片，[11]平州鑄鐵刀一口。”[12]上從之。遣使入蜀鑄錢，得千餘萬，功費多乃止。

[1]南廣：郡名。治南廣縣，在今四川筠連縣西南。　蒙山：有多處，此指在今四川蘆山、名山二縣之間，在嚴道舊坑，舊鑄錢處。　有城：中華本據《南齊書》卷三七《劉悛傳》在"城"字下補"名蒙城"三字。

[2]可二頃：約略二百畝。

[3]蒙城：地名。當在蒙山附近。

[4]鄧通：蜀郡南安（今四川樂山市）人。漢文帝寵臣，獲賜蜀嚴道銅山，自鑄錢，因之鄧氏錢滿天下。事見《漢書》卷九三《佞幸傳》。　南安：縣名。治所在今四川樂山市。

[5]漢文帝：劉恒。漢高祖之子。《史記》卷一〇、《漢書》卷四有紀。　嚴道：縣名。治所在今四川榮經縣。

[6]青衣水：在青衣縣，今四川名山縣西。

[7]秦：當爲漢朝。

[8]所鑄：中華本據《通志》在"鑄"下補"處"字。語義更爲完備。

[9]獠（lǎo）：蒙山少數民族土人。

[10]無極：無限，無窮無盡。

[11]銅石：銅礦石。

[12]平州：州名。治襄平縣，在今遼寧遼陽市。以產鐵刀著名。

悛仍代始興王鑑爲益州刺史、監益寧二州諸軍事。[1]悛既藉舊恩，尤能承迎權貴，賓客閨房，供費奢廣。[2]罷廣、司二州，領資貢獻，[3]家無留儲。在蜀作金浴盆，[4]餘金物稱是。罷任以本號還都，[5]欲獻之，而武帝晏駕。鬱林新立，[6]悛奉獻減少。鬱林知之，諷有司收悛付廷尉，[7]將加誅戮。明帝啓救之，[8]見原，禁錮終身。[9]雖見廢黜，而賓客日至。

[1]寧：州名。治同樂縣，在今雲南陸良縣。

[2]奢廣：猶廣大，浩大。

[3]資：《南齊書》卷三七《劉悛傳》作“傾”，《資治通鑑》卷一三八《齊紀四》武帝永明十一年亦作“傾”。

[4]瓫（pén）：同“盆”。

[5]本號：本官。

[6]鬱林：南朝齊鬱林王蕭昭業。公元493年至494年在位。後被廢爲鬱林王。本書卷五、《南齊書》卷四有紀。

[7]廷尉：官名。掌刑獄。齊三品。

[8]明帝：南朝齊明帝蕭鸞。公元494年至498年在位。本書卷五、《南齊書》卷六有紀。

[9]禁錮：禁止做官或參與政治活動。

海陵即位，[1]以白衣除兼左户尚書，[2]尋除正。[3]明帝立，加領驍騎將軍，[4]復故官駙馬都尉。悛歷朝見恩遇，[5]高帝爲鄱陽王鏘納悛妹爲妃。[6]明帝又爲晋安王寶義納悛女爲妃。[7]自此連姻帝室。

[1]海陵：南朝齊海陵王蕭昭文。公元494年在位。後被廢爲海陵王。本書卷五、《南齊書》卷五有紀。海陵，郡名。治建陵縣，在今江蘇泰州市東北。

[2]白衣：古未仕者之服，猶後世稱布衣。借指平民。　左户尚書：官名。左民尚書，本書避唐太宗李世民諱改。五曹尚書之一。尚書省左民曹長官。宋、陳皆三品。梁十三班。

[3]除正：即正職之位。

[4]驍騎將軍：官名。禁衛軍官。分掌宿衛營兵。

[5]歷：殿本同，汲古閣本作“立”。

[6]鄱陽王鏘：蕭鏘。字宣韶。齊高帝第七子。本書卷四三、

《南齊書》卷三五有傳。鄱陽，郡名。治鄱陽縣，在今江西鄱陽縣。

[7]晉安王寶義：蕭寶義。字智勇。齊明帝長子。梁受禪，改封巴陵郡王。本書卷四四、《南齊書》卷五〇有傳。晉安，郡名。治候官縣，在今福建福州市。

　　王敬則反，[1]悛出守琅邪城，轉五兵尚書。[2]悛兄弟以父死朱雀航，終身不行此路。明帝崩，東昏即位，[3]改授散騎常侍，領驍騎將軍，尚書如故。衛送山陵，[4]路經朱雀航感慟，[5]至曲阿而卒。[6]贈太常，[7]常侍、都尉如故。[8]謚曰敬子。[9]

　　[1]王敬則反：齊明帝誅殺勳舊，王敬則心懷不安，明帝永泰元年（498），起兵興事未遂，被告發、討滅。詳見《南齊書》卷二六《王敬則傳》。王敬則，臨淮射陽（今江蘇寶應縣）人，僑居晉陵南沙（今江蘇常熟市）。本書卷四五、《南齊書》卷二六有傳。

　　[2]五兵尚書：官名。尚書省諸曹之一。管理全國兵籍、徵兵、儀仗等軍事行政。南朝宋、齊領中兵、外兵、騎兵、別兵、都兵，故名。

　　[3]東：殿本、《南齊書》卷三七《劉悛傳》同，汲古閣本作"黃"。

　　[4]山陵：原指帝王或皇后的墳墓。此處指宋明帝的遺骸。

　　[5]感慟：感傷哀痛。

　　[6]曲阿：縣名。屬南徐州晉陵郡。治所在今江蘇丹陽市。按，《南齊書·劉悛傳》記載，其卒時年六十一。

　　[7]太常：官名。列卿之一，掌禮儀、祭祀。

　　[8]都尉：官名。駙馬都尉。屬集書省，掌侍從顧問。

　　[9]敬子：《南齊書·劉悛傳》作"敬"。

子孺字季幼，[1]幼聰敏，七歲能屬文。年十四居喪，[2]毀瘠骨立，[3]宗黨咸異之。叔父瑱爲義興郡，[4]攜以之官，常置坐側，謂賓客曰：“此吾家明珠也。”及長，美風采，性通和，雖家人不見其喜慍。[5]本州召迎主簿。起家中軍法曹行參軍，[6]時鎮軍沈約聞其名，[7]引爲主簿，恒與游宴賦詩，大爲約所嗟賞。[8]累遷太子中舍人。[9]

[1]季幼：汲古閣本同，《梁書》卷四一《劉孺傳》、殿本作“孝稚”。

[2]居喪：馬宗霍《南史校證》認爲當從《梁書》本傳，在“居”字下加“父”字（第648頁）。

[3]毀瘠：因居喪過哀而極度瘦弱。　骨立：形容人消瘦到極點。

[4]義興：郡名。治陽羨縣，在今江蘇宜興市。

[5]喜慍（yùn）：喜怒。

[6]中軍：官名。中軍將軍。爲禁衛軍官，掌宿衛營兵。　法曹行參軍：官名。軍府佐吏。掌律令事。

[7]沈約：字休文，吳興武康（今浙江德清縣）人。本書卷五七、《梁書》卷一三有傳。

[8]嗟賞：贊嘆。

[9]太子中舍人：官名。東宮屬官，與太子中庶子共掌文翰、侍從規諫。宋六品。齊官品不詳。

孺少好文章，性又敏速，嘗在御坐爲《李賦》，[1]受詔便成，文不加點。[2]梁武帝甚稱賞之。[3]後侍宴壽光殿，[4]詔群臣賦詩。時孺與張率並醉，[5]未及成。帝取孺手板題戲之曰：[6]“張率東南美，劉孺洛陽才，攬筆便應就，何事久遲回。”其見親愛如此。

[1]御坐：皇帝的寶座旁邊。

[2]文不加點：指寫文章迅速，不加塗改就寫成。形容文思敏捷。

[3]梁武帝：蕭衍。公元 502 年至 549 年在位。本書卷六、卷七，《梁書》卷一至卷三有紀。

[4]壽光殿：南朝宫中有壽光省，省内有殿閣。

[5]張率：字士簡，吳郡吳（今江蘇蘇州市）人。本書卷三一有附傳，《梁書》卷三三有傳。

[6]手板：古時大臣朝見時，用以指畫或記事的狹長板子。

遷中書郎，[1]兼中書通事舍人。[2]歷太子中庶子，尚書吏部郎。[3]累遷散騎常侍，左户尚書。大同五年，[4]守吏部尚書。出爲晋陵太守，[5]在郡和理，爲吏人所稱。入爲侍中。後復爲吏部尚書。母憂，以毀卒，[6]謚曰孝子。

[1]中書郎：官名。中書侍郎、中書通事郎的省稱。起初承擔詔令之起草，後成爲重臣子弟或諸王起家的清閑職官。梁九班。

[2]中書通事舍人：官名。簡稱通事舍人或舍人。中書省屬官。西晋分置通事、舍人兩職，東晋合爲通事舍人一職。南朝宋沿置，掌收納、轉呈文書章奏。梁四班。

[3]尚書吏部郎：官名。吏部尚書的屬官。領吏部曹，掌人事任免。梁十一班。

[4]大同：南朝梁武帝蕭衍年號（535—546）。

[5]晋陵：郡名。治晋陵縣，在今江蘇常州市。

[6]以毁卒：據《梁書》卷四一《劉孺傳》，其卒時年五十九。

　　孺少與從兄苞、孝綽齊名，苞早卒，孝綽數坐免
黜，位並不高，唯孺貴顯。有文集二十卷。孺弟覽。

　　覽字孝智，十六通《老》《易》，[1]位中書郎。以所
生母憂，廬于墓，常再期不嘗鹽酪，[2]食麥粥而已。隆
冬止著單布衣，家人慮不勝喪，中夜竊置炭於牀下，覽
因暖得寐。及覺知之，號慟歐血。梁武帝聞其至性，數
使省視。

　　[1]《老》：老子所著《道德經》。道家的經典著作主自然無
爲，今本分上下篇，五千餘字。　　《易》：書名。古代卜筮之書。
有《連山》《歸藏》《周易》三種，合稱三《易》，今僅存《周
易》，简稱《易》。

　　[2]常：中華本校勘記云：“按《梁書》、《册府元龜》七五三、
《太平御覽》八五九引並無‘常’字。”　　再期：指服喪兩年。期，
一周年。舊時父母之喪爲三年，但到第二個忌日即除去喪服，故
稱。　　鹽酪：鹽和乳酪。

　　服闋，[1]除尚書左丞。[2]性聰敏，尚書令史七百
人，[3]一見並記名姓。當官清正無所私。從兄吏部郎孝
綽，在職頗通贓貨，[4]覽劾奏免官。孝綽怨之，常謂人
曰：“犬噬行路，[5]覽噬家人。”出爲始興內史，居郡尤勵
清節。[6]復爲左丞，卒官。覽弟遵。

　　[1]服闋（què）：守喪期滿除服。闋，終了。

[2]尚書左丞：官名。尚書省佐官，位次尚書，與右丞共掌尚書省庶務，率諸都令史監督稽核尚書曹、郎曹政務，監察糾彈尚書令、僕射、尚書等文武百官，號稱"監司"，分管宗祠祭祀、朝儀禮制、選授官吏及文書章奏。梁九班。

[3]尚書令史：尚書省所設低級辦事吏員。梁流外三品勳位。

[4]通贓貨：受賄賂。

[5]噬（shì）：咬。《梁書》卷四一《劉覽傳》作"齧"。　行路：路上行人。

[6]清節：清操。高潔的節操。

　　遵字孝陵，少清雅有學行，工屬文。[1]爲晋安王綱宣惠、雲麾二府記室，[2]甚見賓禮。[3]王立爲皇太子，仍除中庶子。遵自隨蕃及在東宮，[4]以舊恩偏蒙寵遇，[5]時輩莫及。卒官，[6]皇太子深悼惜之，與遵從兄陽羨令孝儀令曰：[7]"賢從弟中庶奄至殞逝，[8]痛可言乎。其孝友淳深，[9]立身貞固，内含玉潤，外表瀾清，[10]言行相符，終始如一。文史該富，[11]琬琰爲心，[12]辭章博贍，玄黃成采。[13]既以鳴謙表性，[14]又以難進自居。[15]吾昔在漢南，[16]連翩書記；[17]及忝朱方，[18]從容坐首。鶖舟乍動，[19]朱鷺徐鳴，未嘗一日而不追隨，一時而不會遇。益者三友，[20]此寔其人。及弘道下邑，[21]未申善政，而能使人結去思，[22]野多馴翟，[23]此亦威鳳一羽，足以驗其五德。"其見愛賞如此。

[1]工屬（zhǔ）文：擅長作文章。

[2]晋安王綱：梁簡文帝蕭綱。初封晋安王。本書卷八、《梁書》卷四有紀。　宣惠：官名。即宣惠將軍。梁置，與鎮兵、翊

師、宣毅將軍代舊四中郎將。爲一百二十五號將軍之一，十七班。

　雲麾：官名。即雲麾將軍。梁置，與武臣、爪牙、龍騎將軍代舊前後左右四將軍。爲一百二十五號將軍之一，十八班。　記室：官名。記室參軍。王公軍府屬官，掌文記。宋七品。梁初六品。

　[3]賓禮：禮遇。

　[4]蕃：殿本同，汲古閣本作“藩”。　東宮：太子所居住的地方。亦借指太子。

　[5]徧：殿本同，汲古閣本作“徧”。

　[6]卒官：《梁書》卷四一《劉覽傳》記載其卒於梁武帝大同元年（535）。

　[7]陽羨：縣名。治所在今江蘇宜興市南。

　[8]奄至：突然。

　[9]淳深：敦厚。

　[10]瀾清：清澄如水。

　[11]該富：詳備豐富。

　[12]琬（wǎn）琰（yǎn）：泛指美玉。比喻品德或文詞之美。

　[13]玄黃：黑與黃。指天地的顏色。

　[14]鳴謙：謂謙德表著於外。

　[15]難進：慎於進取。

　[16]漢南：漢水之南。

　[17]連翩（piān）：連續不斷。

　[18]忝（tiǎn）：謙辭。表示辱没他人，自己有愧。　朱方：此處代指南徐州。蕭綱梁武帝普通二年（521）爲南徐州刺史，劉遵爲州治中。

　[19]鷁（yì）舟：船頭畫有鷁鳥（一種水鳥）圖像的船，亦泛指船。　乍（zhà）：突然。

　[20]益者三友：孔子認爲對自己有助益的朋友有三種。《論語·季氏》：“孔子曰：‘益者三友……友直、友諒、友多聞。’”

　[21]及：殿本、《梁書·劉覽傳》同，汲古閣本作“乃”。

[22]結去思：打消離開的念頭。

[23]馴雉：馴順的雉。翟，汲古閣本同，《梁書·劉覽傳》、殿本作"雉"。

苞字孝嘗，一字孟嘗，悛弟子也。父恒，位太子中庶子。苞三歲而孤，[1]至六七歲，見諸父常泣。時伯父悛、繪等並顯貴，[2]其母謂其畏憚，怒之。苞曰："早孤不及有識，聞諸父多相似，故心中悲耳。"因而歔欷，[3]母亦悲慟。初，苞父母及兩兄相繼亡歿，[4]悉假瘞焉。[5]苞年十六，始移墓所，經營改葬，不資諸父。奉君母朱夫人及所生陳氏並扇席溫枕，[6]叔父繪常歎伏之。[7]

[1]三歲：《梁書》卷四九《劉苞傳》作"四歲"。 孤：幼年喪父。

[2]伯父：《梁書·劉苞傳》作"伯叔父"。馬宗霍《南史校證》認爲"《南史》誤奪，當據補"（第649頁）。

[3]歔（xū）欷（xī）：嘆息。

[4]亡歿（mò）：死亡。亦作"亡没"。

[5]假瘞（yì）：暫時安葬。

[6]君母：中華本校勘記云《通志》作"嫡母"。真大成《中古史書校證》以爲君母、嫡母義同，庶出之子女對父之正妻的稱謂（中華書局2013年版，第318頁）。 扇席溫枕：漢黃香、晋王延皆有事親夏扇枕、冬溫席事。後遂以扇枕溫席或扇枕溫被爲事親盡孝的典故。也作"溫席扇枕"。

[7]伏：汲古閣本同，殿本、《梁書·劉苞傳》作"服"。

少好學，能屬文，家有舊書，例皆殘蠹，[1]手自編緝，[2]筐篋盈滿。[3]梁初，以臨川王妃弟，[4]故自征虜主簿遷右軍功曹，[5]累遷太子洗馬，[6]掌書記，[7]侍講壽安殿。[8]及從兄孝綽等並以文藻見知，[9]多預宴坐。受詔詠天泉池荷及《採菱調》，[10]下筆即成。

[1]殘蠹（dù）：殘缺蛀蝕。

[2]編緝：編輯。

[3]筐篋（qiè）：用竹枝等編製的狹長形箱子。

[4]臨川王：蕭宏。梁武帝異母弟。本書卷五一、《梁書》卷二二有傳。臨川，郡名。治南城縣，在今江西南城縣東南。

[5]征虜主簿：官名。征虜將軍主簿，主府內文書事。征虜將軍，將軍名號。亦作高級文職官員的加官。宋三品。　右軍功曹：官名。右軍將軍功曹。右軍將軍，禁衛軍將領之一，與左軍、前軍、後軍合稱四軍，掌宮廷宿衛。宋四品。齊官品不詳。右軍，《梁書》卷四九《劉苞傳》作“中軍”。

[6]太子洗馬：官名。東宮屬官，掌文翰，爲清簡之職。員八人，梁初七品。

[7]書記：簿錄文書。

[8]壽安殿：建康宮城殿名。《梁書·劉苞傳》作“壽光殿”。

[9]文藻：文采。

[10]天泉池：原名當爲天淵池，避唐諱改。在南朝建康華林園內。　《採菱調》：樂府清商曲名。又稱《採菱歌》《採菱曲》。

天監十年卒，[1]臨終呼友人南陽劉之遴託以喪事從儉。[2]苞居官有能名，性和直，與人交，面折其非，[3]退稱其美，士友咸以此歎惜之。

[1]天監：南朝梁武帝蕭衍年號（502—519）。按，《梁書》卷四九《劉苞傳》記載，其時年三十。

[2]南陽：郡名。治宛縣，在今河南南陽市。　劉之遴：字思貞，南陽涅陽（今河南鄧州市）人。本書卷五〇有附傳，《梁書》卷四〇有傳。

[3]面折（zhé）其非：當面批評其過錯、不足。

　　繪字士章，愃弟也。[1]初爲齊高帝行參軍，[2]帝歎曰："劉公爲不亡也。"[3]及豫章王嶷鎮江陵，[4]繪爲鎮西外兵參軍，[5]以文義見禮。時琅邪王鋼爲功曹，[6]以吏能自進，嶷謂僚佐曰："吾雖不能得應嗣、陳蕃，[7]然閣下自有二驥也。"

[1]愃：殿本同，汲古閣本作"悛"。

[2]行參軍：兼行，代理參軍一職。

[3]劉公爲不亡也：意爲稱贊劉繪德行、才能不遜於其父劉勔。

[4]豫章王嶷：蕭嶷。字宣儼。齊高帝第二子。本書卷四二、《南齊書》卷二二有傳。豫章，郡名。治南昌縣，在今江西南昌市。　江陵：縣名。治所在今湖北荆州市荆州區。

[5]鎮西外兵參軍：官名。鎮西將軍府外兵參軍。鎮西將軍，與鎮東、鎮南、鎮北將軍合稱四鎮將軍。多爲持節都督，出鎮方面。宋三品。兵參軍，諸公軍府屬官。掌本府軍隊政令。

[6]琅邪：郡名。治開陽縣，在今山東臨沂市北。　王鋼：汲古閣本同，殿本作"王綱"。中華本據《南齊書》卷四八《劉繪傳》改作"王詡"。王詡，琅邪臨沂（今山東臨沂市）人。王晏弟。本書卷二四、《南齊書》卷四二有附傳。　功曹：官名。王府功曹。參與王府選人及政務。

[7]陳蕃：字仲舉，汝南平輿（今河南平輿縣）人。王堂任汝

南太守時，任其爲功曹，任應嗣爲主薄。《後漢書》卷六六有傳。

　　性通悟，出爲南康相，[1]郡人有姓賴，所居名穢里，刺謁繪，繪戲嘲之曰："君有何穢，而居穢里？"此人應聲曰："未審孔丘何闕，而居闕里。"[2]繪嘿然不答，[3]亦無忤意，[4]歎其辯速。

　　[1]南康相：官名。南康國相。南康，郡名。治贛縣，在今江西贛州市東北。郡稱太守，屬國稱相。

　　[2]闕里：孔子故里。

　　[3]嘿然：沉默無言的樣子。嘿，殿本同，汲古閣本作"默"。不答：不應答。

　　[4]忤（wǔ）意：違逆心意。

　　後歷位中書郎，掌詔誥。[1]敕助國子祭酒何胤撰脩禮儀。[2]永明末，都下人士盛爲文章談義，[3]皆湊竟陵西邸，[4]繪爲後進領袖。時張融以言辭辯捷，[5]周顒彌爲清綺，[6]而繪音采不贍麗，[7]雅有風則。[8]時人爲之語曰："三人共宅夾清漳，張南周北劉中央。"言其處二人間也。

　　[1]詔誥：文體名。古代帝王、皇太后或皇后發布的命令、文告。

　　[2]國子祭酒：官名。列卿太常屬官。掌禮儀祭祀等。　何胤：字子季。廬江灊（今安徽霍山縣）人。本書卷三〇、《南齊書》卷五四、《梁書》卷五一有附傳。

　　[3]談義：談論義理。

　　[4]湊：會聚，聚集。　竟陵西邸：竟陵王蕭子良於齊武帝永明五年（487）移居雞籠山邸，集學士抄五經、百家。西邸當即指此處。詳見《南齊書》卷四〇《竟陵文宣王子良傳》。

　　[5]張融：字思光，吳郡吳（今江蘇蘇州市）人。南朝名士。本書卷三二有附傳，《南齊書》卷四一有傳。　辯捷：能言善辯，才思敏捷。

　　[6]周顒：字彥倫，汝南安成（今河南汝南縣）人。本書卷三四有附傳，《南齊書》卷四一有傳。　彌：副詞。表示程度加深。　清綺：猶清麗。

　　[7]不：中華本以爲該字係衍文，並據《太平御覽》卷六一七引文刪。　贍麗：富麗。

　　[8]風則：指符合規範的言行舉止。

　　魚復侯子響誅後，[1]豫章王嶷欲求葬之，召繪爲表言其事，繪須臾便成。嶷歎曰：“禰衡何以過此。”[2]唯足八字云：“提攜鞠養，[3]俯見成人。”後魏使至，繪以辭辯被敕接使。事畢，當撰語辭。繪謂人曰：“無論潤色未易，但得我語亦難矣。”

　　[1]魚復侯子響誅後：齊武帝永明七年（489）子響圖謀不軌謀反，事泄被攻殺。魚復侯子響，蕭子響。字雲音。齊武帝第四子。本書卷四四、《南齊書》卷四〇有傳。魚復，縣名。治所在今重慶奉節縣東白帝城。

　　[2]禰衡：字正平，平原般（今山東樂陵市）人。東漢才士，以思敏善辯著稱。《後漢書》卷八〇下有傳。

　　[3]提攜：照顧，扶植。　鞠養：撫養，養育。

隆昌中，兄悛坐事將見誅，繪伏闕請代兄死，明帝輔政，救之，乃免死。明帝即位，爲太子中庶子。安陸王寶晊爲湘州，[1]以繪爲冠軍長史、長沙内史，[2]行湘州事。寶晊妃，悛女也。寶晊愛其侍婢，繪奪取，具以啓聞，寶晊以爲恨，與繪不協。遭母喪去官，有至性。服闋，爲晋安王征北長史、南海太守，[3]行南徐州事。[4]

[1]安陸王寶晊（zhì）：蕭寶晊。本書卷四一、《南齊書》卷四五有附傳。安陸，郡名。治安陸縣，在今湖北安陸市。 湘州：州名。治臨湘縣，在今湖南長沙市。

[2]冠軍長史：官名。冠軍將軍府長史。位在輔國將軍上，多用作加官。宋、齊皆三品。 長沙：郡名。治臨湘縣，在今湖南長沙市。

[3]南海：中華本據《南齊書》卷四八《劉繪傳》作“南東海”。南東海，僑郡名。治京口城，在今江蘇鎮江市。

[4]南徐州：僑州名。治京口城，在今江蘇鎮江市。

及梁武起兵，[1]朝廷以繪爲雍州刺史，[2]固讓不就。衆以朝廷昏亂，爲之寒心。繪終不受，乃改用張欣泰。[3]轉繪建安王車騎長史，[4]行府國事。[5]

[1]梁武起兵：齊永元二年（500）梁武起兵伐齊東昏侯。

[2]雍州：僑州名。治襄陽縣，在今湖北襄陽市。

[3]張欣泰：字義亨，竟陵竟陵（今湖北潛江市）人。本書卷二五有附傳，《南齊書》卷五一有傳。

[4]建安王：蕭寶寅。字智亮。齊明帝第六子，初封建安王，後改鄱陽王。東昏侯時爲車騎將軍，鎮石頭戍。本書卷四四、《南

齊書》卷五〇、《魏書》卷五九、《北史》卷二九有傳。建安，郡名。治建安縣，在今福建建甌市。　車騎：官名。即車騎將軍。位次驃騎將軍，在諸名號將軍上，多作爲軍府名號，以加授大臣及重要州郡長官，無具體職掌。齊官品不詳。

［5］行府國事：代理車騎將軍府和建安王國事務。

　　及東昏見殺，[1]城内遣繪及國子博士范雲等齎其首詣梁武帝於石頭。[2]轉大司馬從事中郎，卒。[3]子孝綽。

　　［1］東昏見殺：事在公元 501 年。東昏，南朝齊東昏侯蕭寶卷。公元 498 年至 501 年在位。後被追貶爲東昏侯。本書卷五、《南齊書》卷七有紀。

　　［2］國子博士：官名。國立儒學最高學府國子學博士。又稱太學博士。南朝齊高帝建元四年（482）立國學，置博士二人。掌國學中衆事，亦教授生徒。位準中書郎，五品。　范雲：字彦龍，南鄉舞陰（今河南泌陽縣）人。本書卷五七、《梁書》卷一三有傳。
　　齎（jī）：持，拿。

　　［3］卒：據《南齊書》卷四八《劉繪傳》，其卒於齊和帝中興二年（502），年四十五。

　　孝綽字孝綽，本名冉。幼聰敏，七歲能屬文。舅齊中書郎王融深賞異之，[1]與同載以適親友，[2]號曰神童。融每曰：“天下文章若無我，當歸阿士。”阿士即孝綽小字也。父繪，齊時掌詔誥，孝綽時年十四，繪常使代草之。父黨沈約、任昉、范雲等聞其名，[3]命駕造焉，昉尤相賞好。范雲年長繪十餘歲，[4]其子孝才與孝綽年並十四五。[5]及雲遇孝綽，便申伯季，乃命孝才拜之。兼善草隸，自以書似父，乃變爲別體。

[1]王融：字元長，琅邪臨沂（今山東臨沂市）人。本書卷二一有附傳，《南齊書》卷四七有傳。

[2]適：前往。

[3]任昉：字彥升（一作"彥昇"），樂安博昌（今山東博興縣）人。本書卷五九、《梁書》卷一四有傳。

[4]范雲年長繪十餘歲：洪頤煊《梁書考異》云，據《南齊書》卷四八《劉繪傳》、《梁書》卷一三《范雲傳》，范雲年長劉繪七歲，不得云十餘歲。

[5]孝才：《梁書》卷三三《劉孝綽傳》作"季才"。

梁天監初，起家著作佐郎，[1]爲歸沐詩贈任昉，[2]昉報曰："彼美洛陽子，[3]投我懷秋作，詎慰耋嗟人，[4]徒深老夫託。直史兼褒貶，轄司專疾惡，[5]九折多美疢，[6]匪報庶良藥。"[7]其爲名流所重如此。

[1]著作佐郎：官名。秘書省屬官，佐著作郎掌國史，集注起居。爲清簡之職，多爲甲族貴游起家之選。梁二班。

[2]歸沐：官吏休假。沐，洗髮。

[3]洛陽子：指劉孝綽。因孝綽贈詩有"步出金華省，還望承明廬。壯載宛洛地，佳麗實皇居"之句，以洛陽比建康，故任昉稱其爲"洛陽子"。

[4]詎（jù）：豈能。　耋嗟：衰老之人。

[5]轄司：此任昉自指。任時爲御史中丞、秘書監，既督司百僚，又是孝綽的上司，故自稱轄司。

[6]美疢：指明知有害而順從。疢，通"疢"。

[7]匪報：《詩·衛風·木瓜》："投我以木瓜，報之以瓊琚。匪

報也，永以爲好也。"此處用以指此答詩。

後遷兼尚書水部郎，[1]奉啓陳謝。手敕答曰："美錦未可便製，[2]簿領亦宜稍習。"[3]頃之即真。[4]武帝時因宴幸，令沈約、任昉等言志賦詩，孝綽亦見引。嘗侍宴，於坐作詩七首，武帝覽其文，篇篇嗟賞，[5]由是朝野改觀。累遷秘書丞。[6]武帝謂舍人周捨云：[7]"第一官當知用第一人。"故以孝綽居此職。

[1]尚書水部郎：官名。尚書省諸曹郎之一，屬都官尚書。掌水道工程舟楫橋梁漕運政令。梁五班。

[2]美錦：喻主政之官職。

[3]簿領：掌管官府記事的簿册或文書的低級官吏。

[4]即真：正式就職。

[5]嗟（jiē）賞：猶贊賞，嘆賞。

[6]秘書丞：官名。秘書省官。與秘書郎共修國史。梁八班。

[7]周捨：字昇逸，汝南安成（今河南汝南縣）人。本書卷三四有附傳，《梁書》卷二五有傳。

後爲太子僕，[1]掌東宫管記。[2]時昭明太子好士愛文，[3]孝綽與陳郡殷芸、吴郡陸倕、琅邪王筠、彭城到洽等同見禮。[4]太子起樂賢堂，乃使先圖孝綽。[5]太子文章，群才咸欲撰録，[6]太子獨使孝綽集而序之。遷兼廷尉卿。[7]

[1]太子僕：官名。主太子車馬，職似太僕，與家令、率更令同隸詹事。梁視爲黄門郎。

[2]東宮管記：官名。掌東宮文牘。

[3]昭明太子：蕭統。字德施。梁武帝太子，謚號昭明。本書卷五三、《梁書》卷八有傳。

[4]殷芸：字灌蔬，陳郡長平（今河南西華縣）人。本書卷六〇有附傳，《梁書》卷四一有傳。　陸倕：字佐公，吳郡吳（今江蘇蘇州市）人。本書卷四八有附傳，《梁書》卷二七有傳。　王筠：字元禮，一字德柔，琅邪臨沂（今山東臨沂市）人。本書卷二二有附傳，《梁書》卷三三有傳。　到洽：字茂沿，彭城武原（今江蘇邳州市）人。本書卷二五有附傳，《梁書》卷二七有傳。

[5]乃使：《梁書》卷三三《劉孝綽傳》下有“畫工”二字，馬宗霍《南史校證》以爲此二字不可省（第 652 頁）。　圖：畫像。

[6]撰録：撰集，叙録。

[7]廷尉卿：官名。梁十二卿之一，掌刑辟，屬官有廷尉正、平、監及胄子律博士等。十一班。

　　初，孝綽與到溉兄弟甚狎，[1]溉少孤，宅近僧寺，孝綽往溉許，[2]適見黄卧具，孝綽謂僧物色也，撫手笑。溉知其旨，奮拳擊之，傷口而去。又與洽同游東宮，孝綽自以才優於洽，每於宴坐嗤鄙其文，[3]洽深銜之。及孝綽爲廷尉，攜妾入廷尉，其母猶停私宅。[4]洽尋爲御史中丞，[5]遣令史劾奏之，[6]云“攜少妹於華省，[7]棄老母於下宅”。武帝爲隱其惡，改妹字爲姝，[8]孝綽坐免官。諸弟時隨蕃皆在荆、雍，乃與書論共洽不平者十事，其辭皆訴到氏。[9]又寫別本封至東宮，[10]昭明太子命焚之，不開視。

〔1〕到溉：字茂灌，彭城武原（今江蘇邳州市）人。本書卷二五有附傳，《梁書》卷四〇有傳。　狎：親近。

〔2〕許：處所。

〔3〕嗤（chī）鄙：譏笑鄙視。

〔4〕停：停留，暫時居住。

〔5〕御史中丞：官名。御史臺官。掌奏劾不法。梁十一班。

〔6〕令史：主書令史，流外官。

〔7〕少：殿本同，汲古閣本作“小”。

〔8〕改姝字爲姝（shū）：中華本校勘記疑“姝”“姝”二字互倒。姝，美女。

〔9〕訴：《梁書》卷三三《劉孝綽傳》作“鄙”。

〔10〕別本：副本。　封：封印。　至：《梁書·劉孝綽傳》作“呈”。馬宗霍《南史校證》以爲當作“呈”（第 652 頁）。

　　孝綽免職後，武帝數使僕射徐勉宣旨慰撫之，[1]每朝宴常預焉。及武帝爲《籍田詩》，[2]又使勉先示孝綽。時奉詔作者數十人，帝以孝綽詩工，[3]即日起爲西中郎湘東王諮議參軍。[4]遷黃門侍郎、尚書吏部郎，[5]坐受人絹一束，爲餉者所訟，左遷信威臨賀王長史。[6]晚年忽忽不得志，後爲秘書監。[7]

〔1〕僕射：官名。即尚書僕射。　徐勉：字脩仁，東海郯（今山東郯城縣）人。本書卷六〇、《梁書》卷二五有傳。

〔2〕籍田：古時帝王於春耕前親耕農田，以奉祀宗廟，寓有勸農之意。亦作“藉田”。

〔3〕詩工：詩詞精緻華麗。

〔4〕西中郎：官名。即西中郎將，與東、南、北中郎將合稱四中郎將。南朝宋、齊時多以宗室爲之，職權甚重，或領刺史，乃至

持節都督一方軍政事務。　湘東：梁元帝蕭繹初封爵號。蕭繹，字世誠，小字七符。本書卷八、《梁書》卷五有紀。湘東，郡名。治臨烝縣，在今湖南衡陽市。　諮議參軍：官名。掌參謀軍務。宋七品。梁時皇弟皇子府諮議參軍爲九班。

[5]黃門侍郎：官名。爲侍中省或門下省次官，侍從皇帝、顧問應對，出則陪乘。梁十班。　尚書吏部郎：官名。尚書省屬官。掌官職甄別任免，爲清要之職。梁十一班。

[6]左遷：降職，貶官。古人尚右，以左爲賤。　信威：官名。信威將軍之省稱。梁置，與智威、仁威、勇威、嚴威將軍代舊征虜將軍。梁武帝天監七年（508）定爲武職二十四班中的十六班，大通三年（529）定爲武職三十四班中的二十六班。　臨賀王：蕭正德。字公和。梁武帝弟蕭宏第三子。本書卷五一有附傳，《梁書》卷五五有傳。臨賀，郡名。治臨賀縣，在今廣西賀州市東南。

[7]秘書監：官名。秘書寺長官，綜理經籍，考校古今，課試署吏，統著作局，掌國史修撰並管理中外三閣圖書。梁十一班。

初，孝綽居母憂，[1]冬月飲冷水，因得冷癖，以大同五年卒官，年五十九。

[1]居母憂：爲母服喪期間。

孝綽少有盛名，而杖氣負才，多所陵忽。[1]有不合意，極言詆訾。[2]領軍臧盾、太府卿沈僧昊等並被時遇，[3]孝綽尤輕之。每於朝集會同，[4]處公卿間無所與語，反呼驛卒訪道途間事，[5]由此多忤於物，[6]前後五免。孝綽辭藻爲後進所宗，時重其文，每作一篇，朝成暮徧，好事者咸誦傳寫，[7]流聞河朔，[8]亭苑柱壁莫不題之。文集數十萬言，[9]行於時。兄弟及群從子姪當時有七十人，並能屬文，近古未之有也。

[1]陵忽：欺凌輕慢。

[2]極言：竭力陳説。　詆（dǐ）訾（zǐ）：毀謗；非議。

[3]臧盾：字宣卿，東莞莒（今山東莒縣）人。本書卷一八有附傳，《梁書》卷四二有傳。　太府卿：官名。梁武帝天監七年（508）置，爲十二卿之一。掌金銀錢帛、關市税收。位視宗正。梁十三班。　昊：《梁書》卷三三《劉孝綽傳》作“杲”。　時遇：指天子或朝廷的知遇。

[4]會同：古代諸侯朝見天子的通稱。《詩·小雅·車攻》：“赤芾金舄，會同有繹。”毛亨傳：“時見曰會，殷見曰同。”

[5]驃：殿本、《梁書·劉孝綽傳》同，汲古閣本作“謥”。

[6]物：衆人。

[7]咸誦傳寫：汲古閣本同，殿本作“咸傳誦寫”，《梁書·劉孝綽傳》作“咸諷誦傳寫”。傳寫，傳抄，轉抄。

[8]河朔：泛指黃河以北的地區。《梁書·劉孝綽傳》作“絶域”。

[9]文集數十萬言：《隋書·經籍志四》載梁廷尉卿劉孝綽有文集十四卷。

其三妹，一適琅邪王叔英，[1]一適吳郡張嶷，[2]一適東海徐悱，[3]並有才學。悱妻文尤清拔，[4]所謂劉三娘者也。悱爲晋安郡卒，喪還建鄴，妻爲祭文，辭甚悽愴。[5]悱父勉本欲爲哀辭，及見此文，乃閣筆。[6]

[1]適：出嫁。

　　[2]吳郡：郡名。治吳縣，在今江蘇蘇州市。　張嵊：字四山，吳郡吳（今江蘇蘇州市）人。本書卷三一有附傳，《梁書》卷四三有傳。

　　[3]東海：郡名。治郯縣，在今山東郯城縣。　徐悱：字敬業，東海郯（今山東郯城縣）人。本書卷六〇、《梁書》卷二五有附傳。

　　[4]悱妻文尤清拔：《隋書·經籍志四》載梁太子洗馬徐悱妻劉令嫺有文集三卷。清拔，文辭清秀脫俗。

　　[5]悽愴（chuàng）：悲傷淒慘。

　　[6]閣筆：停筆，放下筆。

　　孝綽子諒字求信，小名春。少好學，有文才，尤悉晉代故事，[1]時人號曰“皮裹晉書”。[2]位中書宣城王記室，[3]爲湘東王所善。王嘗游江濱，歎秋望之美。諒對曰：“今日可謂‘帝子降於北渚’。”[4]王有目疾，以爲刺己。應曰：“卿言‘目眇眇以愁予’邪？”[5]從此嫌之。

　　[1]晉代故事：晉代的歷史、典章制度。

　　[2]皮裹晉書：形容專研晉代事，十分熟悉（參見周一良《魏晉南北朝史札記》之《晉書札記》“任子春秋與皮裹春秋”條，中華書局 1985 年版，第 99—100 頁）。皮裹，《梁書》卷三三《劉諒傳》作“皮裏”。

　　[3]中書：疑當作中軍。據《梁書》卷三《武帝紀下》，中大通五年（533）正月癸丑，以宣城王大器爲中軍將軍。　宣城王：蕭大器。梁簡文帝嫡長子。本書卷五四、《梁書》卷八有傳。宣城，郡名。治宛陵縣，在今安徽宣城市宣州區。

　　[4]帝子降於北渚：《楚辭·九章》語句。《楚辭章句補註》卷二云：“帝子，謂堯女也。降，下也。言堯二女娥皇、女英，隨舜

不反，没于湘水之渚。"

[5]目眇眇以愁予：同爲《楚辭·九章》語句。《楚辭章句補註》卷二云："眇眇，好貌。予，屈原自謂也。言堯二女儀德美好，眇然絕異，又配帝舜，而乃没命水中。屈原自傷，不遭值堯、舜，而遇暗君，亦將沉身湘流，故曰愁我也。"

孝綽弟潛字孝儀，幼孤，與諸兄弟相勗以學，[1]並工屬文。孝綽嘗云"三筆六詩"，[2]三即孝儀，六謂孝威也。

[1]相勗：互相勉勵。

[2]三筆六詩：三弟工於文筆，六弟擅長詩作。

舉秀才，[1]累遷尚書殿中郎。[2]敕令製雍州《平等寺金像碑》，[3]文甚宏麗。晉安王綱鎮襄陽，[4]引爲安北功曹史。[5]及王爲皇太子，仍補洗馬，遷中舍人。出爲陽羡令，甚有稱績。後爲中書郎，以公事左遷安西諮議參軍，[6]兼散騎常侍。[7]使魏還，除中書郎。累遷尚書左丞，長兼御史中丞。在職多所彈糾，無所顧望，當時稱之。出爲臨海太守。[8]時政網疏闊，[9]百姓多不遵禁。[10]孝儀下車，宣下條制，[11]勵精綏撫，[12]境內翕然，[13]風俗大變。入遷都官尚書。[14]太清元年，[15]出爲豫州內史。[16]侯景寇建鄴，[17]孝儀遣子勵帥郡兵三千，隨前衡州刺史韋粲入援。[18]及宮城不守，孝儀爲前歷陽太守莊鐵所逼，[19]失郡，卒。[20]

[1]秀才：察舉重要科目之一，舉秀才者常出任要職。

[2]尚書殿中郎：官名。尚書省殿中曹長官，屬尚書左僕射。掌擬詔書，多用文學之士。梁六班。

[3]《平等寺金像碑》：《梁書》卷四一《劉潛傳》無“寺”字。《藝文類聚》卷七六載劉孝儀《雍州金像寺無量壽佛像碑》。

[4]襄陽：縣名。治所在今湖北襄陽市。雍州鎮所。

[5]安北：官名。即安北將軍。四安（安東、安西、安南、安北）將軍之一，權任較重。梁武帝天監七年（508）定爲武職二十四班中的二十一班，大通三年（529）定爲武職三十四班中的三十一班。 功曹史：官名。掌考覈、記錄官吏功績。

[6]安西：官名。即安西將軍。四安（安東、安西、安南、安北）將軍之一，權任較重。

[7]散騎常侍：官名。門下省官。掌奏事，直侍左右。梁十二班。

[8]臨海：郡名。治章安縣，在今浙江台州市椒江區章安街道。

[9]疏闊：粗略，不周密。

[10]遵禁：遵守禁令。

[11]宣下：向下級宣布詔令。《梁書·劉潛傳》作“宣示”。 條制：條例制度。

[12]勵精：振奮精神，致力於某種事業或工作。 綏（suí）撫：安定撫慰。

[13]翕（xī）然：安寧、和順的樣子。

[14]都官尚書：官名。尚書省列曹尚書之一，掌法律刑獄。梁十三班。

[15]太清：南朝梁武帝蕭衍年號（547—549）。

[16]豫州：州名。治所在今安徽蕪湖市東。《梁書·劉潛傳》作“豫章”。錢大昕《廿二史考異》疑“豫州”爲“豫章”之誤。

[17]侯景寇建鄴：魏將侯景，梁武帝太清元年（547）附梁，二年反，率軍攻京師建康。事見本書卷八〇《侯景傳》、《梁書》

卷五六《侯景傳》。

[18]衡州：州名。治含洭縣，在今廣東英德市浛洸鎮。　　韋
粲：字長蒨，京兆杜陵（今陝西西安市長安區）人。本書卷五八有
附傳，《梁書》卷四三有傳。

[19]歷陽：郡名。治歷陽縣，在今安徽和縣。

[20]卒：《梁書·劉潛傳》云其卒於梁簡文帝大寶元年（550），
時年六十七。

　　孝儀爲人寬厚，内行尤篤。[1]第二兄孝熊早卒，[2]孝
儀奉寡嫂甚謹，家内巨細必先諮決，與妻子朝夕供事，
未嘗失禮，時人以此稱之。有文集二十卷行於世。

　　[1]内行：平日家居的操行。

　　[2]孝熊：《梁書》卷四一《劉潛傳》作“孝能”。

　　第五弟孝勝，位尚書右丞、兼散騎常侍。[1]聘魏還，
爲安西武陵王紀長史、蜀郡太守。[2]紀僭號於蜀，以爲
尚書僕射。[3]隨紀出峽口，[4]兵敗被執。元帝宥之，[5]以
爲司徒右長史。[6]

　　[1]尚書右丞：官名。尚書省屬官。與左丞輔佐左右僕射處理
政務。梁八班。

　　[2]武陵王紀：蕭紀。字世詢。梁武帝第八子。本書卷五三、
《梁書》卷五五有傳。武陵，郡名。治臨沅縣，在今湖南常德市。
　蜀郡：郡名。治成都縣，在今四川成都市。

　　[3]尚書僕射：官名。尚書省次官。梁十五班。

　　[4]峽口：地名。即今湖北宜昌市西長江西陵峽口，爲歷史上

戰略要地。

[5] 宥（yòu）：寬恕，赦免。

[6] 司徒右長史：官名。司徒府屬官，佐司徒掌官吏事。梁十班。

　　第六弟孝威，氣調爽逸，風儀俊舉。初爲安北晉安王法曹，[1] 後爲太子洗馬，中舍人，庶子，[2] 率更令，[3] 並掌管記。大同中，白雀集東宮，孝威上頌甚美。太清中，遷中庶子，兼通事舍人。及侯景寇亂，隨司州刺史柳仲禮至安陸，[4] 卒。

[1] 法曹：官名。掌王府執法有關事宜。

[2] 庶子：官名。太子侍從屬官，掌獻納規諫，職比散騎常侍。梁九班。

[3] 率更令：官名。掌太子宮殿門户及賞罰等事，與太子家令、太子僕合稱太子三卿。梁十班。

[4] 司州：州名。即南司州。南朝梁置。治安陸郡，在今湖北安陸市。　柳仲禮：河東解（今山西臨猗縣）人。柳敬禮之兄。本書卷三八、《梁書》卷四三有附傳。　安陸：郡名。治安陸縣，在今湖北安陸市。

　　第七弟孝先，位武陵王主簿，與兄孝勝俱隨紀軍出峽口。兵敗，元帝以爲黃門郎，遷侍中。[1]

[1] 侍中：官名。門下省官。掌獻納諫正，及司進御之職。梁十二班。

　　蒨字士温，繪弟也。少有行業，[1]文藻、篆隸、丹青並爲當世所稱。[2]時有滎陽毛惠遠善畫馬，蒨善畫婦人，並爲當世第一。

　　[1]行業：詞彩，文彩。
　　[2]文藻：文采，文章。　篆隸：篆書和隸書。　丹青：紅色和青色。係中國古代繪畫中常用之色。借指繪畫，作畫。

　　蒨妹爲齊鄱陽王妃，伉儷甚篤。[1]王爲齊明帝所誅，妃追傷遂成痼疾，醫所不療。有陳郡殷蒨善寫人面，[2]與真不別，蒨令蒨畫王形像，并圖王平生所寵姬共照鏡狀，如欲偶寢。蒨乃密使媼妳示妃，[3]妃視畫仍唾之，[4]因罵云"故宜其早死"。於是恩情即歇，病亦除差。[5]此姬亦被廢苦，[6]因即以此畫焚之。

　　[1]伉（kàng）儷（lì）：夫婦。
　　[2]寫人面：繪畫人的面部。
　　[3]媼（ǎo）妳（nǎi）：老婦。妳，母親。《廣雅·釋親》："妳，母也。"《廣韻·薺韻》："妳，楚人呼母。"
　　[4]畫：汲古閣本同，殿本作"畢"。
　　[5]除差：病愈。差，通"瘥（chài）"。
　　[6]此：汲古閣本同，殿本作"寵"。

　　蒨仕齊，歷尚書吏部郎，[1]義興太守。先繪卒。

　　[1]尚書吏部郎：官名。尚書省屬官。掌官職甄別任免，爲清要之職。

論曰：當太始之際，二殷去就不同，原始要終，[1]各以名節自立。[2]孝祖翫敵而亡，[3]蓋其宜也。劉勔出征久撫，所在流譽，行己之節，赴蹈爲期，雖古之忠烈，亦何以加此。悛至性過人，繪辭義克舉，諸子各擅雕龍，[4]當年方駕，[5]文采之盛，殆難繼乎。[6]孝綽中冓爲尤，[7]可謂人而無儀者矣。

[1]原始要終：探究事物發展的始末。

[2]名節：名譽與節操。

[3]翫（wán）敵：輕敵。

[4]雕龍：雕鏤龍紋。比喻善於修飾文辭或刻意雕琢文字。

[5]方駕：比肩，媲美。

[6]殆（dài）：近於，幾乎。

[7]中冓（gòu）：内室，指閨門以内。冓，通“構”，宮室的深密處。

南史　卷四〇

列傳第三十

魯爽　薛安都 從子深　鄧琬 劉胡　宗越　吳喜　黃回

　　魯爽小字女生，[1]扶風郿人也。[2]祖宗之字彥仁，[3]仕晋官至南陽太守。[4]義熙元年起義，[5]以功爲雍州刺史。[6]宋武帝討劉毅，[7]與宗之因會江陵，[8]封南陽郡公。[9]自以非武帝舊隸，[10]屢建大功，有自疑之志。會司馬休之見討，[11]猜懼，因與休之北奔，盡室入姚氏，[12]頃之病卒。父軌一名象齒，便弓馬，膂力絕人，[13]爲竟陵太守，[14]隨父入姚氏。及武帝定長安，[15]軌、休之北奔魏。[16]魏以軌爲荆州刺史、襄陽公，[17]鎮長社。[18]孝武鎮襄陽，[19]軌遣親人程整奉書規欲歸南致誠，[20]以殺劉康祖、徐湛之父不敢歸。[21]文帝累遣招納，[22]許以爲司州刺史。[23]

　　[1]小字：小名，乳名。
　　[2]扶風：郡名。治池陽縣，在今陝西涇陽縣西北。　郿：縣

名。治所在今陝西眉縣東渭河北岸。

[3]宗之：魯宗之。《宋書》卷七四有附傳。

[4]南陽：郡名。治宛縣，在今河南南陽市。《宋書》卷七四《魯爽傳》作“南郡”，當以“南陽”爲是。

[5]義熙：東晉安帝司馬德宗年號（405—418）。

[6]雍州：僑州名。治襄陽縣，在今湖北襄陽市。

[7]宋武帝討劉毅：時在晉安帝義熙八年（412）。宋武帝，即南朝宋武帝劉裕。本書卷一、《宋書》卷一至卷三有紀。劉毅，字希樂，彭城沛（今江蘇沛縣）人。《晉書》卷八五有傳。

[8]因：《宋書·魯爽傳》作“同”。 江陵：縣名。治所在今湖北荆州市荆州區。

[9]郡公：封爵名。晋始置，亦稱開國郡公。

[10]舊隸：老部下，昔日的部屬。

[11]司馬休之：字季豫，河内温（今河南温縣）人。晋宣帝季弟譙王遜之後。《魏書》卷三七有傳。

[12]盡室：闔家、全家。 姚氏：姚萇所建後秦政權（384—417）。

[13]膂（lǚ）力：體力。

[14]竟陵：郡名。治石城，在今湖北鍾祥市。

[15]武帝定長安：時爲晋安帝義熙十三年（417）。

[16]魏：北魏政權。時爲北魏明帝泰常二年（417）。

[17]魏以軌爲荆州刺史、襄陽公：北魏當時並未實際占有荆州、襄陽。此爲遙領、虛封。所以後文云鎮長社（今河南許昌市）。荆州，州名。治江陵縣，在今湖北荆州市荆州區。

[18]長社：縣名。治所在今河南長葛市東北。北魏爲潁川郡治。

[19]孝武：南朝宋孝武帝劉駿。字休龍。本書卷二、《宋書》卷六有紀。

[20]規：謀劃。 致誠：表達誠摯的情意。

[21]殺劉康祖、徐湛之父：《資治通鑑》卷一二六《宋紀八》文帝元嘉二十八年條作“以昔殺劉康祖及徐湛之父”，胡三省注云“劉康祖父虔之，徐湛之父逵之，義熙十一年爲魯軌所殺”。多一“及”字義更顯豁。劉康祖，彭城呂（今江蘇徐州市銅山區）人。世居京口。本書卷一七、《宋書》卷五〇有傳。徐湛之，字孝源，東海郯（今山東郯城縣）人。本書卷一五有附傳、《宋書》卷七一有傳。

[22]文帝：南朝宋文帝劉義隆。本書卷二、《宋書》卷五有紀。　招納：招募接納。

[23]司州：州名。治虎牢，在今河南滎陽市汜水鎮。

爽少有武藝，魏太武知之，[1]常置左右。及軌死，爽代爲荆州刺史、襄陽公，鎮長社。醲中使酒，[2]數有過失，太武怒將誅之。爽懼，密懷歸南計。次弟秀小字天念，[3]頗有意略。[4]仕魏以軍功爲中書郎，[5]封廣陵侯。[6]或告太武郟人欲反，[7]復遣秀檢察，并燒石季龍殘餘宮殿。[8]秀常乘驛往返，[9]是時病還遲，爲太武所詰。[10]秀復恐懼。太武尋南攻，因從度河。先是廣平人程天祚爲殿中將軍，[11]有武力。元嘉二十七年，[12]助戍彭城，[13]爲魏軍所獲。以善針術，[14]深被太武賞愛，封南安公，[15]常置左右。恒勸秀南歸，秀納之。及太武北還，與爽俱來奔。文帝悦，以爽爲司州刺史，秀爲滎陽、潁川二郡太守。[16]是歲元嘉二十八年也。魏毀其墳墓。明年四月入朝，時太武已崩，上更謀經略。五月，遣爽、秀及程天祚等出許、洛。[17]王玄謨攻碻磝不拔，[18]敗退，爽亦收衆南還。

[1]魏太武：北魏太武帝拓跋燾。公元 424 年至 451 年在位。《魏書》卷四、《北史》卷二有紀。

[2]麤（cū）中：生性粗厲、粗暴。　使酒：因酒使性。

[3]次弟：《宋書》卷七四《魯爽傳》作"七弟"。

[4]意略：猶謀略。

[5]中書郎：官名。中書侍郎、中書通事郎的省稱。起初承擔詔令之起草，後成爲重臣子弟或諸王起家的清閑職官。北魏四品上或從四品上。

[6]廣陵侯：以縣爲侯國。廣陵，縣名。治所在今江蘇揚州市西北蜀岡上。

[7]鄴：鄴城，在今河北臨漳縣西南。

[8]石季龍：石虎，字季龍。石勒從子。後趙政權中的一位帝王。《晉書》卷一〇六、卷一〇七有載記。

[9]驛：驛馬。古代驛站專供傳遞公文或官員來往使用的馬。

[10]詰：質問、追究。

[11]廣平：郡名。治廣平縣，在今河北雞澤縣東南。　殿中將軍：官名。侍衛武職，不典兵，隨着員額漸多，品秩漸低。

[12]元嘉：南朝宋文帝劉義隆年號（424—453）。

[13]彭城：縣名。治所在今江蘇徐州市。

[14]針術：針刺治病之術。

[15]南安：縣名。治所在今湖南華容縣東。

[16]滎陽：郡名。屬豫州，北魏獻文帝皇興中屬北豫州。治滎陽縣，在今河南滎陽市東北。　潁川：郡名。治邵陵縣，在今河南許昌市東。

[17]許：許昌。在今河南許昌市。　洛：洛陽。今河南洛陽市。

[18]王玄謨：字彥德，太原祁（今山西祁縣）人。本書卷一六、《宋書》卷七六有傳。　碻（qiāo）磝（áo）：古津渡、城名。在今山東茌平縣西南古黃河南岸。

三十年，元凶弒逆，[1]南譙王義宣起兵入討，[2]爽與雍州刺史臧質俱詣江陵。[3]事平，以爽爲豫州刺史，[4]加都督。[5]至壽陽，[6]便曲意賓客，[7]爵命士人，畜仗聚馬，如寇將至。元凶之爲逆也，秀在建鄴。[8]元凶謂秀曰："我爲卿誅徐湛之矣，方相委任。"以秀爲右將軍，[9]使攻新亭，[10]秀因此歸順。[11]孝武即位，以爲司州刺史，加都督，領汝南太守。[12]

[1]元凶弒逆：元嘉三十年（453）宋文帝太子劉劭殺其父自立爲帝，改元太初。劉劭，字休遠。本書卷一四、《宋書》卷九九有傳。

[2]南譙：郡名。治山桑縣，在今安徽巢湖市東南。　義宣：宋武帝子劉義宣。本書卷一三、《宋書》卷六八有傳。

[3]臧質：字含文，東莞莒（今山東莒縣）人。本書卷一八有附傳，《宋書》卷七四有傳。

[4]豫州：州名。治壽陽縣，在今安徽壽縣。

[5]都督：官名。都督諸州軍事。往往兼任所駐之州刺史，總攬本區軍民政。

[6]壽陽：縣名。治所在今安徽壽縣。

[7]曲意：盡意。

[8]建鄴：縣名。治所在今江蘇南京市。

[9]右將軍：官名。軍府名號，用作加官。宋三品。《宋書》卷七四《魯爽傳》作"右軍將軍"。

[10]新亭：又名中興亭。三國吳築，故址在今江蘇南京市西南。

[11]歸順：向敵對勢力投誠、歸降。

[12]汝南：郡名。治懸瓠城，在今河南汝南縣。

　　孝建元年二月，[1]義宣與爽謀反，報秋當同舉。[2]爽狂酒乖謬，[3]即日便起兵。使其衆戴黄標，稱建平元年，竊造法服。[4]義宣、質聞爽已處分，[5]便狼狽同反。爽於是送所造輿服詣江陵，板義宣及臧質等文曰：[6]"丞相劉今補天子名義宣，[7]車騎臧今補丞相名質，[8]平西朱今補車騎名脩之；[9]皆板到奉行。"義宣駭愕，[10]爽所送法物並留竟陵縣不聽進。使爽直出歷陽，[11]自采石濟軍，[12]與質水陸俱下。左軍將軍薛安都與爽相遇，[13]刺殺之，傳首建鄴。進平壽陽，子弟並伏誅。

[1]孝建：南朝宋孝武帝劉駿年號（454—456）。

[2]報：回信，答復。　同舉：一同舉事。多指軍事行動。

[3]乖謬：做荒謬背理之事。

[4]法服：古代根據禮法規定的不同等級的服飾。

[5]處分：謂舉事，起兵反叛。

[6]板：官制術語。南北朝時，王公大臣及地方長官諸府自行選用官員，板文委任，未經吏部正式任命，稱"板授"。

[7]丞相：官名。爲最高國務長官，時多用以封賜權臣。

[8]車騎：官名。即車騎將軍。位次驃騎將軍，在諸名號大將軍上，多作爲軍府名號以加授大臣及重要州郡長官，無具體職掌。宋二品。

[9]平西：官名。即平西將軍。四平將軍之一，多爲持節都督或監某一地區之軍事，有時也作爲地方官兼理軍事的加官。宋三品。　朱：朱脩之。字恭祖，義陽平氏（今河南桐柏縣）人。本書卷一六、《宋書》卷七六有傳。

[10]駭愕：驚訝，驚愕。

[11]歷陽：郡名。治歷陽縣，在今安徽和縣。

[12]采石：地名。原名牛渚磯，三國吳時更名采石磯。在今安徽當塗縣長江東岸。

[13]左軍將軍：官名。爲前、後、左、右四軍之一，掌宿衞。宋四品。

薛安都，河東汾陰人也。[1]世爲强族，族姓有三千家，[2]父廣爲宗豪。宋武帝定關、河，[3]以爲上黨太守。[4]

[1]河東：郡名。治安邑縣，在今山西夏縣西北。　汾陰：縣名。治所在今山西萬榮縣。

[2]族姓：指同姓的親族。

[3]宋武帝定關、河：晋安帝義熙十三年（417），劉裕率領北伐軍攻克後秦政權所占據的重要城市洛陽、長安，平定關內、黃河中游地區。

[4]上黨：郡名。治潞縣，在今山西黎城縣南古城。

安都少以勇聞，身長七尺八寸，[1]便弓馬。仕魏以軍功爲雍州、秦州都統。[2]元嘉二十一年來奔，求北還，構扇河、陝。[3]文帝許之。孝武鎮襄陽，板爲北弘農太守。[4]魏軍漸强，安都乃歸襄陽。二十七年，隨王誕板安都爲建武將軍，[5]隨柳元景向關、陝，[6]率步騎居前，所向剋捷。後孝武伐逆，安都領馬軍，[7]與柳元景俱發。孝武踐阼，[8]除右軍將軍，[9]率所領騎爲前鋒，直入殿庭。以功封南鄉縣男。[10]安都初征關、陝，至臼口，[11]夢仰視天，見天門開，謂左右曰："汝等見天門開不？"至是歎曰："夢天門開，乃中興之象邪？"

[1]七尺八寸：約等於 191.7 釐米。南朝宋 1 尺等於 24.58 釐米（參見盧嘉錫總主編，丘光明等著《中國科學技術史·度量衡卷》，科學出版社 2001 年版，第 282—284 頁）。

[2]雍州：州名。治長安縣，在今陝西西安市西北。　秦州：州名。治上邽縣，在今甘肅天水市。　都統：官名。軍事統帥。十六國時前秦始置。北魏沿置，爲皇帝左右親信，有都統長，領殿內之兵。中華本校勘記引張森楷《南史》校勘記："魏時無都統官，疑有誤。"又《宋書》"爲僞雍秦二州都統"，"州各有刺史，都統總其事"，以爲"都統""或爲都督諸軍事之俗稱"。

[3]構扇：挑撥煽動。　河：河洛地區。　陝：今河南三門峽地區。

[4]北弘農：郡名。即北魏恒農郡。宋遙置。治陝城縣，在今河南三門峽市陝州區。

[5]隨：郡名。治隨縣，在今湖北隨州市。　誕：宋文帝第六子劉誕。字休文。本書卷一四、《宋書》卷七九有傳。　建武將軍：官名。五武（建武、振武、奮武、揚武、廣武）將軍之一。宋四品。

[6]柳元景：字孝仁，河東解（今山西臨猗縣）人。本書卷三八、《宋書》卷七七有傳。

[7]馬軍：騎兵。

[8]踐阼（zuò）：即位，登基。

[9]右軍將軍：官名。掌宮禁宿衛，與前軍、後軍、左軍將軍合稱四軍將軍。宋四品。

[10]南鄉：縣名。治所在今河南淅川縣西南。　縣男：封爵名。又作"開國縣男"，食邑爲縣。

[11]臼口：在今湖北鍾祥市南舊口鎮。以臼水而名。

從弟道生亦以軍功爲大司馬參軍，[1]犯罪，爲秣陵令庾淑之所鞭。^[2]安都大怒，即日乃乘馬從數十人，令左右執稍，^[3]欲往殺淑之。行至朱雀航，^[4]逢柳元景，遙問曰："薛公何之？"安都躍馬至車後，曰："小子庾淑之鞭我從弟，今指往刺殺之。"^[5]元景慮其不可，駐車紿之曰：^[6]"小子無宜適，^[7]卿往與手甚快。"^[8]安都既回馬，元景復呼之令下馬入車，因讓之曰："卿從弟服章言論與寒細不異，^[9]且人身犯罪，理應加罰。卿爲朝廷勳臣，云何放恣，^[10]輒於都邑殺人。非惟科律所不容，^[11]主上亦無辭相宥。"^[12]因載俱歸，安都乃止。其年以憚直免官。^[13]

[1]大司馬參軍：官名。大司馬屬官，職掌參謀。宋七品。

[2]秣陵：縣名。治所在今江蘇南京市。

[3]稍（shuò）：同"槊"。長矛。《釋名·釋兵》："矛長丈八尺曰稍。馬上所持，言其稍稍便殺也。"

[4]朱雀航：秦淮水上的浮橋，以其在朱雀門外而得名。又作朱雀桁。

[5]指往：前往。

[6]駐：殿本同，汲古閣本作"駐"。　車：《宋書》卷八八《薛安都傳》作"乃"。　紿（dài）：通"詒"。欺騙，欺詐。

[7]無宜適：不恰當，不合適。宜適，恰當、適中。

[8]與手：猶言下毒手。

[9]服章：泛指服飾、衣冠。　寒細：門第低下、地位卑微之人。

[10]云何：爲何。　放恣：驕縱恣肆。

[11]科律：法令，法律。

[12]主上：臣下對君主的稱呼。　相宥（yòu）：諒解。

[13]憚直：嚴正剛直。

孝建元年，除左軍將軍。[1]及魯爽反叛，遣安都及沈慶之濟江。[2]安都望見爽，便躍馬大呼，直往刺之，應手倒。左右范雙斬爽首。爽世梟猛，[3]咸云萬人敵，安都單騎直入斬之而反，時人皆云關羽斬顏良不是過也。[4]進爵爲侯。

[1]左軍將軍：官名。領軍將軍所轄四軍將軍之一。宋四品。

[2]沈慶之：字弘先，吳興武康（今浙江德清縣）人。本書卷三七、《宋書》卷七七有傳。

[3]梟猛：驍勇。

[4]關羽斬顏良：漢獻帝建安五年（200）四月曹操派遣張遼、關羽在白馬（今河南滑縣）迎擊袁紹，關羽於萬軍之中斬殺其大將顏良，遂解白馬之圍。關羽，字雲長，河東解（今山西臨猗縣）人。《三國志》卷三六有傳。　不是過：不超過某人或某事物。"是"猶"之"。

時王玄謨拒南郡王義宣、臧質於梁山，[1]安都復領騎爲支軍。[2]義宣遣將劉諶及臧質攻玄謨。玄謨命衆軍擊之，使安都引騎出賊陣右橫擊陷之，賊遂大潰。轉太子右衛率。[3]

[1]南郡：郡名。治江陵縣，在今湖北荆州市荆州區。　梁山：山名。在今安徽和縣江邊。

[2]支軍：主力部隊以外的別部。

[3]太子右衛率：官名。職掌宿衛東宮，亦領兵出征。宋四品。

《宋書》卷八八《薛安都傳》作“太子左衛率”。

大明元年，[1]魏軍向無鹽，[2]遣安都領馬軍，東陽太守沈法系統水軍，[3]並授徐州刺史申坦節度。[4]時魏軍已去，坦求回軍討任榛見許。[5]會天旱，水泉多竭，人馬疲困，不能遠追。安都、法系白衣領職，[6]坦繫尚方。[7]任榛大抵在任城界，[8]積世逋叛所聚，[9]棘榛深密，難爲用師，故能久自保藏，屢爲人患。

[1]大明：南朝宋孝武帝劉駿年號（457—464）。

[2]無鹽：縣名。治所在今山東東平縣東。

[3]東陽：郡名。治長山縣，在今浙江金華市。　沈法系：字體先，吳興武康（今浙江德清縣）人。沈慶之從弟。《宋書》卷七七有附傳。

[4]授：《宋書》卷八八《薛安都傳》作“受”。　徐州：州名。治彭城縣，在江蘇徐州市。　申坦：魏郡魏（今河北大名縣）人。本書卷七〇、《宋書》卷六五有附傳。　節度：調度，指揮。

[5]回軍：調轉軍隊。

[6]白衣：古代平民所服。借指平民。亦指無功名或無官職的士人。

[7]尚方：古代官署名。主要管理營造皇室所用的刀劍兵器及其他御用器物。亦作“上方”。

[8]大抵：大都。　任城：縣名。治所在今山東濟寧市。

[9]逋叛：叛逃。亦指叛逃之人。

安都明年復職，改封武昌縣侯。[1]景和元年，[2]爲平北將軍、徐州刺史，加都督。

［1］武昌：縣名。治所在今湖北鄂州市。

［2］景和：南朝宋前廢帝劉子業年號（465）。

明帝即位，安都舉兵同晉安王子勛。[1]時安都從子索兒在都，[2]明帝以爲左軍將軍、直閤。[3]安都將爲逆，遣報之，又遣人至瓜步迎接。[4]時右衛將軍柳光世亦與安都通謀，[5]二人俱逃，攜安都諸子及家累席卷北奔。[6]青州刺史沈文季、冀州刺史崔道固並皆同反。[7]明帝遣齊高帝率前將軍張永等北討，[8]所至奔散，斬薛索兒。

［1］晉安王子勛：劉子勛。字孝德，南朝宋孝武帝第三子。歷江州刺史、督江州諸軍事。前廢帝時謀反未成，謀泄。明帝泰始二年（466），於尋陽起兵稱帝，改年號，署置百官。後兵敗被殺。本書卷一四、《宋書》卷八〇有傳。

［2］從（zòng）子：侄子。　索兒：薛索兒。《宋書》卷八八有附傳。

［3］左軍將軍：官名。皇帝侍衛武官，與右軍將軍並置。宋時爲四品。《宋書》卷八八《薛安都傳》作“左將軍”。　直閤：官名。皇帝侍衛之官。朱衣直閤和直閤將軍省稱直閤。

［4］瓜步：山名。在今江蘇南京市六合區東南。南臨長江的軍事要地。

［5］右衛將軍：官名。禁軍將領之一。宋三品。　柳光世：河東解（今山西臨猗縣）人。柳元景從祖弟。本書卷三八、《宋書》卷七七有附傳。

［6］家累（lèi）：家中人口，妻子家人之屬。　席卷：有如卷席。謂全部、所有。　北奔：向北投奔北魏政權。

［7］青州：州名。治東陽城，在今山東青州市。　沈文季：中華本據《宋書·薛安都傳》改作“沈文秀”。沈文秀，字仲遠，吳

興武康（今浙江德清縣）人。本書卷三七、《宋書》卷八八、《魏書》卷六一、《北史》卷四五有傳。　冀州：僑州名。南朝宋文帝元嘉九年（432）僑置，治歷城縣，在今山東濟南市。宋明帝泰始六年（470）與青州合僑置於鬱洲，在今江蘇連雲港市東雲臺山一帶。　崔道固：清河（今河北清河縣）人。《宋書》卷八八有傳。

[8]齊高帝：蕭道成，字紹伯。南蘭陵（今江蘇常州市武進區）人。本書卷四，《南齊書》卷一、卷二有紀。　前將軍：官名。軍府名號，用作加官。常不載官品。　張永：字景雲，吳郡吳（今江蘇蘇州市）人。張茂度子。本書卷三一、《宋書》卷五三有附傳。

　　時武衛將軍王廣之領軍隸劉勔，[1]攻殷琰於壽陽，[2]道固部將傅靈越爲廣之軍人所禽，[3]厲聲曰：“我傅靈越也。汝得賊何不即殺。”時生送詣勔，勔躬自慰勞，詰其叛逆。對曰：“九州唱義，豈獨在我。”勔又問：“卿何不早歸天闕，[4]乃逃命草間？”靈越曰：“薛公舉兵淮北，威震天下，不能專任智勇，委付子姪，致敗之由，實在於此。人生歸於一死，實無面求活。”勔壯其意，送還建鄴。明帝欲加原宥，[5]靈越辭對如一，終不回改，乃殺之。靈越，清河人也。[6]

　　[1]武衛將軍：官名。掌宿衛禁軍。南朝宋權任已漸輕。　王廣之：字士林，一字林之，沛郡相（今安徽濉溪縣）人。本書卷四六、《南齊書》卷二九有傳。　劉勔：字伯猷，彭城（今江蘇徐州市）安上里人。本書卷三九、《宋書》卷八六有傳。

　　[2]殷琰：字敬珉，陳郡長平（今河南西華縣）人。本書卷三九有附傳，《宋書》卷八七有傳。　壽陽：縣名。治所在今安徽

壽縣。

[3]部將：軍中偏將。　禽：通"擒"。擒獲，擒拿。

[4]天闕：朝廷。

[5]明帝：南朝宋明帝劉彧。字休炳。本書卷三、《宋書》卷八有紀。　原宥（yòu）：寬恕，原諒。

[6]清河：郡名。治清陽縣，在今河北清河縣東南。

子勛平定，安都遣別駕從事史畢衆愛、下邳太守王煥等奏啓事詣明帝歸款。[1]索兒之死也，安都使柳光世守下邳，至是亦率所領歸降。帝以四方已平，欲示威於淮外，遣張永、沈攸之以重軍迎安都，[2]懼不免罪，遂降魏。

[1]別駕從事史：官名。總理州府事務，職權甚重。秩級視州之輕重大小而升降。　畢衆愛：東平須昌（今山東東平縣）人。畢衆敬之弟。事亦見《魏書》卷六一、《北史》卷三九《畢衆敬傳》。　下邳：郡名。治下邳縣，在今江蘇睢寧縣西北。　啓事：陳述事情的書函。　歸款：投降，歸順。

[2]沈攸之：字仲達，吳興武康（今浙江德清縣）人。本書卷三七有附傳，《宋書》卷七四有傳。　重軍：重兵。數量、規模龐大的軍隊。

深，[1]安都從子也。本名道深，避齊高帝偏諱改焉。[2]安都以彭城降魏，親族皆入北。高帝鎮淮陰，[3]深遁來，委身自結於高帝。果幹有氣力。宋元徽末，[4]以軍功至驍騎將軍、軍主，[5]封竟陵侯。[6]

[1]深：《南齊書》作“淵”。本書避唐高祖李淵諱改。下同。

[2]偏諱：名有二字，諱其中一字。一說名有二字的雖偏舉其一，也要忌諱。

[3]淮陰：縣名。治所在今江蘇淮安市淮陰區西南。

[4]元徽：南朝宋後廢帝劉昱年號（473—477）。

[5]驍騎將軍：官名。禁軍將軍，與游擊、領軍、護軍、左衛、右衛合稱六軍。宋四品。　軍主：南北朝呼長帥爲隊主、軍主。隊主者，主一隊之稱；軍主者，主一軍之稱。

[6]竟陵：縣名。治所在今湖北潛江市西南。

　　沈攸之之難，[1]齊高帝入朝堂，[2]豫章王嶷代守東府，[3]使深領軍屯司徒右府，[4]分備建鄴。袁粲據石頭，[5]豫章王嶷夜登西門遙呼深，深驚起，率軍赴難。高帝即位，除淮陰太守，[6]尋爲直閤將軍，[7]轉太子左率。[8]武帝即位，遷左衛將軍。[9]隆昌元年，[10]爲司州刺史、右將軍，卒。

[1]沈攸之之難：宋後廢帝元徽五年（477），荆州刺史沈攸之以反蕭道成擅政爲名，自荆州起兵反，東下京都，途中被臺軍擊潰，自殺而亡。

[2]朝堂：朝廷。

[3]豫章王嶷：蕭嶷。字宣儼。齊高帝第二子。本書卷四二、《南齊書》卷二二有傳。豫章，郡名。治南昌縣，在今江西南昌市。
　東府：揚州刺史治所，在今江蘇南京市通濟門附近。

[4]司徒右府：《南齊書》卷三〇《薛淵傳》作“司徒左府”。

[5]袁粲：字景倩，陳郡陽夏（今河南太康縣）人。本書卷二六有附傳，《宋書》卷八九有傳。　石頭：石頭城，在今江蘇南京市清涼山。

[6]淮陰：《南齊書·薛淵傳》作"淮陵"。

[7]直閤將軍：官名。爲皇帝左右侍衛之官，地位顯要。

[8]太子左率：官名。即太子左衛率。西晉武帝泰始五年（269）分太子衛率而置，領精兵萬人，宿衛東宮，亦任征伐。

[9]武帝：南朝齊武帝蕭賾。字宣遠。本書卷四、《南齊書》卷三有紀。　左衛將軍：官名。爲禁衛軍主要統帥之一。

[10]隆昌：南朝齊鬱林王蕭昭業年號（494）。

鄧琬字元琰，豫章南昌人也。[1]父胤之，宋孝武征虜長史、光禄勳。[2]

[1]豫章：郡名。治南昌縣，在今江西南昌市。　南昌：縣名。治所在今江西南昌市。

[2]征虜：官名。征虜將軍之簡稱。爲高級文職官員的加官。宋三品。　光禄勳：官名。掌入宮名籍，兼掌宮廷供御事務。宋三品。

孝武起義初，[1]琬爲南海太守，[2]以弟瓊與臧質同逆，[3]遠徙，仍亭廣州，[4]久之得還。歷位丹楊丞。大明七年，車駕幸歷陽，追思在蕃之舊，[5]擢琬爲給事黃門侍郎。[6]明年，出爲晉安王子勛鎮軍長史、尋陽内史，[7]行江州事。[8]

[1]孝武起義：宋文帝元嘉三十年（453）宋武陵王劉駿（即後來的孝武帝）聞太子劉劭弑父文帝自立，遂以府邸兵馬起兵，傳檄四方，共討劉劭，得到各地響應，劉劭兵敗被殺。劉駿即位爲世祖孝武帝。

[2]南海：郡名。治番禺縣，在今廣東廣州市。

[3]瓊：《宋書》卷八四《鄧琬傳》作“璩”。

[4]亭：通“停”。滯留。　廣州：州名。治番禺縣，在今廣東廣州市。

[5]在蕃之舊：在孝武帝任武陵王時的交誼。鄧琬及其父曾皆爲孝武帝龍興前的故吏。

[6]給事黄門侍郎：官名。簡稱黄門侍郎。侍中省或門下省次官，與侍中俱掌門下衆事，職掌略同，地位隨皇帝旨意或侍中地位而上下。宋五品。

[7]鎮軍：官名。即鎮軍將軍。位在鎮軍大將軍之下，與中軍將軍、撫軍將軍位比四鎮將軍。重中央軍職，亦可領刺史等職，兼理民政事務。宋三品。　尋陽：郡名。治柴桑縣，在今江西九江市西南。

[8]行江州事：暫攝江州刺史一職。行，有以他官代理之意。江州，州名。治柴桑縣，在今江西九江市西南。

　　前廢帝以文帝、孝武並次居第三，[1]以登極位。[2]子勛次第既同，深致嫌疑，因何邁之謀，[3]乃遣使齎藥賜死。使至，子勛典籤謝道邁、主帥潘欣之、侍書褚靈嗣等馳以告琬，[4]泣涕請計。琬曰：“身南土寒士，[5]蒙先帝殊恩，以愛子見託，當以死報效。”景和元年冬，子勛戎服出聽事宣旨，[6]欲舉兵，四坐未答。録事參軍陶亮曰：[7]“請效死前驅。”衆並奉旨。

[1]文帝、孝武並次居第三：宋文帝是宋武帝第三子，宋孝武帝是宋文帝第三子。

[2]極位：皇帝之位。

[3] 何邁：廬江灊（今安徽霍山縣）人。前廢帝何皇后父何瑀之子。尚宋文帝第十女新蔡公主。本書卷一一、《宋書》卷四一有附傳。

[4] 典籤：官名。原爲州、軍府所設掌管文書的小吏，南朝皇帝始用其監督諸王及刺史，遂成權勢較大的皇帝耳目。　謝道邁：《宋書》卷八四《鄧琬傳》作“謝道遇”。　主帥：南朝稱典籤、齋帥（皇帝或王公備儀仗、侍衛的眾武士之長）爲“主帥”。　侍書：皇子屬吏，以善書者出任。

[5] 南土：南方地區。　寒士：門第出身寒微的讀書人。

[6] 聽事：廳堂。指官府治事之所。　宣旨（zhǐ）：宣布皇帝詔書。

[7] 錄事參軍：官名。公府、將軍府等皆置。總錄眾曹文書，在諸曹之上。宋七品。

　　會明帝定亂，進子勛號車騎將軍、開府儀同三司。[1]令書至，諸佐史並喜造琬曰：[2]“暴亂既除，殿下又開黃閣，[3]實爲公私大慶。”琬以子勛次第居三，又以尋陽起事，有符孝武，[4]理必萬剋。[5]乃取令書投地曰：“殿下當開端門，[6]黃閣是吾徒事耳。”[7]眾並駭愕。

[1] 開府儀同三司：官名。取得與三司（三公）大體相同待遇，可開府邸，辟僚屬。爲大臣的加銜，其本身另有其他實職。宋一品。

[2] 造：造訪。

[3] 開黃閣：取得三公地位。因漢丞相或三公官署廳門塗成黃色，故名。

[4] 有符：有相同的符命。

[5] 萬剋：一定能夠克敵取勝。

[6]開端門：稱帝。端門，宮殿南面正門。

[7]吾徒：猶我輩。

　　琬與陶亮等繕甲器，徵兵四方。郢州刺史安陸王子綏、荆州刺史臨海王子頊、會稽太守尋陽王子房、雍州刺史袁顗、梁州刺史柳元怙、益州刺史蕭惠開、廣州刺史袁曇遠、徐州刺史薛安都、青州刺史沈文季、冀州刺史崔道固、湘州行事何慧文、吳郡太守顧琛、吳興太守王曇生、晋陵太守袁標、義興太守劉延熙並同叛逆。[1]琬乃建牙於桑尾，[2]傳檄建鄴，[3]購明帝萬户侯，[4]布絹二萬疋，金銀五百斤，其餘各有差。[5]

　　[1]郢州：州名。治夏口城，在今湖北武漢市武昌區。　安陸：郡名。治安陸縣，在今湖北安陸市。　子綏：宋孝武帝第四子劉子綏。字寶孫。《宋書》卷六一有附傳。　荆州：州名。治江陵縣，在今湖北荆州市荆州區。　臨海：郡名。治章安縣，在今浙江台州市椒江區章安街道。　子頊：宋孝武帝第七子劉子頊。字孝列（一作“孝烈”）。本書卷一四、《宋書》卷八〇有傳。　會稽：郡名。治山陰縣，在今浙江紹興市。　子房：宋孝武帝第六子劉子房。字孝良。本書卷一四、《宋書》卷八〇有傳。　袁顗（yǐ）：字景章（一作“國章”），陳郡陽夏（今河南太康縣）人。本書卷二六有附傳，《宋書》卷八四有傳。　梁州：州名。治南鄭縣，在今陝西漢中市東。　柳元怙：河東解（今山西臨猗縣）人。本書卷三八、《宋書》卷七七有附傳。　益州：州名。治成都縣，在今四川成都市。　蕭惠開：南蘭陵（今江蘇常州市武進區）人。蕭思話之子。本書卷一八有附傳，《宋書》卷八七有傳。　湘州：州名。治臨湘縣，在今湖南長沙市。　吳郡：郡名。治吳縣，在今江蘇蘇州市。

顧琛：字弘瑋，吳郡吳（今江蘇蘇州市）人。本書卷三五、《宋書》卷八一有傳。　吳興：郡名。治烏程縣，在今浙江湖州市。王曇生：琅邪臨沂（今山東臨沂市）人。本書卷二四、《宋書》卷九三有附傳。　晉陵：郡名。治晉陵縣，在今江蘇常州市。　袁標：陳郡陽夏（今河南太康縣）人。袁淑之子。　義興：郡名。治陽羨縣，在今江蘇宜興市。　劉延熙：彭城呂（今江蘇徐州市銅山區）人。劉道産之子。《宋書》卷六五有附傳。

　[2]建牙：興兵建幕府或武將出鎮爲建牙。牙，軍前大旗。桑尾：在今江西九江市東北長江中，有桑落洲，西爲頭，東爲尾。

　[3]傳檄：傳遞檄文。檄是古代的公文寫在簡牘上，用以徵召、曉喻或聲討的文書。

　[4]購：懸賞。　萬户侯：食邑滿萬户的侯爵。

　[5]有差：有等差，有區別。

　　明帝遣荆州典籤邵宰乘驛還江陵，經過襄陽。袁顗馳書報琬，[1]勸勿解甲，并奉勸子勛即僞位。[2]琬乃稱説符瑞，令顧昭之撰爲《瑞命記》。[3]造乘輿御服，[4]立宗廟，設壇場，[5]矯作崇憲太后璽令，[6]群僚上僞號於子勛。泰始二年正月七日，[7]即位於尋陽城。[8]改景和三年爲義嘉元年。其日雲雨晦合，[9]行禮忘稱萬歲。取子勛所乘車除脚以爲輦，置僞殿之西，其夕有鳩棲其中，鴞集其幰，[10]又有禿鶖鳥集城上。[11]拜安陸王子綏爲司徒，[12]因雷電晦冥，震其黃閤柱，鴟尾墮地。又有鴞棲其帳上。

　[1]馳書：急速送信。
　[2]即僞位：就任非正統地位的、不被正統認可的皇帝之位。

這是站在當權者角度的話語。

[3]《瑞命記》：當爲劉子勛享有符命，祥瑞屢現之類。《隋書·經籍志》未載，應已散佚。

[4]乘輿：皇帝的代稱。本指古代天子和諸侯所乘坐的車子。也泛指皇帝用的器物。　御服：帝王所用的衣服。

[5]壇場：古代設壇舉行祭祀、繼位、盟會、拜將等大典的場所。

[6]崇憲太后：原宋文帝淑媛路惠男，丹陽建康（今江蘇南京市）人。孝武帝時稱皇太后，所居宮曰崇憲。宋明帝即位後即號崇憲太后。本書卷一一、《宋書》卷四一有傳。　璽令：詔命的代稱。

[7]泰始：南朝宋明帝劉彧年號（465—471）。

[8]尋陽城：城名。在今江西九江市西南。

[9]晦合：昏暗不明。

[10]鴞（xiāo）：猫頭鷹。古人以爲是不祥之鳥。　集：此爲集字的本義，群鳥栖止在樹上。　幰（xiǎn）：車上的帷幔。

[11]禿鶖：水鳥名。亦作"禿秋"。頭項無毛，狀如鶴而大，色蒼灰，好啖蛇，性貪惡。

[12]司徒：官名。三公之一，與太尉、司空同爲名譽宰相，魏晋時多爲大臣加官。宋一品。

　　琬性鄙闇，[1]貪吝過甚，[2]財貨酒食，皆身自量校。[3]至是父子並賣官鬻爵，[4]使婢僕出市道販賣，酣歌博弈，日夜不休。賓客到門者，歷旬不得前。[5]内事悉委褚靈嗣等三人，[6]群小競爲威福，士庶忿怨，内外離心矣。

[1]鄙闇（ān）：鄙陋昏昧。亦作"鄙暗"。

[2]過甚：過度，過分。

［3］身自：親自。　量校：以量器測定校核。

［4］賣官鬻（yù）爵：收受錢財，出賣官爵。

［5］歷旬：經過十餘日。

［6］内事：府内之事。

明帝遣領軍將軍王玄謨領水軍南討，[1]吳興太守張永爲繼。尚書下符：[2]“奉詔以四王幼弱，不幸陷難，兵交之日，不得妄加侵犯。若有逼損，[3]誅翦無貸。”[4]

［1］領軍將軍：官名。掌宿衛，爲禁軍統帥。宋三品。

［2］尚書：官署名。尚書省，協助皇帝處理政務的機構。　下符：公文程式。尚書所下公文的專稱。

［3］逼損：逼迫，傷害。

［4］誅翦：剪除。翦亦作“剪”。　無貸（dài）：不予寬恕。

琬遣孫沖之等前鋒一萬據赭圻，[1]沖之於道與子勛書，欲沿流挂帆，[2]直取白下，[3]請速遣陶亮衆軍相接，分據新亭。[4]亮本無幹略，[5]聞建安王休仁自上，[6]殷孝祖又至，[7]不敢進。及孝祖中流矢死，沈攸之代爲前鋒。沖之謂陶亮曰：“孝祖梟將，一戰便死，天下事定矣，不須復戰。便當直取京都。”亮不從。

［1］孫沖之：豫章（今江西南昌市）人。《宋書》卷七四有附傳。　赭（zhě）圻（qí）：山嶺名。在今安徽蕪湖市繁昌區西。

［2］沿流：順流而下。　挂帆：張帆行船。

［3］白下：又名白下城、白石壘。故址在今江蘇南京市金川門外，幕府山南麓。與新亭同爲防禦長江中游進攻的軍事要地。

［4］新亭：《宋書》卷八四《鄧琬傳》"新亭"下有"南州"二字。

［5］幹略：治事的才能與謀略。

［6］建安：郡名。治建安縣，在今福建建甌市。　休仁：劉休仁。宋文帝第十二子。本書卷一四、《宋書》卷七二有傳。

［7］殷孝祖：陳郡長平（今河南西華縣）人。本書卷三九、《宋書》卷八六有傳。

明帝遣員外散騎侍郎王道隆至赭圻督戰，[1]衆軍奮擊，大破之。琬又遣豫州刺史劉胡來屯鵲尾。[2]胡宿將，攸之等甚憚之。胡鄉人蔡那、佼長生、張敬兒各領軍隸攸之在赭圻，[3]胡因要那等共語。[4]那等説令歸順。胡回軍入鵲尾，無他權略。

［1］員外：正員以外的官員。　散騎侍郎：官名。掌文學侍從，諫諍糾劾，收納奏章。宋五品。　王道隆：吴興烏程（今浙江湖州市）人。本書卷七七有附傳，《宋書》卷九四有傳。

［2］豫州：州名。治壽陽縣，在今安徽壽縣。　鵲尾：地名。即鵲尾渚，在今安徽無爲市西北。

［3］蔡那：南陽冠軍（今河南鄧州市）人。《宋書》卷八三有附傳。　張敬兒：南陽冠軍（今河南鄧州市）人。本書卷四五、《南齊書》卷二五有傳。

［4］要（yāo）：邀請。

建安王休仁自武檻進據赭圻，[1]時胡等兵衆强盛，遠近疑惑。明帝欲綏慰人情，[2]遣吏部尚書褚彥回至武檻，[3]選用將帥以下。申謙、杜幼文因此求黄門，[4]沈懷明、劉亮求中書郎。[5]建安王休仁即使彥回擬選，[6]上不許，曰："忠臣殉國，不謀其報，臨難以干朝典，[7]豈爲下之節。"

[1]武欖：地名。即虎欖。在今安徽蕪湖市繁昌區東北。

[2]綏慰：撫慰。

[3]吏部尚書：官名。尚書省主官之一。掌官吏任免事。宋三品。　褚彥回：褚淵，字彥回，河南陽翟（今河南禹州市）人。本書卷二八有附傳，《南齊書》卷二三有傳。

[4]申謙：《宋書》卷八四《鄧琬傳》作"申謙之"。

[5]中書郎：官名。即中書侍郎，中書省官。掌呈奏案章。宋五品。

[6]擬選：草擬人選。

[7]干：冒犯，違反。

　　沈攸之等與劉胡相持久不決，上又遣强弩將軍任農夫等領兵繼至。[1]攸之繕脩船舸，[2]板材不周，[3]計無所出。會琬送五千片榜供胡軍用，[4]俄而風潮奔迅，[5]榜突柵出江，[6]胡等力不能制，趁流而下，[7]泊攸之等營，於是材板大足。

[1]强弩將軍：官名。魏晉時期曾掌宿衞，宋明帝泰始以後，多以軍功得之，無復員限，成爲將軍名號。宋五品。

[2]繕脩：修繕。　舸（gě）：小舟，亦可指大船。

[3]不周：不足用。

[4]片榜：木片，木板。即前後文所説的板材。

[5]風潮：狂風怒潮。　奔迅：奔流而下。迅，急速。

［6］突柵：突破柵欄。

［7］趍流：順流。趍，同“趁”。

　　琬進袁顗都督征討諸軍事，[1]率樓舡千艘來入鵲尾。張興世建議越鵲尾上據錢溪，[2]斷其糧道。胡累攻之不能剋，乃遣龍驤將軍陳慶領三百舸向錢溪，戒慶不須戰。陳慶至錢溪不敢攻，越溪於梅根立砦。[3]胡別遣將王起領百舸攻興世，[4]擊大破之，胡率其餘舸馳還。顗更使胡攻興世。休仁因此命沈攸之、吳喜、佼長生、劉靈遺、劉伯符等進攻濃湖，[5]造皮艦千乘，[6]拔其營柵，苦戰移日，[7]大破之。顗被攻急，馳信召胡令還。張興世既據錢溪，江路阻斷，[8]胡軍乏食。琬大送資糧，畏興世不敢下。胡遣將迎之，爲錢溪所破，夜走徑趣梅根。顗聞胡走，亦棄衆西奔，至青林見殺。

　　［1］都督征討諸軍事：出征時作爲一路的軍事長官，總管所部的軍政事務。

　　［2］張興世：字文德，竟陵竟陵（今湖北潛江市）人。本書卷二五、《宋書》卷五○有傳。　錢溪：水名。又稱梅根渚，即今安徽池州市貴池區東北長江支流梅埂河。

　　［3］梅根：地名。在今安徽池州市貴池區東北梅街鎮。　立砦（zhài）：築營寨駐扎下來。砦，同“寨”。

　　［4］別遣：另外派遣。　攻興世：馬宗霍《南史校證》云，“興世”下《宋書》卷五○《張興世傳》重“興世”，不可省（第660頁）。

　　［5］吳喜：吳興臨安（今浙江杭州市臨安區）人。本書卷四○、《宋書》卷八三有傳。　劉靈遺：襄陽（今湖北襄陽市）人。

《宋書》卷八四有附傳。　濃湖：地名。在今安徽蕪湖市繁昌區西，已堙没。

[6]皮艦：用牛皮蒙罩船身以防禦矢石的戰艦。　千乘：千艘。《宋書》卷八四《鄧琬傳》作“十乘”。

[7]移日：日影移動，言時間不短。

[8]阻斷：阻塞，隔斷不通。

琬惶擾無計，[1]時張悦始發兄子浩喪，[2]乃稱疾呼琬計事，令左右伏甲戒之，若聞索酒便出。琬至，謀斬晉安王，封府庫以謝罪。悦曰：“寧可賣殿下求活邪。”[3]因呼求酒，再呼，左右震懾不能應，[4]第二子詢提刀出，[5]餘人續至，即斬琬。悦因齎琬首詣建安王休仁降。[6]蔡那子道深以父爲明帝效力被繫作部，[7]因亂脱鏁入城，執子勛囚之。

[1]惶擾：驚慌混亂。

[2]張悦：吴郡吴（今江蘇蘇州市）人。張暢弟。本書卷三二、《宋書》卷五九有附傳。

[3]賣殿下：出賣君王。

[4]震懾（shè）：震驚，懾服，驚恐。

[5]詢：殿本《宋書》卷八四《鄧琬傳》、《資治通鑑》卷一三一《宋紀十三》作“洵”。按，《宋書》卷五九《張暢傳》云，張暢有子曰張浩、張淹。知當以“洵”爲是。

[6]齎（jī）：持，拿。

[7]道深：《宋書·鄧琬傳》作“道淵”。本書避唐高祖李淵諱改。　作部：製作兵器的部門。

沈攸之諸軍至江州，斬子勛於桑尾牙下，[1]傳首建
鄴。劉胡走入沔，[2]竟陵郡丞陳懷直，[3]憲子也，斷道邀
之。胡人馬既疲困，因隨懷直入城，告渴得酒，飲酒
畢，引佩刀自刺不死，[4]斬首送建鄴。張興世弟僧彥追
殺懷直，取胡首，竊有其功。

[1]牙下：旗下。軍府出鎮之地稱建牙（旗幟）。此當爲出鎮
之地的旗下。
[2]沔：漢江。
[3]郡丞：官名。郡太守佐官。　陳懷直：《宋書》卷八四《鄧
琬傳》作“陳懷真”。
[4]自刺：自殺。

荆州聞濃湖平，更議奉子頊奔益州就蕭惠開。典籤
阮道預、邵宰不同，曰：“雖復欲西，豈可得至。”遣使
歸罪。荆州中從事宗景、土人姚儉等勒兵入城，[1]執子
頊以降。

[1]中從事：官名。州刺史的屬吏治中。全稱治中從事史，亦
稱治中從事。　勒兵：指揮軍隊。

劉胡，南陽涅陽人也，[1]本以面坳黑似胡，[2]故名坳
胡，及長單名胡焉。出身郡將，稍至隊主。[3]討伐諸蠻，
往無不捷。蠻甚畏憚之。明帝即位，除越騎校尉。[4]蠻
畏之，小兒啼，語云“劉胡來”便止。

［1］涅陽：縣名。治所在今河南鄧州市東北。

［2］坳（yǒu）黑：坳，通“黝”。青黑色，漆黑。

［3］隊主：武官名。南朝宋始見，稱領千兵以上的主官爲軍主，領千兵以下的稱隊主。

［4］越騎校尉：官名。禁衛軍四校尉之一。分掌宿衛營兵。

　　宗越，南陽葉人也。[1]本爲南陽次門。[2]安北將軍趙倫之鎮襄陽，[3]襄陽多雜姓，越更被黜爲役門。[4]出身補郡吏。[5]父爲蠻所殺，越於市中刺殺讎人。太守夏侯穆嘉其意，擢爲隊主。蠻有爲寇盜者，常使越討伐，往輒有功。家貧無以市馬，刀楯步出，[6]單身挺戰，衆莫能當。每一捷，郡將輒賞錢五千，因此得買馬。

［1］葉：縣名。治所在今河南葉縣西南。

［2］次門：等級相對較低的世族。

［3］安北將軍：官名。四安（安東、安西、安南、安北）將軍之一，權任較重。宋三品。　趙倫之：字幼成，下邳僮（今安徽泗縣）人。宋武帝母孝穆皇后之弟。本書卷一八、《宋書》卷四六有傳。

［4］役門：猶役户。指尋常百姓家，與免役的世族相對。

［5］出身：出仕爲官吏。

［6］刀楯（dùn）：刀和盾牌。古代短兵器。　步出：步行出戰。

　　元嘉二十四年，啓文帝求復次門，移户屬冠軍縣，[1]許之。二十七年，隨柳元景侵魏，領馬幢隸柳元怙，[2]有戰功，還補後軍參軍督護，[3]隨王誕戲之曰：“汝何人，遂得我府四字。"[4]越答曰："佛狸未死，[5]不憂不得諮議參軍。" 誕大笑。

[1]移户：遷移户籍。　屬：隸屬。　冠軍：縣名。治所在今河南鄧州市西北。

[2]馬幢：馬隊。與隊含義相近，主要用於儀衛，必要時亦參與作戰。

[3]後軍：官名。即後軍將軍。掌宮禁宿衛。宋四品。　參軍督護：官名。府參軍督護。三公、將軍開府皆置，不領營兵，地位較低。

[4]我府四字：後軍將軍府的參軍都護一職。隨王（竟陵王）誕曾任後軍將軍。事見《宋書》卷七九《竟陵王誕傳》。宗越當於此時任職於後軍將軍府。參軍都護一職名稱爲四個字。

[5]佛狸：北魏太武帝拓跋燾的小字。

　　孝武即位，以爲江夏王義恭大司馬行參軍、濟陽太守。[1]臧質、魯爽反，朝廷致討，越戰功居多，追奔至江陵。時荆州刺史朱脩之未至，[2]越多所誅戮，又逼略南郡王義宣子女，[3]坐免官繫尚方，[4]尋被宥。追論前功，封范陽縣子。[5]

[1]江夏：郡名。治夏口城，在今湖北武漢市武昌區。　義恭：宋武帝子劉義恭。本書卷一三、《宋書》卷六一有傳。

[2]朱脩之：字恭祖，義陽平氏（今河南桐柏縣）人。本書卷一六、《宋書》卷七六有傳。

[3]逼略：強迫奪取。又作逼掠。

[4]繫：囚禁。

[5]范陽：縣名。治所在今河北涿州市。《宋書》卷八三《宗越傳》云其封筑陽縣子，食邑四百户。　縣子：封爵名。開國縣子的簡稱。

大明三年，爲長水校尉。[1]竟陵王誕據廣陵反，[2]越領馬軍隸沈慶之攻誕。及城陷，孝武使悉殺城内男丁。越受旨行誅，躬臨其事，莫不先加捶撻，或有鞭其面者，欣欣然若有所得，凡殺數千人。改封始安縣子。[3]

[1]長水校尉：官名。中領軍所轄的侍衛武官。宋四品。
[2]廣陵：郡名。治廣陵縣，在今江蘇揚州市西北蜀岡上。
[3]始安：縣名。治所在今廣西桂林市。《宋書》卷八三《宗越傳》云其於宋孝武帝大明四年（460）改封始安縣子，户邑如先。

前廢帝景和元年，進爵爲侯，召爲游擊將軍、直閣，[1]領南濟陰太守，[2]改領南東海太守。[3]帝凶暴無道，而越、譚金、童太一並爲之用命，[4]誅戮群公及何邁等，莫不盡心竭力，故帝憑其爪牙，無所忌憚。賜與越等美女金帛，充牣其家。[5]越等武人麤强，[6]識不及遠，感一往意氣，[7]皆無復二心。[8]帝時南巡，明旦便發，其夕悉聽越等出外宿，明帝因此定亂。明晨，越等並入，被撫接甚厚。越改領南濟陰太守，本官如故。

[1]游擊將軍：官名。禁軍將領之一，掌宿衛。宋四品。
[2]南濟陰：僑郡名。治所在今江蘇鎮江市一帶。
[3]南東海：僑郡名。治京口城，在今江蘇鎮江市。
[4]童太一：《宋書》卷八三《宗越傳》一作“童太壹”。　用

命：效命，賣力。

[5]充牣（rèn）：充牣。充滿，豐足。

[6]麤（cū）强：粗暴蠻强。

[7]感：《宋書·宗越傳》作“咸”。

[8]無復：不再有。　二心：異心；不忠實。

越等既爲廢帝盡心，慮明帝不能容之。上接待雖厚，内並懷懼。上意亦不欲使其居中，[1]從容謂曰：“卿遭離暴朝，[2]勤勞日久，[3]兵馬大郡，隨卿等所擇。”越等素已自疑，及聞此旨，皆相顧失色。因謀作難，以告沈攸之，攸之具白帝，即日下獄死。[4]

[1]居中：居官朝中。

[2]卿：《宋書》卷八三《宗越傳》作“卿等”。馬宗霍《南史校證》云：“上下文並作‘越等’‘卿等’，則此句‘等’字亦不當省。《通鑑》卷一三〇與《宋書》同。”（第661頁）　遭離：遭遇。離，通“罹”。　暴朝：殘暴的統治。

[3]日久：《宋書·宗越傳》作“日夕”。

[4]即日下獄死：《宋書·宗越傳》云，宗越時年五十八。

越善立營陣，每數萬人止頓，自騎馬前行，使軍人隨其後，馬止營合，未嘗參差。[1]及沈攸之代殷孝祖爲南討前鋒，時孝祖新死，衆心並懼。攸之歎曰：“宗公可惜，故有勝人處。”而性嚴酷，好行刑誅，時王玄謨御下亦少恩，將士爲之語曰：“寧作五年徒，[2]不逐王玄謨，[3]玄謨猶尚可，宗越更殺我。”

[1]參（cēn）差（cī）：差池，差錯。

[2]徒：徒刑。刑罰名。拘禁罰使勞作之刑。

[3]逐：跟隨。

譚金在魏時，與薛安都有舊，後出新野，[1]居牛門村。及安都歸國，金常隨征討，副安都，[2]排堅陷陣，[3]氣力兼人。[4]孝建三年，爲屯騎校尉、直閤，[5]領南清河太守。[6]景和元年，前廢帝誅群公，[7]金等並爲之用，封金平都縣男，[8]童太一宜陽縣男，[9]沈攸之東興縣男。[10]

[1]新野：縣名。治所在今河南新野縣。

[2]副：佐助。

[3]排堅：挫敗堅鋭的敵軍。　陷陣：攻入敵人的營壘或陣地。

[4]兼人：勝過他人；能力倍於他人。

[5]屯騎校尉：官名。侍衛武官，不領營兵。宋四品。

[6]南清河：僑郡名。治所在今江蘇常州市。

[7]前廢帝：南朝宋前廢帝劉子業。孝武帝長子。本書卷二、《宋書》卷七有紀。

[8]平都：縣名。治所在今江西安福縣東南。

[9]宜陽：縣名。治所在今江西宜春市。

[10]東興：縣名。治所在今江西黎川縣東北。

越州里又有武念、佼長生、曹欣之、蔡那並以將帥顯。[1]武念位至南陽太守，長生寧蠻校尉，[2]曹欣之驍騎將軍；蔡那見子《道恭傳》。[3]

[1]州里：泛指鄉里或本土。　顯：顯名，聞名。

[2]寧蠻校尉：官名。掌管雍州的少數民族事務，領兵設府於襄陽，多由刺史兼任。宋四品。

[3]《道恭傳》：本書卷五五有《蔡道恭傳》。

吳喜，吳興臨安人也。[1]本名喜公，明帝減爲喜。出身爲領軍府白衣吏。[2]少知書，領軍將軍沈演之使寫起居注，[3]所寫既畢，闇誦略皆上口。[4]演之嘗作讓表，[5]未奏失本，[6]喜經一見即寫，無所漏脱。演之甚知之。因此涉獵《史》《漢》，[7]頗見古今。演之門生朱重人入爲主書，[8]薦喜爲主書吏，[9]進爲主圖令史。[10]文帝嘗求圖書，喜開卷倒進之，[11]帝怒遣出。會太子步兵校尉沈慶之征蠻，[12]啓文帝請喜自隨，爲孝武所知。稍遷至河東太守、殿中御史。[13]

[1]臨安：縣名。治所在今浙江杭州市臨安區北。

[2]領軍府：領軍將軍的官署。　白衣吏：即募吏。指以平民身份投募充吏者。南朝吏民由政府徵發，有專門户籍，全家服役，世代相襲。白衣吏則是自願應募，保留了平民身份，有一定服役期限。

[3]沈演之：字臺真，吳興武康（今浙江德清縣）人。本書卷三六、《宋書》卷六三有傳。

[4]闇（ān）誦：熟讀成誦。

[5]讓表：古代辭讓官職的奏章。

[6]失本：丟失底稿。

[7]涉獵：粗略地閲覽或探索。

[8]朱重人：《宋書》卷八三《吳喜傳》作“朱重民”，本書避唐太宗李世民諱改。　主書：官名。主管文書的官吏。

[9]主書吏：《宋書·吳喜傳》作"主書書史"。

[10]主圖令史：官名。尚書、中書、秘書等署屬官，掌宮廷圖書。晋八品。宋官品不詳。

[11]倒進之：當係將圖書倒卷着進獻，即開卷後將圖書由卷首捲起，卷尾在外。開卷時則從卷尾逆序展開。這樣操作，閱讀起來不很方便。

[12]大子步兵校尉：汲古閣本、殿本作"太子步兵校尉"。作"太子步兵校尉"是。太子步兵校尉，官名。東宮侍從武官，隸太子左、右衛率，掌步兵，爲太子（東宮）三校尉（太子翊軍校尉、太子步兵校尉、太子屯騎校尉）之一。各七員。

[13]河東：郡名。僑寄松滋縣，在今湖北松滋市西北。 殿中御史：官名。殿中侍御史省稱。居宮殿中糾察非法，隸御史臺。宋七品。

　　明帝即位，四方反叛，喜請得精兵三百致死於東。帝大悅，即假建武將軍，[1]簡羽林勇士配之。議者以喜刀筆吏，[2]不嘗爲將，[3]不可遣。中書舍人巢尚之曰：[4]"喜隨沈慶之累經軍旅，[5]性既勇決，又習戰陣，若能任之，必有成績。"喜乃東討。

[1]假：代理，暫攝。

[2]刀筆吏：掌文案的官吏。

[3]不嘗：未經歷。嘗，汲古閣本、《宋書》卷八三《吳喜傳》同，殿本作"當"。

[4]中書舍人：官名。中書通事舍人的省稱。多由寒人擔任，掌轉呈文書、擬下詔旨等，爲中書省樞機事務的實際負責人。宋七品。 巢尚之：魯郡（今山東曲阜市）人。《宋書》卷九四有附傳。

[5]累經：屢次、多次經歷。

　　喜在孝武世既見驅使，性寬厚，所至人並懷之。及東討，百姓聞吳河東來，便望風降散，故喜所至剋捷。[1]遷步兵校尉，封竟陵縣侯。

[1]剋捷：克敵制勝。

　　東土平定，又率所領南討，遷尋陽太守。泰始四年，改封東興縣侯，除右軍將軍、淮陽太守，[1]兼太子左衛率。[2]五年，轉驍騎將軍，太守、兼率如故。[3]其年，大破魏軍於荆亭。[4]六年，又率軍向豫州拒魏軍，加都督豫州諸軍事。明年還建鄴。

[1]淮陽：郡名。治角城縣，在今江蘇淮安市淮陰區西南。《宋書》卷八三《吳喜傳》作“淮陵”。
[2]兼：官制術語。以本官兼領他職，或於正式任命前兼任某職，即試職。
[3]兼率：前文所云兼太子左衛率。
[4]荆亭：地名。在今安徽潁上縣。

　　初，喜東征，白明帝得尋陽王子房及諸賊帥即於東梟斬。[1]東土既平，喜見南賊方熾，[2]慮後翻覆受禍，乃生送子房還都。[3]凡諸大主帥顧琛、王曇生之徒皆被全活。[4]上以喜新立大功，不問而心銜之。[5]及平荆州，恣意剽虜，[6]贓私萬計。[7]又嘗對客言漢高、魏武本是何人。[8]上聞之益不悅。後壽寂之死,[9]喜内懼,因乞中散大夫。[10]上尤疑之。及上有疾,爲身後之慮,疑其將來不能事幼主,乃賜死。[11]上召入内殿,與言謔酬接甚款,[12]賜以名饌並金銀御器。[13]敕將命者勿使食器宿喜家。[14]上素多忌諱,不欲令食器停凶禍之室故也。[15]及喜死,發詔賻贈,[16]子徽人襲。[17]

[1]梟（xiāo）斬:梟首,斬首示衆。《字彙·木部》:“梟,以頭挂木上,今謂挂首爲梟。”

[2]方熾:勢頭正盛。

[3]生送:活着送至。

[4]大主帥:古代少數民族或部落的最高統治者。

[5]不問:不論處。　心銜:懷恨在心。銜,殿本同,汲古閣本作“御”。

[6]恣意:放縱,肆意。　剽（piāo）虜:擄掠。

[7]贓私:貪污營私。

[8]漢高:漢高帝劉邦。西漢開國皇帝。《史記》卷八、《漢書》卷一有紀。　魏武:魏武帝曹操。三國曹魏的奠基者。其子曹丕代漢即位爲曹魏首任皇帝。《三國志》卷一有紀。　本是何人:本來是何等人物,即講述漢高帝和曹操的事迹。

[9]壽寂之:吳興（今浙江湖州市）人。曾任前廢帝主衣,參預弒帝之謀。宋明帝時以謀反罪被誅。本書卷七七、《宋書》卷九四有附傳。

[10]中散大夫:官名。掌顧問應對,無具體職事。

[11]乃賜死:《宋書》卷八三《吳喜傳》云其時年四十五。

[12]言謔（xuè）:談笑戲謔。　酬接:應酬,接待。　甚款:親愛;親密。《廣雅·釋訓》:“款款,愛也。”

[13]名饌（zhuàn）:飯食,食物。　御器:宮廷使用的器具。

［14］宿：過夜。

［15］凶禍之室：灾禍之家。此處指賜死者所在之家。

［16］賻贈：贈送給喪家的財物。

［17］徽人：《宋書·吳喜傳》作"徽民"，本書避唐太宗李世民諱改。　襲：繼承爵位。

　　黃回，竟陵郡軍人也。[1]出身充郡府雜使，[2]稍至傳教。[3]臧質爲郡，轉爲齋帥。及去職，以回自隨。質討元凶，回隨從有功，免軍户。後隨質於梁山敗走，被録，[4]遇赦，因下都。於宣陽門與人相打，[5]詐稱江夏王義恭馬客，[6]被鞭二百，付右尚方。[7]會中書舍人戴明寶被繫，[8]差回爲户伯。[9]奉事明寶，竭心盡力，明寶尋得原散，[10]委任如初，啓免回以領隨身隊統，[11]知宅及江西墅事。性巧，觸類多能，明寶甚寵任之。

［1］軍人：軍户。户籍隸屬於軍府的士兵及其家屬。世代爲兵。社會地位較平民爲低。

［2］郡：殿本、《宋書》卷八三《黃回傳》同，汲古閣本作"都"。　雜使：雜色役使。

［3］傳教：掌傳教令的郡吏。

［4］被録：被録囚。囚犯被省察、記録有無冤情。

［5］宣陽門：宋國都建康城南面正門，又稱白門，在今江蘇南京市中山東路以南淮海路一帶。

［6］馬客：騎兵。

［7］右尚方：宮中爲皇室製造器物之所，常作爲罪人勞作之地。宋尚方分置左右。

［8］戴明寶：南東海丹徒（今江蘇鎮江市丹徒區）人。本書卷

七七、《宋書》卷九四有附傳。

　　[9]戶伯：原意爲五人之長。此處指刑徒中罪名較輕而有才幹者所任的小頭領。

　　[10]原散：原諒而獲釋。

　　[11]啓：殿本、《宋書・黄回傳》同，汲古閣本作“起”。隊統：隊伍。

　　回拳捷果勁，[1]勇力兼人，在江西與諸楚子相結，[2]屢爲劫盜。會明帝初即位，四方反叛，明寶啓帝使回募江西楚人，得快手八百，[3]隸劉勔西討。累遷至將校，以功封葛陽縣男。[4]

　　[1]拳捷：勇壯敏捷。　果勁：果敢强勁。
　　[2]楚子：對楚地人的蔑稱。
　　[3]快手：善射的士兵。
　　[4]葛陽：縣名。治所在今江西弋陽縣西。

　　元徽初，桂陽王休範爲逆，[1]回以屯騎校尉領軍隸齊高帝，於新亭創詐降之計。回見休範可乘，謂張敬兒曰：“卿可取之，我誓不殺諸王。”敬兒即日斬休範。事平，進爵爲侯，改封聞喜縣。[2]

　　[1]桂陽：郡名。治郴縣，在今湖南郴州市。　休範：宋文帝劉義隆第十八子劉休範。本書卷一四、《宋書》卷七九有傳。
　　[2]聞喜：縣名。治所在今山西聞喜縣。

　　四年，遷冠軍將軍、南琅邪濟陽二郡太守。[1]建平

王景素反，[2]回又率軍前討。城平之日，回軍先入。又
以景素讓張敬兒奴倪奴。[3]

[1]冠軍將軍：官名。宋三品。　南琅邪：僑郡名。南朝宋改
琅邪郡置，治金城，在今江蘇句容市西北。齊武帝永明元年（483）
移治白下城，在今江蘇南京市北金川門外幕府山南麓。　濟陽：僑
郡名。治所在今江蘇鎮江、無錫二市間。

[2]建平：郡名。治巫縣，在今重慶巫山縣。

[3]景素：劉景素，宋文帝第七子建平王劉宏之子。本書卷一
四、《宋書》卷七二有附傳。

　　明年遷右軍將軍。沈攸之反，以回爲平西將軍、郢
州刺史，率衆出新亭爲前鋒，未發而袁粲據於石頭，不
從齊高帝。回與新亭諸將任候伯、彭文之、王宜興等謀
應粲，[1]攻高帝於朝堂。事既不果，高帝撫之如舊。回
與宜興素不協，斬之。

[1]彭文之：泰山（今山東泰安市）人。《宋書》卷八三有
附傳。

　　宜興，吳興人也，形狀短小而果勁有膽力，少年時
爲劫不須伴，郡縣討逐，圍繞數十重，終莫能擒。嘗舞
刀楯，回使十餘人以水交灑不能著。[1]明帝泰始中爲將，
在壽陽間與魏戰，[2]每以少制多，挺身深入。以平建平
王景素功，封長壽縣男。[3]至是爲屯騎校尉，見殺。

[1]交灑：交替潑灑。　著：沾濕，打濕。

[2]壽陽：縣名。即壽春。治所在今安徽壽縣。

[3]長壽：縣名。治所在今湖北鍾祥市。

回進軍未至郢州而沈攸之敗走。回不樂停郢州，固求南兗，遂率部曲輒還，[1]改封安陸郡公，徙南兗州刺史，[2]加都督。

[1]部曲：豪門大族擁有的私人武裝。具有較强的人身依附性。

[2]南兗州：僑州名。東晉僑立兗州，宋時改爲南兗州，初治京口，在今江蘇鎮江市。宋文帝元嘉八年（431）移治廣陵縣，在今江蘇揚州市西北蜀岡上。

齊高帝以回專殺，終不附己，乃使召之。及上車，愛妾見赤光冠其頭至足，[1]苦止不肯住。及至見誅。

[1]冠：如冠一般在頭頂。

回既貴，祇事戴明寶甚謹。[1]言必自名，未嘗敢坐，躬至帳下及入內料檢有無，[2]隨乏供送，以此爲常。

[1]祇（zhī）事：恭敬事奉。　甚謹：非常謹慎、小心。

[2]料檢：查點，清理。

回同時爲將有南郡高道慶，[1]凶險暴橫，求欲無已，有失意者，輒加捶拉，[2]往往有死者。朝廷畏之如虎狼。

齊高帝與袁粲等議，收付廷尉賜死。[3]

[1]高道慶：本書卷四〇、《宋書》卷八三有附傳。

[2]捶拉：捶打折辱。

[3]廷尉：官名。主管刑罰的機構。宋三品。但在尚書省等機構侵奪下，廷尉職權已趨式微。

論曰：凶人之濟其身業，非世亂其莫由焉。魯爽以亂世之請而行之於平日，[1]其取敗也宜哉。安都自致奔亡，亦爲幸矣。鄧琬以亂濟亂，終致顛隕。宗越釁稔惡盈，旋至夷戮，各其職也。吳喜以定亂之功，勞未酬而禍集；[2]黃回以助順之志，福未驗而災生，唯命也哉。[3]

[1]請：馬宗霍《南史校證》云當作“情”（第 663 頁）。

[2]未酬：未能得到賞賜、酬謝。　禍集：災禍叢生。

[3]唯命：祇能是天命（的緣故）。